品三國

◎易中天

責任編輯　黃婷婷
書籍設計　吳冠曼　彭若東
封面及扉頁題字　彭振貴

書　　名　品三國
著　　者　易中天
出　　版　三聯書店（香港）有限公司
香港鰂魚涌英皇道一〇六五號一三〇四室
JOINT PUBLISHING (H.K.) CO., LTD.
Rm. 1304, 1065 King's Road, Quarry Bay, Hong Kong
發　　行　香港聯合書刊物流有限公司
香港新界大埔汀麗路三十六號三字樓
SUP PUBLISHING LOGISTICS (HK) LTD.
3/F., 36 Ting Lai Road, Tai Po, N.T., Hong Kong
印　　刷　深圳市德信美印刷有限公司
深圳市福田區八卦三路 522 棟 2 樓
版　　次　二〇〇六年八月香港第一版第一次印刷
二〇〇六年十月香港第一版第二次印刷
規　　格　十六開（170×240mm）四〇〇面
國際書號　ISBN-13: 978 · 962 · 04 · 2609 · 4
ISBN-10: 962 · 04 · 2609 · 6

Published in Hong Kong

目錄

第一篇　魏武揮鞭

第二篇　孫劉聯盟

手筆心光

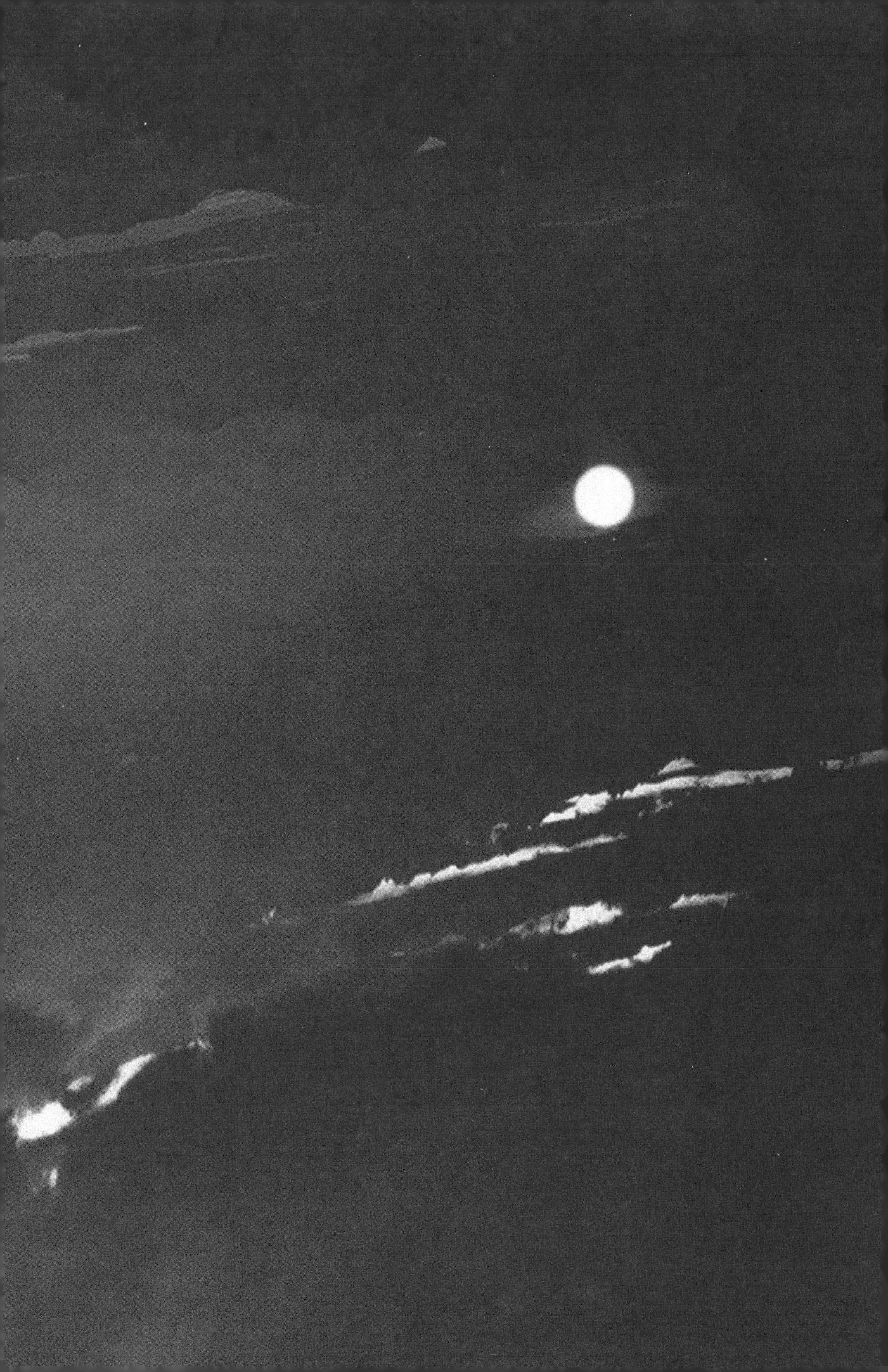

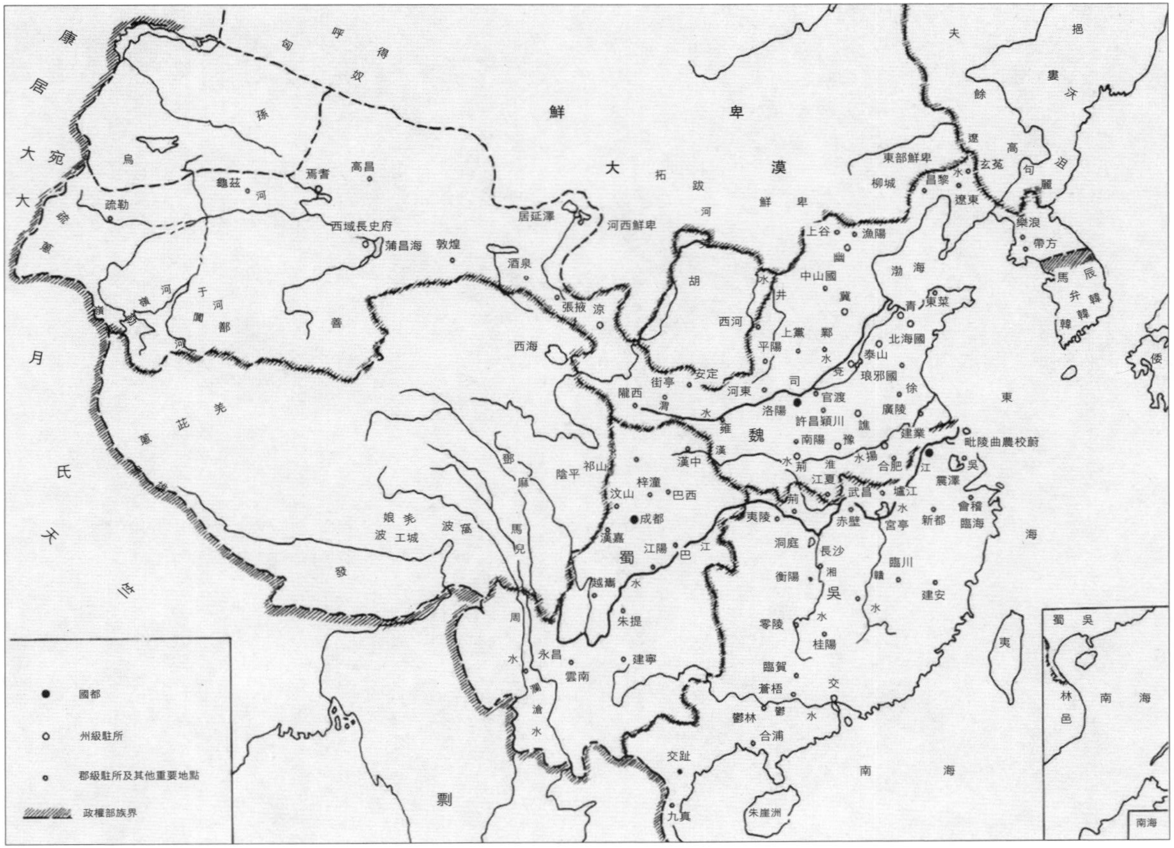
國都
州級駐所
郡級駐所及其他重要地點
政權部族界
鮮卑
大漠
拓跋
河西鮮卑
東部鮮卑
康居
大宛
大月氏
天竺
烏孫
匈奴
呼得
高昌
焉耆
龜茲
疏勒
西域長史府
蒲昌海
敦煌
居延澤
酒泉
張掖
涼
西海
于闐
都善
羌
魏
蜀
吳
洛陽
成都
建業
官渡
許昌
潁川
南陽
豫
譙
廣陵
徐
琅邪國
泰山
兗
北海國
青
東萊
渤海
中山國
冀
幽
上谷
漁陽
柳城
昌黎
遼東
玄菟
高句麗
夫餘
樂浪
帶方
馬韓
辰韓
弁韓
倭
挹婁
沃沮
上黨
平陽
西河
鄴
司
河東
安定
街亭
隴西
祁山
陰平
漢中
梓潼
巴西
汶山
漢嘉
江陽
越嶲
朱提
建寧
永昌
雲南
荊
江夏
武昌
赤壁
夷陵
洞庭
長沙
衡陽
零陵
桂陽
臨賀
蒼梧
鬱林
合浦
交
交趾
九真
朱崖洲
臨川
建安
宮亭
新都
會稽
臨海
震澤
吳
毗陵曲農校尉
合肥
壚江
東海
南海
夷
剽
林邑
發羌
娘羌
波工城
波窩
馬兒
鄯麻
周水
瀾滄水
三國鼎立示意圖

這是一個英雄輩出的時代，這是一段撲朔迷離的歷史，這是一些引人入勝的故事，這是一個饒有趣味的話題。正史記錄，野史傳說，戲劇編排，小說演義。不同時期有不同的評點，不同作品有不同的描述。是非真假眾說紛紜，成敗得失疑竇叢生。三國，究竟應該是怎樣的面目呢？

所謂「三國」，通常是指從漢獻帝初平元年（公元一九〇年）到晉武帝太康元年（公元二八〇年）共九十年這段歷史。把這段歷史稱之為「三國」，在名目上多多少少是有些問題。因為曹丕稱帝，是在公元二二〇年；劉備稱帝，是在公元二二一年；孫權稱帝，是在公元二二二年。這個時候，魏、蜀、吳三國，才算是正兒八經地建立起來了。按理說，三國史，應該從這時開始，到三家歸晉止，那才是名正言順的「三國」。但是，縱覽古今，幾乎沒有這麼講的。這麼講，曹操、關羽、周瑜，還有魯肅等等，就都不能出場了。青梅煮酒、三顧茅廬、赤壁之戰、敗走麥城這些故事，也都講不成了。大家說能行嗎？

實際上，無論是正史（比如《三國志》），還是小說（比如《三國演義》），差不多都會從董卓之亂甚至更早一些說起。這其實才真正是歷史的態度。因為曹、劉、孫這三大勢力或三大集團，是在東漢末年的軍閥混戰中發展壯大起來的；魏、蜀、吳三足鼎立的局面，也早在他們建國之前就已基本形成。看歷史，必須歷史地看。沒有前因，就沒有後果。只看「名」，不看「實」，咬文嚼字，死摳字眼，那不叫「嚴謹」，只能叫「鑽牛角尖」。

那麼，這九十年間是個什麼世道呢？

也就兩個字：亂世。展開來說，就是烽火連天，餓殍遍地，戰事頻仍，民不聊生。借用魯迅先生的話說，就是「夢裏依稀慈母淚，城頭變幻大王旗」。然而亂世出英雄。越是滄海橫流，越能顯出英雄本色。因此，這又是一個英雄輩出的時代，一個充滿陽剛之氣、既有英雄氣概，又有浪漫情懷的時代。不知多少風流人物在這裏指點江山激揚文字，不知多少蓋世英雄在這裏大顯身手叱吒風雲，正所謂「江山如畫，一時多少豪傑」。

列舉這些熟悉的姓名，那將是一個長長的名單。雄才大略的曹操，鞠躬盡瘁的諸葛亮，英武瀟灑的周瑜，堅忍不拔的劉備，他們都是這個時代的英雄，也都是我們民族的英雄，因為他們都想把分裂變成統一，把亂世變成治世，求得社會的和諧、天下的太平。當然，他們也都無一例外地認為，這個歷史使命應該由他們自己，或者說由他們那個集團來承擔，決不肯拱手讓給他人。因此，他們之間有矛盾，有衝突，有摩擦，有戰爭，甚至你死我活殺氣騰騰，結果是「一將功成萬骨枯」，說起來真是讓人感歎不已，悲喜交加！

這在當時，大約也是沒有辦法的事；而歷史，也只能在悲劇性的「二律背反」中前進。一方面，是戰爭只能用戰爭來結束；另方面，則是為了結束戰爭，人民必須先飽受戰爭的苦難。因此，當我們讚美和欣賞那些亂世英雄的時候，不要忘記那時人民所承受的痛苦。

逐鹿中原的結果是一家獨大，龍爭虎鬥的結果是天下一統。這就是西晉。西晉的情況其實更加不堪，這裏先不說它，且說三國。三國的一個特點是時間短。魏、蜀、吳三國的存在，不過半個世紀；加上「前三國」時期，也不過九十年。這樣短暫的時間，在我們民族的歷史上，真不過「彈指一揮間」。人們甚至來不及認真反思和細細品味，眼睛一眨，就已「老母雞變鴨」。歷史往往是由勝利者來書寫的，民間修史則難免見仁見智，或者偏聽偏信。因此，魏、蜀、吳三國剛一滅亡，史書就眾說紛紜，學者的見解也莫衷一是。比如諸葛亮的出山，就有「三顧茅廬」和「登門自薦」兩種說法；而赤壁那場大火，也有黃蓋詐降縱火和曹操燒船自退兩種記載。三國，是一段精彩紛呈又讓人眼花繚亂的歷史。

三國歷史的戲劇性使它成為文學藝術家垂青的對象。在民間，它也是人們津津樂道的話題。知道劉備的，肯定比知道劉秀的多；知道曹操的，也肯定超過知道王莽的。這不能不歸功於文學藝術作品，尤其是《三國演義》的影響。文學藝術作品的感染力是超過史學著作的，文學藝術作品又是需要想像和虛構的。充滿想像和虛構的文學藝術作品以史為據、為線索、為題材，虛虛實實，半真半假，便為這段原本就撲朔迷離的歷史平添了許多曖昧。

就說周瑜。

提起這位江東名將，人們首先想到的，往往是「三氣周瑜」的故事，是「既生瑜，何生亮」，以及「周郎妙計安天下，賠了夫人又折兵」等等。可惜那是小說，不是歷史。歷史上的諸葛亮並不曾氣過周瑜。就算氣過，怕也氣不死。為什麼呢？因為周瑜的氣量是很大的。《三國志》對他的評價是「性度恢廓」，也就是性情開朗，氣度寬宏。同時代人對他的評價也很高。劉備說他「器量頗大」，蔣幹說他「雅量高致」。順便說一句，蔣幹這個人，也是被冤枉了的。他是到過周營，但那是赤壁之戰兩年以後，當然沒有上當受騙盜什麼書。蔣幹的臉上也沒有白鼻子，反倒是個帥哥。《江表傳》的說法，是「幹有儀容，以才辯見稱，獨步江淮之間，莫與為對」，看來是個才貌雙全的漂亮人物。

周瑜也一樣，也是一個漂亮之極的英雄。他的「帥」，在當時可謂家喻戶曉。《三國志》說他「長壯有姿貌」，還說「吳中皆呼為周郎」。郎，就是青年男子。呼人為「郎」，帶有讚美的意思。所以，「周郎」就是「周帥哥」。同時被呼為「孫郎」的孫策，則是「孫帥哥」。當然，一個人的「帥」，不僅僅是外貌，更重要的是內在的氣質。周瑜恰恰是一個氣質高貴、氣度恢弘的人。他人品好，修養高，會打仗，懂藝術，尤其精通音樂。即便酒過三巡，醺醺然之中，也能聽出樂隊的演奏是否準確。如果不準，他就會回過頭去看。當時的說法是「曲有誤，周郎顧」。因此，我甚至懷疑他指揮軍隊也像指揮樂隊，能把戰爭變成藝術，把仗打得十分漂亮，就像藝術品一樣。

周瑜的仗打得確實漂亮。赤壁之戰中，他是孫劉聯軍的前線總指揮。蘇東坡的《赤壁懷古》說：「遙想公瑾當年，小喬初嫁了，雄姿英發。羽扇綸巾，談笑間，強虜灰飛煙滅。」羽扇，就是羽毛做的扇子。綸巾，就是青絲做的頭巾。羽扇綸巾在當時是儒雅的象徵。本來，貴族和官員是應該戴冠的。高高的冠，寬寬的衣，峨冠博帶，即所謂「漢官威儀」。但是到了東漢末年，不戴冠而戴巾，卻成為名士的時髦。如果身為將帥而羽扇綸巾，那就是儒將風采了。於是我們就不難想像出當時的場景：曹操的軍隊列陣於長江，戰艦相連，軍旗獵獵，江東之人，魂飛魄散，膽戰心驚。然而周瑜卻安之若素，從容不迫。他閒戴綸巾，輕搖羽扇，運籌帷幄，指揮若定，終於克敵制勝，以少勝多。這真是何等地驚心動魄！這個時候的周瑜，真可謂少年英雄，意氣風發，光彩照人！

當然，戰爭不是藝術，不可能那麼瀟灑，那麼儒雅，那麼風流倜儻，更不可能談笑風生之間，不可一世的「強虜」就「灰飛煙滅」了。這個時候的周瑜，迎娶小喬已經十年，也並非「小喬初嫁了」。蘇東坡那麼說，無非是要着力刻畫周瑜的英雄形象罷了。文學作品是不能當作歷史來看的，但要說歷史上的周瑜英武儒雅，卻大體不差。周瑜二十四歲就被孫策任命為「建威中郎將」，馳騁疆場，建功立業。也就在這一年，孫策和周瑜分別迎娶橋公之女大喬和小喬為妻，這就是蘇東坡所謂「小喬初嫁了」。可見周瑜這個人，是官場、戰場、情場，場場得意。對於一個男人來說，難道還有比這更讓人羨慕的嗎？這樣一個春風得意的人，怎麼還會嫉妒別人，又怎麼會因為嫉妒別人而被氣死呢？我們嫉妒他還差不多。

沒錯，周瑜和劉備集團是有過明爭暗鬥，也曾經建議孫權軟禁劉備、分化關張，這事我們以後還會說到。但那是其集團政治利益所使然，與心胸和氣量無關。而且，周瑜忌憚的是劉、關、張，不是諸葛亮。老實說，那時周瑜還真沒把諸葛亮當作頭號勁敵，怎麼會去暗算他？反倒是原本為人正派的諸葛亮，卻因為編造出來的「三氣周瑜」，被寫成了「奸刁險詐的小人」（胡適先生語）！

於是我們發現，歷史距離我們，有時候竟是那樣的遙遠。

實際上，許多歷史事件和歷史人物都有三種面目，三種形象。一種是正史上記載的面目，我們稱之為「歷史形象」，就是史學家主張的樣子。這裏需要說明一下，就是「歷史形象」不等於「歷史真相」。歷史有沒有「真相」？有。能不能弄清楚？難。至少，弄清楚三國的歷史真相，很難。因為我們已經找不到當時的原始檔案，也不能起古人於地下，親口問一問。就算能問，他們也未必肯說實話。這就只能依靠歷史上的記載，而且主要是「正史」。但即便是「正史」，也有靠不住的地方，靠不住的時候。史學大師呂思勉先生的《三國史話》，就多次提到《三國志》、《後漢書》等等記載未必可靠。何況劉備的那個蜀漢，還沒有官修史書。《三國志》中的有關記載，竟是「耳聞目見」加「道聽途說」。這樣一來，我們又只能寄希望於歷史學家的考證。然而歷史學家的看法也不一致。比如蜀漢政權「國不置史，註記無官」一事，就被唐代史學家劉知幾認為是污蔑不實之詞，謂之「厚誣諸葛」。這可真是越來越說不清。因此，我們只能把「歷史形象」定位為史書上記載的，或者歷史學家主張的形象。此外還得說清楚，即便「歷史形象」形象，也並非只有一種，也是有爭議的。

第二種是文藝作品包括小說和戲劇中的面目，我們稱之為「文學形象」。這是文學家藝術家主張的樣子，比如《三國演義》和各種「三國戲」。還有一種是老百姓主張的樣子，是一般民眾心中的面目，我們稱之為「民間形象」，比如各種民間傳說和民間習俗、民間信仰，也包括我們每個人自己心目中的形象。其實，我們每個人的心目中，也都有一個歷史人物形象的。因此，一部歷史劇拍出來，總會有觀眾議論「像不像」的問題。其實，這些歷史人物，誰都沒有見過，卻可以議論「像不像」，可見每個人心裏都有一本「賬」。

文學形象和民間形象的形成，也有一個歷史過程。大體上是越到後代，就越離譜，主觀臆想和個人好惡的成分就越多。當然，有了科學的歷史觀以後，又另當別論。但我們前面說過，文學藝術作品的感染力是超過史學著作的。街頭巷尾的口口相傳，其力量同樣不可小看。民間人士不是歷史學家，不需要「治學嚴謹」，也不必對誰負責，自然「想唱就唱」。這原本也沒什麼。但是，正如魯迅先生所說：「地上本沒有路，走的人多了，也便成了路。」同樣，一種形象，如果說的人多了，就有可能從「假像」變成「真相」。

就說諸葛亮。

諸葛亮這個人，至少從晉代開始，就是許多人追捧的對象，可謂魅力四射，「番土」如雲。當時有一位郭沖先生，大約是諸葛亮的死忠「番土」，感覺大家對諸葛亮的崇拜還不夠，於是「條亮五事隱沒不聞於世者」，其中第三件事就是空城計。這五件事，都被裴松之在為《三國志》作註的時候駁回。駁空城計的證據是：諸葛亮屯兵陽平的時候，司馬懿官居荊州都督，駐節宛城，根本就不可能出現在陽平戰場，哪來的什麼空城計？

不過這個故事實在太好聽了，於是《三國演義》便大講特講，三國戲也大演特演，所謂「失空斬」（失街亭、空城計、斬馬謖），歷來就是久演不衰的折子戲。但這個故事不是事實，也不合邏輯。第一，司馬懿不敢進攻，無非是害怕城中有埋伏。那麼，派一隊偵察兵進去看看，行不行？第二，司馬懿「果見孔明坐於城樓之上，笑容可掬」，距離應該不算太遠，那麼，派一個神箭手把諸葛亮射下城樓，來一個「擒賊先擒王」，行不行？第三，按照郭沖的說法，當時司馬懿的軍隊有二十萬人，諸葛亮只有一萬人；按照《三國演義》的說法，當時司馬懿的軍隊有十五萬人，諸葛亮只有二千五百人——總之是敵眾我寡。那麼，圍他三天，圍而不打，行不行？何至於掉頭就走呢？所以裴松之作註時，就斷定郭沖所言不實。裴松之說：「就如沖言，宣帝（司馬懿）既舉二十萬眾，已知亮兵少力弱，若疑其有伏兵，正可設防持重，何至便走乎？」

所以，空城計是靠不住的。其他如火燒新野、草船借箭，也都是無中生有。火燒博望是有的，但那把火是劉備所放（先主設伏兵，一旦自燒屯偽遁，惇等追之，為伏兵所破），沒聽說有諸葛亮什麼事。火燒赤壁也是有的，但那是周瑜部將黃蓋的主意和功勞，也沒諸葛亮什麼事。借東風就更可笑。諸葛亮「沐浴齋戒，身披道衣，跣足散發」，登壇祭風，簡直就是裝神弄鬼，所以魯迅先生說《三國演義》「狀諸葛多智而近妖」。這裏說的「妖」，不是妖精或妖怪，是「妖人」，即巫師或神漢一類。

諸葛亮當然不是「妖人」。不但不是「妖人」，還是「帥哥」。陳壽的《上〈諸葛亮集〉表》說他「身長八尺，容貌甚偉」。漢代的八尺，相當於現在的五尺五寸，也就是一米八四。諸葛亮出山的時候，年齡則是二十六歲。二十六歲的年齡，一米八四的個子，而且「容貌甚偉」，大家可以想想是什麼形象。至少，不可能是一身道袍，一臉長鬚的。羽扇綸巾大概是事實，因為那是當時的時尚，也就不是諸葛亮的專利。所謂「羽扇綸巾，談笑間，強虜灰飛煙滅」，說的是周瑜，不是諸葛亮。就算有「借東風」這事，也該是周瑜去「借」（民間傳說便有說周瑜借東風的），要不然杜牧怎麼說「東風不與周郎便，銅雀春深鎖二喬」？

其實諸葛亮在赤壁之戰期間的主要功績，是促成了孫劉的聯盟；他對劉備集團的主要貢獻，則是確立了聯吳抗曹、三分天下的政治策略，並身體力行。實際上諸葛亮是傑出的政治家和外交家，未必是傑出的軍事家。他的軍事成就是有爭議的，他的軍事才能也至少不像後世傳說的那麼玄乎。歷史學家繆鉞先生就曾在《三國志選註》的「前言」中指出：「諸葛亮征南中事，當時傳說不免有誇大溢美之處，譬如對於孟獲的七擒七縱，是不合情理的，所謂『南人不復反』，也是不合事實的。」諸葛亮也不像文學作品和民間傳說中說的那樣迭出險招。愛出險招的是郭嘉。而諸葛亮的特點，無論是史家的評論，還是他的自我評論，都是「謹慎」。陳壽說他「治戎為長，奇謀為短，理民之幹，優於將略」，應該說是實事求是的評價。也就是說，諸葛亮是蕭何，不是張良和韓信。

但是，到了《三國演義》裏面，諸葛亮就集蕭何、張良和韓信於一身，不但運籌帷幄決勝千里，而且神機妙算未卜先知。任何人，只要按照他的「錦囊妙計」行事，就戰無不勝，攻無不克。劉備集團的大將如關羽、張飛、趙雲輩，有如他手中的提線木偶，理解也執行，不理解也執行。

其實，「錦囊妙計」的故事是有的，但發生在曹操身上。這事記載在《三國志・張遼傳》裏，時間則是在建安二十年（公元二一五年），我們以後再說。「空城計」的故事大約也是有的，曹操、文聘、趙雲可能都使過。不過這事有爭議，我們也只好以後再說。但是，即便沒有爭議，大家也不會講，因為民間不喜歡曹操。

民間對於三國，也是很關注的，其熱情決不亞於史學家。我們知道，中國四大古典名著中，《紅樓夢》在文學史上的地位最高，有「閒談不說《紅樓夢》，讀盡詩書也枉然」的說法。但正如魯迅先生所說：「細民所嗜，則仍在《三國》、《水滸》」，也就是說，老百姓喜歡的還是《三國》和《水滸》。事實上對中國社會影響最大的，不是《紅樓》，而是《三國》和《水滸》。比如屠宰業奉張飛為祖師爺，編織業奉劉備為祖師爺，強盜奉宋江為祖師爺，小偷奉時遷為祖師爺，沒聽說過哪個行業奉《紅樓夢》人物比如賈寶玉、王熙鳳為祖師爺的。所以，三國人物的民間形象，也很值得研究。

就說關羽。

關羽確實有令人崇敬之處，那就是特重情義。他被曹操俘虜後，曹操對他「禮之甚厚」，關羽自己也說「吾極知曹公待我厚」，但他仍然不肯背叛劉備，最後的選擇是「立效以報曹公乃去」。結果曹操對他更為敬重（曹公義之），竟然任其重返敵營（奔先主於袁軍）。從這裏我們也可以看出，關羽固然是義薄雲天，曹操也堪稱俠肝義膽，至少是尊重俠肝義膽的。可惜人們都只記住了關羽的「情」，忘記了曹操的「義」，這不公平。

民間崇拜關羽雖然有道理，但有些信仰和習俗也很奇怪。比方說剃頭匠奉關羽為祖師爺，就匪夷所思。關羽並沒有當過剃頭匠呀！再說東漢時也不剃頭。想來想去，也就是他們手上都有一把刀。不過關老爺手上的刀是殺頭的，不是剃頭的。清代有一剃頭鋪門前掛一對聯云：「問天下頭顱幾許，看老夫手段如何」，倒很像關羽的口氣。

另一件奇怪的事是把關羽當作財神。關羽是身經百戰的將軍，當戰神還有道理，怎麼會是財神呢？這當然也有原因，我們也以後再說。不過，我看總有一天，關羽會變成愛神，被供奉到婚姻介紹所去，因為他對愛情的追求是很執着的。據《三國志．關羽傳》裴松之註引《蜀記》和《華陽國志》，關羽曾經愛上了一個女人，一再向曹操表示要娶其為妻。這話說多了以後，曹操便「疑其有異色，先遣迎看」。一看，果然國色天香，結果「因自留之」，害得關羽很是鬱悶（羽心不自安）。此事如果屬實，曹操就太不地道了。

現在我們知道，三國這段歷史，其實有三種形象：歷史形象、文學形象和民間形象。那麼，我們應該怎麼看？

首先還是要弄清楚「歷史形象」。這就要讀正史，比如《三國志》。《三國志》的作者是陳壽。陳壽是四川南充人，他在西晉統一後五年（公元二八五年）就完成了《三國志》，時間隔得不久，治學態度又嚴謹，比較靠得住。不過，正因為陳壽治學態度嚴謹，許多當時的材料都棄而不用，《三國志》就比較簡略。於是又有裴松之的註。裴松之是山西聞喜縣人，生活在南朝劉宋時代。他作註的時候，距離陳壽完成《三國志》大約一百三十年。裴註的特點，是補充了大量材料，包括陳壽捨棄的和沒見到的，並加以辨析。無法考證和辨析的就存而不論。可見裴松之的治學態度也是很嚴謹的，所以裴註也比較靠得住。所謂「正說」，依據就是這兩個：陳壽的「志」，裴松之的「註」。其他的史書，當然也可以參考，但如果發生衝突，那就還是「先入為主」，以「壽志裴註」為據的好。

不過，「文學形象」和「民間形象」也並非就沒有意義或沒有道理。事實上，很多人是把三國尤其是《三國演義》當教科書來看的。正如孫犁先生所說：「謀士以其為智囊，將帥視之為戰策」，清代統治者還把《三國演義》作為「內部文件」發給親貴。錢鍾書先生的《管錐編》也談到好幾起後人學「空城計」的事實，甚至認為「空城計」是「不欺售欺」的典型範例。錢先生說：「夫無兵備而坦然示人以不設兵備，是不欺也；示人實況以使人不信其為實況，是欺也」。毛宗崗父子的批語（簡稱毛批）也很有道理：「惟小心人不做大膽事，亦惟小心人能做大膽事。……孔明若非小心於平日，必不敢大膽於一時。仲達不疑其大膽於一時，正為信其小心於平日耳」。不過魏禧的說法更有意思：「若遇今日山賊，直入城門，捉將孔明去矣」。可見即便是民間形象和文學形象，甚至即便是張冠李戴、移花接木、無中生有，也能給人教益。因為一種形象能夠形成、流傳，自然有它的道理。我們要做的工作，就是要把這些道理講出來。

這就又有三件事要做。一是要「還原」，就是告訴大家歷史的本來面目是怎麼樣的；二是要「比較」，就是看看這三種形象究竟有什麼不同；三是要「分析」，就是弄清楚歷史形象為什麼會變成文學形象和民間形象。我們希望通過這三項工作，來為大家品讀三國。

這當然並不容易。

其實，正如歷史有三種形象，歷史也有三種讀法。一種是站在古人的立場上看歷史，這就是錢穆先生所謂「歷史意見」；一種是站在今天的立場上看歷史，這就是錢穆先生所謂「時代意見」；還有一種站在自己的立場上看歷史，這就是「個人意見」。任何人講歷史，都不可能不涉及到這三種意見。畢竟，「大江東去，浪淘盡千古風流人物」，再輝煌的事件和人物，都可能只留下一些模糊的印象，任人評說。張升的詞說：「多少六朝興廢事，盡入漁樵閒話」。其實「盡入漁樵閒話」的，又豈止是「六朝興廢事」？那是可以包括一切歷史的。正所謂「一壺濁酒喜相逢，古今多少事，都付笑談中」。

在下面的章節，我們將笑談三分，品讀三國。那麼，從何說起呢？我想，還是從那個歷史形象、文學形象、民間形象最複雜，分歧最多，爭論最大的人說起，就讓他引領我們走進那段原本就很複雜而又波瀾壯闊的歷史吧！

【第一篇】

魏武揮鞭

【第一回】

真假曹操

講三國，先得講曹操。

范文瀾先生的《中國通史》將漢獻帝初平元年（公元一九〇年）到晉武帝太康元年（公元二八〇年）這一段，稱為東漢三國史上的「分裂時期」。講「三國」，其實就是講這段歷史；而首要人物，則是魏的實際開創者曹操。曹操是一個千百年來褒貶不一、終難蓋棺定論的人物。對他的說法評論之多，意見分歧之大，世所罕見，其民間形象則更是不堪。那麼，作為一個人，歷史上真實的曹操究竟是怎樣的呢？

曹操在歷史上的形象不算太好，客氣的說法是「奸雄」，不客氣的就是「奸臣」，甚至「奸賊」。但魯迅先生說他是英雄。先生在《魏晉風度及文章與藥及酒之關係》一文中說：「曹操是一個很有本事的人，至少是一個英雄。我雖不是曹操一黨，但無論如何，總是非常佩服他。」

這就有了三種評價，也有了三個形象：英雄、奸雄、奸賊。那麼，哪一種評價最準確？

這就要弄清楚歷史上真實的曹操究竟是什麼樣的人。這並不容易。魯迅先生說，讀《三國演義》，看三國戲，「不是觀察曹操的真正方法」。靠得住的，當然還是史書。但先生又說：「歷史上的記載和論斷有時也是極靠不住的，不能相信的地方很多，因為通常我們曉得，某朝的年代長一點，其中必定好人多；某朝的年代短一點，其中差不多沒有好人。」曹魏，恰恰就是年代很短的，所以曹操「自然也逃不了被後一朝人說壞話的公例」。

壞話說多了，就成了成見。成見一代一代傳下去，就積重難返。具體到曹操，事情更麻煩。因為影響極大的兩本書——《資治通鑑》和《三國演義》，對曹某人都不那麼友好。《三國演義》就不說了，那是把曹操看作「國賊」的。《資治通鑑》在編撰過程中，也刪掉了不少對曹操有利的史料。這其實也是一種「時代意見」。宋人大約多半是不喜歡曹操的。蘇東坡《志林》說，當時市井說書，聽眾「聞劉玄德敗，頻蹙眉，有出涕者；聞曹操敗，即喜唱快」。這是北宋。南宋就幾乎公認曹操是「賊」。此後元明清，曹操背的基本上是罵名。說好話的也有，不多。到十八世紀中，乾隆一錘定音，曹操被定為「篡逆」，再也翻不過身來。

其實早在晉代，對曹操的評價就開始出現分歧。王沈《魏書》和司馬彪《續漢書》是比較肯定曹操的，甚至曲筆回護；孫盛《異同雜語》和吳人《曹瞞傳》就不太客氣，對曹操的酷虐奸詐多有披露。東晉史學家習鑿齒，更是首創「篡逆」之說。由此而至南北朝和隋唐，史家都是褒貶不一，張作耀先生的《曹操評傳》一書有很詳盡的描述。可見對於曹操，不但「時代意見」不同，「歷史意見」就很分歧。再加上每個人的「個人意見」，曹操的「真面目」就更難弄清了。

不過有一點可以肯定，就是他挨罵。

世界上沒有無緣無故的愛，也沒有無緣無故的恨。曹操遭人罵，自然有他的原因。什麼原因呢？也很多。但說得最多的，是「奸」。比方說，篡漢，在古人看來就是奸。狡詐，在古人看來也是奸。不過，最讓一般民眾痛恨的，還是曹操說了「寧教我負天下人，休教天下人負我」這句話。一個人，寧肯自己對不起普天下的人，也不能讓天下的人對不起自己，這個人就太壞了。所以，我們必須弄清楚這個案子，看看是不是事實。

這事《三國志》沒有記載，只見於裴松之註所引《魏書》、《世語》和孫盛《雜記》。事情大概是這樣的。董卓入京後，表曹操為驍騎校尉。曹操拒絕董卓的任命，逃出洛陽，抄小路回家鄉。路過朋友呂伯奢家時，把他們一家都殺了。為什麼要殺呢？三書的說法不一。《魏書》的說法是：「伯奢不在，其子與賓客共劫太祖，取馬及物，太祖手刃擊殺數人。」《世語》的說法是：「太祖自以背卓命，疑其圖己，手劍夜殺八人而去。」孫盛《雜記》的說法是：「太祖聞其食器聲，以為圖己，遂夜殺之。」看來，曹操殺了呂伯奢一家，是沒有問題的，有問題的是殺人動機。按照《魏書》的說法，是正當防衛，或者防衛過當。按照《世語》和孫盛《雜記》的說法，則是因疑心太重而誤殺。《魏書》是比較維護曹操的，我們姑且不信，就看後兩種說法。

後兩種說法中，孫盛《雜記》的說法又更具體。一是曹操聽見了一些聲音（聞其食器聲），二是曹操殺人以後說了一句話：「寧我負人，毋人負我」。所謂「食器聲」，應該不是洗鍋碗的聲音，是磨刀子的聲音。曹操起了疑心，才殺人。殺了以後，才發現人家是準備殺豬宰羊款待自己，誤殺了好人，這才會「既而悽愴曰：寧我負人，毋人負我」。悽愴，就是淒慘、悲傷。也就是說，曹操發現自己誤殺無辜以後，心裏也是很淒慘、很悲傷的，只好自我安慰、自我排解，很勉強地為自己的錯誤行為做一個辯護。當然，這種辯護並不能洗刷他的罪過，但能夠「悽愴」，總算還沒有「喪盡天良」。

然而《三國演義》的改動就大了。「悽愴」的心情沒有了，「寧我負人，毋人負我」也變成了「寧教我負天下人，休教天下人負我」。這又有什麼區別呢？前一句話翻譯過來，就是寧肯我對不起別人，不能別人對不起我。這裏說的「人」（別人），是特指的，就是呂伯奢一家，是「個別人」。後一句話說的，則是普天之下的人，是「所有人」。這個範圍就大不一樣。雖然都是惡，但惡的程度不同，分量不一。這是第一點。

第二點，曹操當時說「寧我負人，毋人負我」這個話，只是就事論事。意思是雖然我錯殺了人家，對不起人家，但現在也沒有辦法。我現在走投無路，也只好是寧肯我對不起人家，不要讓人家對不起我了。應該說，他還保留了一部分善心在裏面。但是，「寧教我負天下人，休教天下人負我」，就變成一貫如此，變成理直氣壯了，那就是一個大大的奸賊。所以，僅憑此案就說曹操奸險歹毒，是有疑問的。

不過即便如此，毛批仍說：「此猶孟德之過人處也」，「猶不失為心口如一之小人」。為什麼呢？因為如果換了別人，一定反過來，說寧肯天下人都對不起我，不可以我對不起天下人。但是實際上怎麼樣呢？實際上都是像曹操那樣做的（試問天下人誰不有此心者），然而「誰復能開此口」呢？大家都裝作正人君子，只有曹操一個人坦率地說出了這話。至少，曹操敢把奸詐的話公開地說出來。他是「真小人」，不是「偽君子」。所以毛批說，這是曹操超過其他人的地方，因為這個世界上偽君子實在太多。毛宗崗父子是不喜歡曹操的，他們都說這是曹操的過人之處，那就應該是過人之處了。

實際上，狡詐中有真誠，或者有時狡詐有時真誠，正是曹操的特點之一。據《三國志．武帝紀》裴松之註引《曹瞞傳》，公元二〇〇年，曹操和袁紹決戰於官渡，許攸從袁紹營中來投奔他。剛一坐下，許攸開口便問：請問貴軍還有多少糧食？曹操猝不及防，隨口答到：起碼還能支持一年。許攸毫不客氣地說：不對！重講！曹操又改口說：還可以支持半年。許攸冷笑一聲：老朋友大概是存心不想打敗袁紹吧？怎麼一而再、再而三地不講實話？曹操是聰明人，他知道許攸如果不是掌握了情報，便是看透了自己的心思，瞞是瞞不過去了。而且，如果再不講真話，就難以取得許攸的信任和幫助，於是笑笑說：剛才不過是開個玩笑罷了！實打實地說，頂多只夠一個月了。許攸見曹操實話實說，便將自己對戰局的分析和解決的辦法和盤托出，一仗就打得袁紹再也翻不過身來。

曹操如此奸詐，有沒有真實的一面？有。公元二二〇年，征戰了一生的曹操一病不起。這時他已六十六歲，按照「人生七十古來稀」的說法，他也算活夠了歲數。曹操是個豁達的人，對於生死一類的事看得很開，對自己的功過得失似乎也無所縈懷。他留下了一份寫得斷斷續續的《遺令》（載《全三國文》卷三《魏武帝》），算是最後的一個交代。然而，這個天才的傑出的政治家，卻出人意外地不談政治。對自己一生的功過得失也只說了一句話：我在軍中執法，總的來說是對的（吾在軍中執法是也）。至於發的小脾氣，犯的大錯誤，不值得效法。餘下的篇幅，就是一些瑣事的安排。比如婢妾和藝伎們平時都很勤勞辛苦，我死了以後讓她們住銅雀台，不要虧待她們（吾婢妾與伎人皆勤苦，使着銅雀台，善待之）。餘下的熏香分掉，不要用來祭祀，免得浪費。各房的女人閒着也是閒着，可以學着編絲帶草鞋賣，等等，等等，頗有些絮絮叨叨、婆婆媽媽。

這就很讓後世的一些人看不起。陸機是晉人，說得還算委婉。他在《吊魏武帝文》裏文縐縐地說：「繫情累於外物，留曲念於閨房」，「惜內顧之纏綿，恨末命之微詳」。蘇東坡就不那麼客氣了。他說不管什麼人，只有「臨難不懼，談笑就死」，才稱得上是英雄。像曹操這樣，臨死之前，哭哭啼啼，「留連妾婦，分香賣屨」，算什麼？因此他撇了撇嘴說：「平生奸偽，死見真性」（《孔北海贊》）。意思也很明顯：別看曹操平時人模狗樣的，裝得一副英雄豪傑氣派，地地道道的一個奸雄，事到臨頭，還是露了馬腳。

蘇東坡是我最喜歡的一位文學家，但對他老先生這番高論，卻實在不敢苟同。曹操是病死的，不是拉到刑場上去砍頭，你要他如何「臨難不懼」？曹操並沒有呼天搶地哭哭鬧鬧地不肯去死，又怎麼不英雄？老話說：「慷慨赴死易，從容就義難」。曹操雖非就義，但死得還算從容。能絮絮叨叨地安排這些後事，就是從容的表現。不錯，和許多英雄人物臨死前的慷慨陳詞、豪言壯語相比，曹操這份《遺令》一點也不英雄，完全上不了台面，和普通老百姓沒什麼兩樣。但我以為這正是真實的曹操。他本來就是一個人，不是神。他本來就是一個普通人，不是（也不想做）什麼超凡脫俗的「聖人」。而且，以他的身份地位，居然敢於把「凡夫俗子」的一面公開暴露出來，並不遮遮掩掩，裝腔作勢，正是曹操的過人之處和英雄本色：我就是個俗人，你們又能怎麼着？我就是想什麼就說什麼，愛怎麼做就怎麼做，你們又能怎麼樣？因此我以為，曹操這份《遺令》，實在比那些充滿了政治口號、寫滿了官腔套話的「遺囑」，要真實得多，也可愛得多。反倒是了不起的蘇東坡，多少露出了點庸人的尾巴。

當然蘇東坡說得也對：「平生奸偽，死見真性」。只不過我們和蘇先生對那「真性」的理解不同，評價也不同。在我看來，那就是「人性」。曹操不是殺人機器或政治符號。他是一個人，一個有血有肉有思想有感情的人。如果說，平時為了政治鬥爭的需要，他不得不把內心世界遮蔽起來（即所謂「平生奸偽」），那麼，臨死之前，就沒什麼顧忌了（即所謂「死見真性」）。「鳥之將死也，其鳴也哀；人之將死也，其言也善」。曹操臨終前的「善言」，流露出的是他對生活的眷戀和對親人的感情。

曹操確實是兒女情長的人。曹操南征北戰，戎馬一生，享受天倫的時間不多，因此對家人的感情特別珍惜。據《三國志．后妃傳》裴松之註引《魏略》，曹操在臨終前還說過這樣的話。他說：我一生所作所為，沒有什麼可後悔的，也不覺得對不起誰，唯獨不知到了九泉之下，如果子修向我要媽媽，我該怎麼回答。子修就是曹昂，曹操的長子。曹昂的生母劉夫人早逝，便由沒有生育的正室丁夫人撫育，丁夫人也視之為己出。後來曹昂陣亡，丁夫人哭得死去活來，又常常哭着罵着數落曹操：把我兒子殺了，你也不管。曹操一煩，便把她打發回了娘家，因此去世前有這樣的說法。

其實曹操還是做過努力的。他親自到丁夫人娘家去接她，丁夫人卻坐在織布機前織她的布，動都不動，理都不理。曹操便撫着她的背，很溫柔地說：我們一起坐車回家去，好不好呀？丁夫人不理他。曹操走到門外，又回過頭來問：跟我回去，行不行呀？丁夫人還是不理他。曹操沒有辦法，只好和她分手。以曹操脾氣之暴躁，為人之兇狠，做到這一步已很不簡單。何況曹操還讓丁夫人改嫁，不讓她守活寡，只是丁夫人不肯，她父母也不敢。當然不敢的。就是敢嫁，也沒人敢娶。

但曹操也會翻臉不認人。比如許攸就有點自己找死。他既恃舊，又恃功，一直對曹操不那麼恭敬客氣，常常當眾和曹操開玩笑，甚至直呼曹操的小名說：阿瞞呀，沒有我，你就得不到冀州了。曹操表面上笑着說：是呀是呀，你說得對呀，心裏卻恨得咬牙切齒。後來曹操攻下鄴城，許攸又指着鄴城城門對曹操身邊的人說：這傢伙要不是有了我，就進不了這個門啦！曹操便再也不能容忍。當年在官渡，曹操危在旦夕，對許攸的放肆只好忍了又忍。這會兒可就沒有這個必要了。於是曹操便毫不猶豫地要了他的性命。

前面講的這兩個故事，都不見於《三國志》，而見於裴松之的註。前一個故事被裴松之註在《后妃傳》，後一個故事則註在《崔琰傳》。但其所引，卻同出一書，那就是魏國人魚豢所撰《魏略》。可見，即便在同一本書裏，曹操也有兩種形象。

其實還有更不可思議的事。

許攸是曹操的恩人，卻被殺了，而一些「惡毒攻擊」曹操的人卻又被放了。官渡之戰時，陳琳在袁紹手下當差，為袁紹起草檄文，對曹操破口大罵，罵得狗血噴頭。這篇檄文已被裴松之註在《袁紹傳》，大家不妨去看看，的確很是不堪。後來袁紹戰敗，陳琳被俘，曹操也只是說：罵人罵我一個就行了，怎麼罵我祖宗三代呢？陳琳謝罪說，箭在弦上，不得不發。曹操也就算了，仍任命他為司空軍謀祭酒。這事記載在《三國志·陳琳傳》正文，不是野史，應該可信。

還有背叛他的人，也放了。魏種，原本是曹操最信任的人。張邈反叛時，許多人倒戈跟隨了張邈，曹操卻十分自信地說：只有魏種是不會背叛我的。誰知魏種也跟着張邈跑了，氣得曹操咬牙切齒：好你個魏種！就是跑到天涯海角，我也饒不得你！但當魏種果然被俘時，曹操卻歎了一口氣說：魏種是個人才啊！又任命他去當河內太守。畢諶的母親、弟弟、妻子、兒女被張邈扣押，曹操便對他說：令堂大人在張邈那裏，你還是到他那裏去吧！畢諶跪下磕頭，說自己沒有異心，感動得曹操流下眼淚。誰知畢諶一轉身連招呼都沒打一個，就背叛曹操投奔了張邈。後來，畢諶被俘，大家都認為他這回必死無疑。誰知曹操卻說：盡孝的人能不盡忠嗎？這正是我到處要找的人啊！不僅不治畢諶的罪，還讓他到孔夫子的老家曲阜去做了魯國相。這兩件事，都記載在《三國志．武帝紀》正文，也應該可信。

甚至對於背叛了自己的朋友，曹操也很看重當年的情誼。陳宮和曹操有過一段不平常的交往，曹操出任兗州牧，就是陳宮的功勞。後來陳宮死心塌地地幫呂布打曹操，被俘以後，也死不肯投降。曹操便叫着他的字說：公台，你死了不要緊，你的老母親可怎麼辦呀！陳宮長歎一聲說：陳某聽說以孝治天下者不害人之親，老母是死是活，全在明公您了。曹操又問：你的老婆孩子又怎麼辦呢？陳宮又說：我聽說施仁政於天下者不絕人之後，老婆孩子是死是活，也由明公看着辦了。說完，頭也不回，昂首就刑。曹操流着眼淚，為他送行。陳宮死後，曹操贍養了他的老母，還為他女兒出了聘，對他們家比當朋友時還要好。《三國志》裏面，沒有陳宮的傳，這事是記載在《呂布傳》裏的。裴松之註引《典略》，則說得更詳細。

看來，曹操是寬宏大量的。

但是，這個寬宏大量的人卻又心胸狹窄，斤斤計較，而且有仇必報，不擇手段。沒有什麼他不敢殺的人，也沒有什麼他殺不了的人。據《三國志．武帝紀》裴松之註引《曹瞞傳》，當年在兗州時，他就殺了鼎鼎大名的邊讓。邊讓，陳留人，博學有辯才，所著《章華台賦》傳頌一時，大將軍何進曾特予徵召，蔡邕、孔融、王朗等名士也都極為推崇，他本人也做過九江太守，後來辭官在家。邊讓自己是名士，自然不大看得起曹操這個宦官養子的兒子，可能很說了些侮辱不恭的話，自以為曹操不敢把他這個大名人怎麼樣。誰知此時曹操這時還不是宰相，肚子裏也還撐不了船，便悍然地把他殺了，而且還殺了他一家。沛相袁忠和沛人桓邵也看不起曹操，邊讓被殺後，兩人逃到交州，家人卻落入虎口。後來桓邵自首，跪在曹操面前求饒，曹操卻惡狠狠地說：下跪就可以免死嗎？當然不能。結果桓邵也被推出去斬首。

曹操幹的這件事，影響極壞，當時就引發了一場叛亂，事後也一直被人們議論。前面提到的陳宮，也是因為邊讓之死而離開曹操投奔了呂布。有了這次教訓，加上官也大了，野心也大了，慢慢學得「將軍額上跑馬，宰相肚裏撐船」，報復起來，也就不那麼直截了當。但報復還是要報復，嫉妒還是要嫉妒的。即便是老朋友，也不例外。比如婁圭，字子伯，少有猛志，智勇雙全，追隨曹操，立功極多，曹操常常自歎不如（子伯之計，孤不及也），卻還是殺了他。他和許攸的死，還有孔融的死，都記載在《三國志·崔琰傳》裴松之的註裏面，讀者可以去查看。

這就是曹操了。他可能是歷史上性格最複雜、形象最多樣的人。他聰明透頂，又愚不可及；奸詐奸猾，又坦率真誠；豁達大度，又疑神疑鬼；寬宏大量，又心胸狹窄。可以說是大家風範，小人嘴臉；英雄氣派，兒女情懷；閻王脾氣，菩薩心腸。看來，曹操好像有好幾張臉，但又都長在他身上，一點都不矛盾，這真是一個奇跡。

實際上，曹操是真實的，也是本色的。包括他的奸詐、狡猾、殘忍、暴虐，都表現得從容不迫，落落大方，真誠而坦然。這實在是一種「大氣」。「惟大英雄能本色，是真名士自風流」。從這個角度看，曹操是英雄，而且是大英雄。不過，這個大英雄又是很奸詐的，因此也可以叫做「奸雄」，即「奸詐的英雄」。事實上，歷史上對曹操的評價（英雄、奸雄、奸賊），總離不開「奸」和「雄」兩個字。有強調奸的，有強調雄的，也有認為他既奸又雄的。所以我認為曹操是「奸雄」，不過前面要加上「可愛的」三個字。

那麼，曹操是「可愛的奸雄」嗎？

【第二回】

奸雄之謎

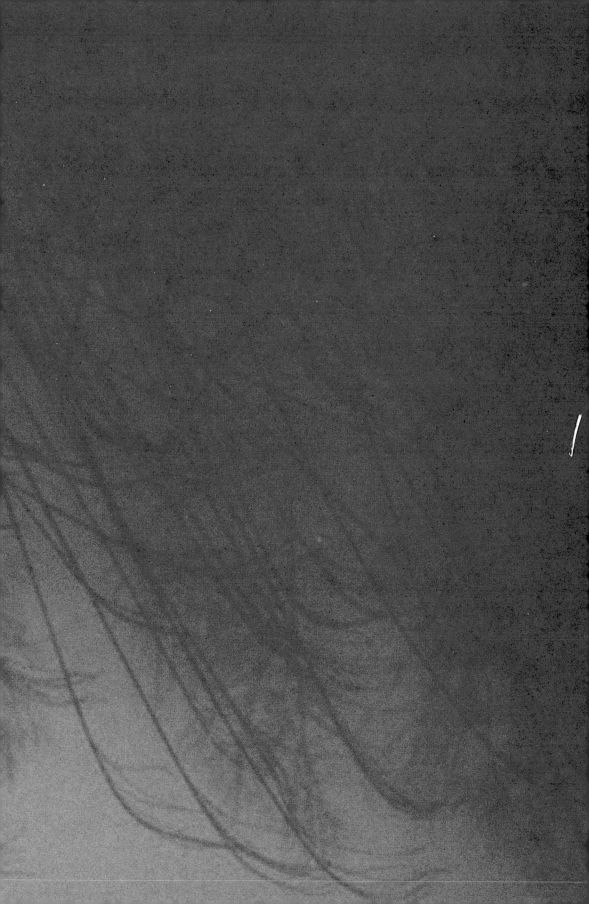

作為歷史上性格最複雜、形象最多樣的人，曹操是真實的，也是本色的。這種本色使他成為英雄，而且是大英雄。不過，這個大英雄又同時被看作大奸雄。我們在上一回提出的說法則是「可愛的奸雄」。那麼，曹操是「奸雄」嗎？作為「奸雄」，他「可愛」嗎？

這一回，我們先說「奸雄」，再說「可愛」。

所謂「奸雄」，就是「奸而雄者」。像嚴嵩那樣，鬼鬼祟祟，偷偷摸摸，奸而不雄，就只能叫「奸賊」；像董卓那樣，橫行霸道，蠻不講理，雄而不奸，就只能叫「梟雄」。梟雄這個詞，也有多種解釋。梟，本義是貓頭鷹，引申為首領、魁首、雄長，比如賈梟、毒梟；也引申為驍勇、豪雄、桀驁不馴，比如梟騎、梟將。所以，《現代漢語詞典》對「梟雄」的解釋，就是「強橫而有野心的人物；智勇傑出的人物；魁首」。魯肅說「劉備天下梟雄」（《三國志·魯肅傳》），黃權說「劉備有梟名」（《後漢書·劉焉傳》），便都是看出劉備乃「智勇傑出的人物」，驍勇、豪雄、桀驁不馴；而我們把董卓看作梟雄，則指他「強橫而有野心」。梟雄是「強橫而有野心」，則奸賊就是「奸猾而有賊心」，奸雄就是「奸猾而有雄心」。奸雄者，奸詐而又豪雄也。那麼，曹操是這樣的人物嗎？

是。

曹操從小就奸猾。他這個人，出身不好，家教不好，小時候的表現也不好。曹操，字孟德，小名阿瞞，又名吉利，沛國譙縣（今安徽省亳州市）人。陳壽的《三國志》說他是西漢相國曹參之後，這是胡扯。因為曹操原本不該姓曹，姓曹是因為他的父親曹嵩為曹騰所收養。曹嵩和曹騰並無血緣關係，即便考證出曹騰是曹參之後，與曹操又有什麼相干？事實上曹嵩的親生父母究竟是誰，在當時就是一個謎，連陳壽也只能說「莫能審其生出本末」。曹操自己，也諱莫如深。他作《家傳》，自稱「曹叔振鐸之後」，把家世追溯到周文王那裏，更是胡扯。然而東漢末年，社會上和官場裏十分看重出身門第。曹操雖然憎惡這種風氣，但出於政治上的需要，也不能不老鼠爬秤桿——自己抬自己。

實際上曹操出生成長於一個宦官家庭。他的父親曹嵩是曹騰的養子，而曹騰則是當時頗有名氣的大宦官，封費亭侯，任大長秋。大長秋是宦官中的大官，秩二千石，用今天的話說就是「省級幹部」。曹騰的為人，在宦官當中算是相當不錯，和士人的關係也比較好。他做過一些不光彩的事，也做過許多好事、大事，所以《後漢書》中有傳。但不管怎麼說，曹操總歸是宦官養子之子。這在當時，就要算作出身不好，但家境應該是好的，至少不缺錢花。曹操的父親曹嵩後來官居太尉（名義上的全國最高軍事長官），就是出錢一億買來的。曹家既然這麼有錢，曹操小時候就完全有可能過着紈絝子弟的生活。

曹操受的家教可能也不怎麼樣。曹嵩對他這個兒子的教育，大約是很少過問的。曹操自己的詩說：「既無三徙教，不聞過庭語」。所謂「三徙」，是說孟子的母親為了保證兒子有一個好的環境，不受壞的影響，竟三次搬家。所謂「過庭」，則是說孔子的兒子兩次從庭院中走過，孔子都叫住他予以教育，一次叫他學詩，一次叫他學禮。這樣的事情，在曹操家裏都沒有發生過。看來，曹操小時候，父親母親都不怎麼管教他。

父母不管教，家境又不錯，曹操便成為一個「問題少年」。《三國志》裴松之註引《曹瞞傳》說，曹操年少時，「好飛鷹走狗，遊蕩無度」。他叔叔實在看不下去，常常提醒曹嵩應該好好管教一下他這個兒子。曹操知道了，便想出一個鬼點子，來對付他那多管閒事的叔叔。有一天，曹操遠遠地見叔叔來了，立即作口歪嘴斜狀。叔問其故，則答以突然中風。叔叔當即又去報告曹嵩。等曹嵩把曹操叫來一看，什麼事都沒有。曹操便趁機說，我哪裏會中什麼風！只因為叔叔不喜歡我，才亂講我的壞話。有這麼一個「狼來了」的故事墊底，自然以後叔叔再說曹操什麼，曹嵩都不信了，曹操也就更加胡作非為。

曹操的哥們袁紹、張邈等人，大約也是同類角色。他們常常聚在一起胡鬧，事情做得十分出格。南朝宋臨川王劉義慶的《世說新語》說，有一次，一家人家結婚，曹操和袁紹去看熱鬧，居然動念要偷人家的新娘。他倆先是躲在人家的園子裏，等到天黑透了，突然放聲大叫：有賊！參加婚禮的人紛紛從屋裏跑出來，曹操則趁亂鑽進洞房搶走了新娘。匆忙間路沒走好，袁紹掉進帶刺的灌木叢中，動彈不得。曹操急中生智，又大喊一聲：賊在這裏！袁紹一急，一下子就蹦了出來。

顯然，青少年時代的曹操，是一個典型的公子哥兒，遊手好閒，不務正業，鬼點子和壞主意層出不窮。這說明什麼呢？說明曹操是一個調皮搗蛋，不守規矩的人，也是一個奸詐狡猾、詭計多端的人。所以《三國志》說他「少機警，有權數，而任俠放蕩，不治行業」，因此許多人沒把他放在眼裏（世人未之奇也），甚至鄙視他（薄其為人）。比如南陽名士宗世林，就自稱有「松柏之志」，堅決不和他交往（見《世說新語·方正》）。

然而有一個人卻十分看好曹操，他就是當時的太尉橋玄。橋玄認為曹操是難得的人才，將來平定天下，非操莫屬，因此竟以妻子相託。橋玄說：「天下將亂，非命世之才不能濟也。能安之者，其在君乎？」這話是記載在《三國志》正文的，應該靠得住，也有道理，因為曹操並非一般的流氓地痞或紈絝子弟。孫盛的《異同雜語》說他「才武絕人，莫之能害，博覽群書，特好兵法」，有一次行刺宦官張讓時，竟能舞着手戟全身而退。這說明曹操是一個胸懷大志，雄心勃勃的人。既雄心勃勃，又奸詐狡猾，十分符合「奸雄」的定義。

那麼，曹操自己怎麼看？

曹操自己好像也很認同「奸雄」這個評價。這個評價是許劭給出的，而結交許劭則是橋玄的建議。許劭，字子將，汝南平輿（今河南省平輿）人，是當時最有名的鑒賞家和評論家。他常在每個月的初一，發表對當時人物的品評，叫「月旦評」，又叫「汝南月旦評」。無論是誰，一經品題，身價百倍，從此進入上層社會。曹操自然也希望得到許劭的好評。但不知是曹操太不好評，還是天機不可洩漏，無論曹操怎樣請求，許劭都不肯發話。最後，許劭被曹操逼得沒有辦法，才冒出這麼一句：你這個人呀，是「治世之能臣，亂世之奸雄」。

這個材料《三國志》裏面沒有，只見於裴松之註所引孫盛《異同雜語》。其實此事《後漢書》和《世說新語》也都有記載，但版本不同。《後漢書》的說法是「清平之奸賊，亂世之英雄」；《世說新語》的說法是「亂世之英雄，治世之奸賊」，而且說是橋玄說的。這兩種說法意思相近，和孫盛《異同雜語》的說法則相反，那麼哪一個可靠？張作耀先生《曹操評傳》認為《後漢書》所說是實，孫盛《異同雜語》的說法則是「竄改」。張先生當然有張先生的道理，但問題是：《異同雜語》的作者孫盛是晉人，《後漢書》的作者范曄是南朝宋人，卻不知先成書的《異同雜語》如何「竄改」後成書的《後漢書》？另外，裴松之和范曄是同時代人。裴松之的《〈三國志〉註》完成於宋文帝元嘉六年（公元四二九年），范曄的《後漢書》開始於宋文帝元嘉元年（公元四二四年），也差不多同時。裴松之不採用范曄聽到的說法，卻採用孫盛《異同雜語》的說法，這筆墨官司真不知該怎麼打。

實際上，孫盛《異同雜語》也好，《後漢書》和《世說新語》也好，很可能都是道聽途說。不要以為史書上的話都可靠，有時就連見於正史的記載也都靠不住。史學大師呂思勉先生的《三國史話》，在引用包括《三國志》在內的諸多史書時，往往會在後面跟一句：「這話怕靠不住」，「怕也未必確實的」，或者「這話亦係事後附會之辭」。比如《三國志》和《後漢書》都說曹操攻打陶謙是為了報父仇，呂先生就說「這句話是不確的」。諸如此類的地方很多。呂先生告訴我們：「歷史上的事實，所傳的總不過一個外形，有時連外形都靠不住，全靠我們根據事理去推測它、考證它、解釋它。」《三國志》和《後漢書》異口同聲的事情尚且都要懷疑，說法不一致的地方又豈能不甄別？只不過我們已經弄不清了。

當然，裴松之可能是有道理的。我們先看裴註所引孫盛《異同雜語》怎麼說。孫盛是從曹操的個性特徵和所作所為說起的，這就是「才武絕人，莫之能害，博覽群書，特好兵法」，後面還提到曹操抄集兵法、註釋兵書。說完這些，才說到許劭的評語：「治世之能臣，亂世之奸雄」。而且，孫盛還記載了曹操當時的反應：「太祖大笑」。我們知道，孫盛的《異同雜語》並非歌功頌德之作，反倒對曹操的一些不堪之處時有披露。因此，這本書肯定曹操的部分，應該說相對可靠。

但是，這段話到了《三國演義》那裏，就沒有了前面的那些鋪墊。「太祖大笑」也變成了「操聞之大喜」。這個改動就太膚淺了。有人說，《後漢書》的說法也差不多，是「操大悅而去」。喜和悅並無多大區別，難道作為「前四史」之一的《後漢書》也膚淺？我的回答是：《三國演義》膚淺，《後漢書》不膚淺。為什麼呢？因為兩書所載許劭的說法不同，說話時的語境也不同，豈能同日而語？

我們就來看《後漢書》怎麼說。《後漢書·許劭傳》說：「曹操微時，常卑詞厚禮，求為己目。劭鄙其人而不肯對。操乃伺隙脅劭，劭不得已，曰『君清平之奸賊，亂世之英雄』。操大悅而去。」這就再清楚不過。首先，曹操是很希望許劭能夠點評自己一下，以便炒作一把的，因此又請客，又送禮，又說好話，低三下四（卑詞厚禮，求為己目）。可惜許劭看不起他，不買賬（鄙其人而不肯對）。曹操沒有辦法，只好採取非正當手段（伺隙脅劭），這才逼出了許劭的話。

想當時許劭一定很為難。不說是不行的，因為已經受到了威脅。說得不好聽也是不行的，曹操不會放過他。說得太離譜更不行，批評家的學術聲望不能不顧。這才有「清平之奸賊，亂世之英雄」的說法。有「奸賊」二字，討厭曹操的人可以滿意；有「英雄」二字，曹操本人可以滿意。何況那時「清平」的可能性已微乎其微，做「亂世之英雄」倒大有可能，也很對曹操的心思，當然是「大悅而去」。所以，《後漢書》並不膚淺；而我們在理解這一點的時候，不能忘記許劭受到威脅或脅迫這樣一個場境和情境。

然而，《三國演義》把這個語境刪掉了。說法呢，採用的又是孫盛的：「治世之能臣，亂世之奸雄」，卻又把「大笑」改成了「大喜」。「大喜」只有一個意思，就是高興，興高采烈去當奸雄，好像曹操立志要當奸雄似的。這就不真實，也膚淺。因為世界上沒有從小就立志要當奸雄的人，奸雄都是逼出來的。處在治世，就是能臣；處在亂世，就是奸雄。當然，所謂「治世之能臣，亂世之奸雄」，也可以理解為「治理天下的能臣，擾亂天下的奸雄」。如此，則奸能與否，在於曹操的主觀願望。顯然，許劭也看出曹操是個人物。至於是成為能臣還是成為奸雄，則要看他是處在治世還是亂世，或者要看他想治理天下還是想擾亂天下。

這樣一分析，曹操「大笑」的含義就複雜多了。一，我怎麼會是「治世之能臣，亂世之奸雄」呢？太可笑了！二，當一個「治世之能臣」固所願也，如果不能，當「亂世之奸雄」也不錯。三，我想當能臣就能當能臣，想當奸雄就能當奸雄，那可太好了！反正，曹操是一定要成為一個人物的，至於是「能臣」還是「奸雄」，無所謂！事實上，這種「無所謂」正是一種「大氣」，一種將生死成敗、進退榮辱置之度外的豁達大度，一種我行我素、笑傲江湖的英雄本色。

曹操確實是很大氣的。讀他的詩和文，常會感到他的英雄氣勢。哪怕是信手拈來，嘻笑怒罵，隨心所欲的短章，也因有一種大氣而不顯粗俗。尤其是他的《觀滄海》，是何等的氣勢：「東臨碣石，以觀滄海。水何澹澹，山島竦峙。樹木叢生，百草豐茂。秋風蕭瑟，洪波湧起。日月之行，若出其中；星漢燦爛，若出其裏。」這樣的詩，確非大手筆而不能作。鍾嶸說：「曹公古直，甚有悲涼之句。」這種悲涼，除如劉勰所說，是「良由世積亂離，風衰俗怨，並志深而筆長，故梗慨而多氣也」外，與曹操對宇宙人生的哲學思考也不無關係。曹操畢竟是亂世英雄。對於生命的毀滅，他比誰都看得多，比誰都想得多。他的感慨，是多少要帶點終極關懷的意味的。

也許，正是這種對宇宙人生的透徹了悟，使曹操自始至終都能夠以笑容面對艱難困苦和曲折坎坷。如果我們去讀《三國志．武帝紀》，我們就會發現，笑、笑曰、太祖大笑這些字眼，竟會頻頻出現。當然，曹操的笑是各種各樣的。有放聲大笑，開懷大笑，也有自我調侃的苦笑、嘲笑，還有譏笑、冷笑，甚至是充滿殺機的冷笑。然而曹操始終在笑。曹操也哭。他的戰友去世，他的朋友去世，他的親人去世，也會嚎啕大哭。但如果是做錯了事情，打了敗仗，遭到人家的羞辱，曹操絕對不會哭，他一定是笑。因為曹操豁達開朗大氣磅礡。他是一個性情中人和本色英雄。

這種本色使曹操這個「奸雄」平添了許多可愛。

生活中的曹操是很可愛的。他常常穿薄綢做的衣裳，腰裏掛一個皮製的腰包，用來裝手巾之類的零碎東西，有時還戴着絲綢製的便帽去會見賓客。與人交談時，也沒什麼顧忌，想說什麼就說什麼，想怎麼說就怎麼說。說到高興處，笑彎了腰，一頭埋進桌上杯盤之中，弄得帽子上都是湯湯水水。這些細節，是一部對曹操不太友好的書《曹瞞傳》告訴我們的，其本意是要給曹操扣上「佻易無威重」（輕浮）的帽子。然而我從中讀出的，卻是曹操的率真風趣、瀟脫隨和。

曹操確實風趣。他喜歡開玩笑，常常正經事也用玩笑話說。據《三國志·毛玠傳》，建安十七年機構改革時，有人要求裁併東曹，其意在排擠秉公辦事、不殉私情的東曹椽毛玠。曹操的回答卻很幽默。他說，日出於東，月盛於東。東西，東西，東西，人們總是先說東而後說西，為什麼要裁併東曹呢？結果，被裁併的是西曹。這就既改革了機構，又保護了毛玠。

戰場上的曹操也很可愛。據《三國志·武帝紀》裴松之註引《魏書》，建安十六年曹操西征馬超、韓遂時，和韓遂在戰場上約見。韓遂的士兵聽說曹操親自出場，都爭先恐後伸長了脖子要看他。曹操便大聲說：你們是想看曹操吧？告訴你們，和你們一樣，也是個人，並沒有四隻眼睛兩隻嘴，只不過多了點智慧！這話說得很實在，也很可愛，還很瀟脫。

作為朋友的曹操更可愛。曹操喜歡開玩笑，也喜歡會開玩笑的朋友。太尉橋玄是最早賞識曹操的人，和曹操算是「忘年交」。據《三國志·武帝紀》裴松之註，曹操在祭祀橋玄的文章裏就講了一句笑話，說當年橋老曾和他「從容約誓」：我死以後，路過我的墳墓，如果不拿一斗酒一隻雞來祭一祭，車過三步，你肚子疼起來可別怪我。這就比那些官樣文章的悼詞可愛得多，也情感真實得多。

曹操最可愛同時也最遭人嫉恨之處是他說真話。本來，搞政治鬥爭，在官場上混，是難免要講些假話的，至少要講官場套話，何況曹操是「奸雄」？但只要有可能，他就講真話，或講得像真話，不做官樣文章。他的《讓縣自明本志令》（又名《述志令》），原本是一篇極其重要的政治文告，稱得上「政治綱領」，卻寫得實實在在，明明白白，通篇大白話，一點官腔都沒有。

曹操一開始就說，我這個人，其實是沒有什麼雄心壯志的。因為我知道，我出身不好，不是什麼「岩穴知名之士」，很怕人家看不起。因此，「欲為一郡守，好作政教，以建立名譽，使世士明知之」。後來國家遇到了動亂，我覺得一個男子漢應該為國家效勞，建功立業，我就出來帶兵打仗。這個時候我的要求也不高，只想當個征西將軍，死了以後能夠在墓碑上寫上一行字——「漢故征西將軍曹侯之墓」，我就心滿意足了。但即便是這個時候，我也不想多帶兵。因為我的實力越大，我的敵人就越多啊！所以我勝利一回，裁軍一回，這說明什麼？說明我的志向是有限的（此其本志有限也）。但是我也沒有想到，怎麼現如今我給弄出這麼大動靜來了。現在我的野心大一點了。我想當個什麼呢？我想當個齊桓公，晉文公。因為現在是天下大亂，諸侯割據。我只想稱霸，不想稱帝。我現在已經是大漢朝的丞相了。作為人臣之貴，已經到了極點，我心滿意足，再無奢望。但是我必須在這個位置上坐着。為什麼呢？因為「設使國家無有孤，不知當幾人稱帝，幾人稱王」。沒有我曹某人在這裏鎮着，那些七七八八的人還不都翻天了？有人說，我曹操應該功成身退了。我應該到我封的那個侯國去安度晚年，應該把我的職務和權力交出來了。對不起，不行！職務我是不辭的，權力我是不交的。為什麼呢？「誠恐已離兵為人所禍也」。誰都知道，我現在手握兵權，才有了這一呼百應的權威。一旦交出去，那你們還不害我嗎？那我的老婆孩子就不能保全，皇上也不得安全。「既為子孫計，又已敗則國家傾危」，所以我決不交權。至於皇上封給我的一些土地，那是不需要的。我要那麼多土地幹什麼呢？這個我讓出去。總之，「江湖未靜，不可讓位；至於邑土，可得而辭」。這叫做「不得慕虛名而處實禍」。

這話說得實在是再直白不過，直白得你沒有話說。你說我沒有野心？我有一點，而且我的野心是一點一點大起來的。你說我有很大的野心？我不想當皇帝，我只想當晉文公，齊桓公，九合諸侯，統一中國。你說我清高？我不清高，我實在得很。我的權力，我的實惠，我一點都不讓。你說我不忍讓？我忍讓啊！封給我那些虛的東西，什麼土地啊，頭銜啊，我都讓出去。而且最可愛的在於什麼？在於曹操還明明白白說，我為什麼要寫這篇文章，我為什麼說這些話？就是想讓你們天下人都沒話可說（欲人言盡），都給我把嘴巴閉起來！這實在是不能再實在了。這種話，也只有曹操這樣大氣的奸雄才說得出來。

曹操實在是聰明。在一個人人都說假話的時代，最好的武器就是實話。這不但因為實話本身具有雄辯的力量，還因為你一講實話，西洋鏡就拆穿了，講假話的人就沒轍了，他們的戲就演不下去了。當然，曹操這樣說，並不完全出於鬥爭策略，還因為他天性愛講真話，說實話。即便這些實話後面也有虛套，真話後面也有假心，有不可告人的東西，也隱藏得很自然，不露馬腳。甚至哪怕是說假話，或者說一些半真半假的話，或者是把假話藏在真話的後面，也講得坦蕩，講得流暢，講得理直氣壯。可以說，曹操這個傢伙，就連撒起謊來，都是大氣磅礴的謊。

這就是曹操了。他大氣、深沉、豁達、豪爽、灑脫、風趣、機敏、隨和、詭譎、狡詐、冷酷、殘忍，實在是一個極為豐富、多面、極有個性又極富戲劇性的人物。所以，曹操既有奸詐的一面，又有坦誠的一面。他的奸與誠統一於「雄」，他的善與惡也統一於「雄」。曹操的人性中是有惡的，所以我不稱他「英雄」而稱他「奸雄」。這一點，以後還要細說。

不過，曹操的人生道路，原本是有兩種選擇的。那麼，在一開始，他就想做奸雄嗎？如果他也曾有過做能臣的想法，為什麼後來又做不成了呢？

縱橫四海

【回三第】

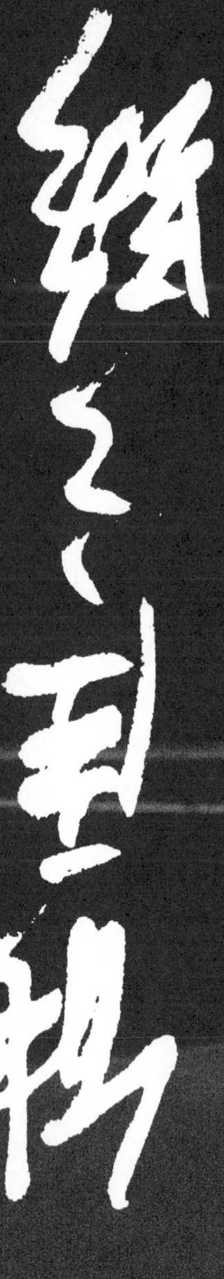

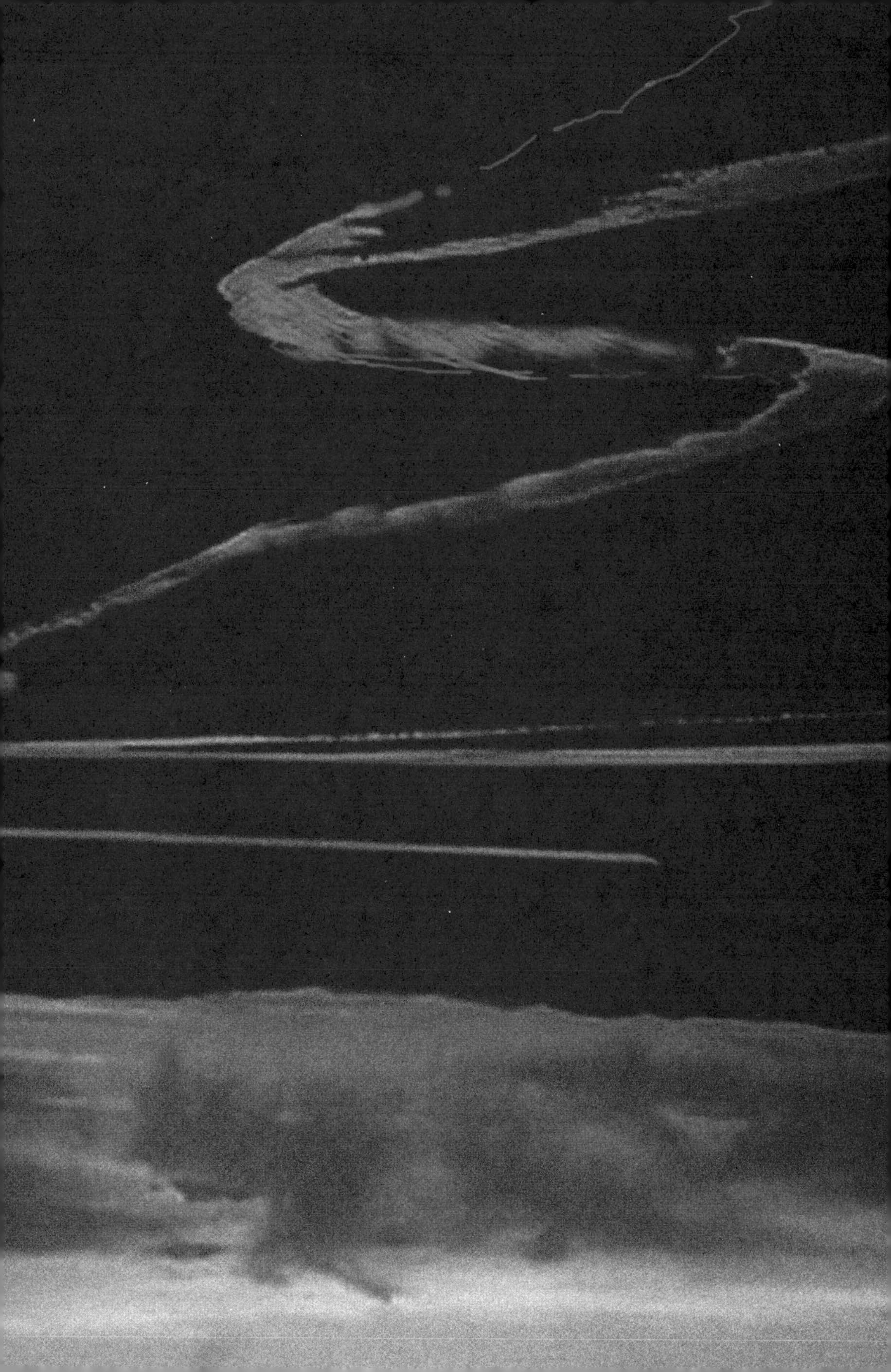

曹操年輕的時候，曾經被預言為「治世之能臣，亂世之奸雄」，面臨着人生道路的選擇；而「亂世之奸雄」的評價，則幾乎成了他的蓋棺定論。實際上，曹操原本是想做「治世之能臣」的。那麼，是什麼原因使得他做不成「治世之能臣」；而當他做不成能臣的時候，他又是怎麼辦的呢？

漢靈帝熹平三年（公元一七四年），二十歲的曹操被舉為孝廉，擔任郎官。孝是孝子，廉是廉士。一個人如果被舉為孝廉，他就有了做官的資格，就像現在有了一個學歷，就可以去考公務員一樣。那麼擔任郎官是怎麼回事呢？漢代官制，皇帝要從親貴子弟當中挑選一些大家認為道德品質、思想表現和外部形象都比較好的年輕人做郎。郎這個字有兩個意思，一個是年輕人或者小伙子，還有一個意思就是侍衛。實際上到宮廷裏面去做郎，也就是做皇帝的侍衛。因為他要在皇宮的走廊裏站崗，所以稱之為郎，侍衛長就叫做郎中令。在皇帝的身邊做了郎，就參與了帝國的政治，耳濡目染可以得到鍛煉，所以做了郎官以後很快就可以去擔任別的官職，這是漢代培養幹部的一種方式。但是後來就不那麼講究了，做郎官的不一定是親貴子弟，也不一定是在皇帝身邊做侍衛，不過是走向仕途的一個資格和閱歷，相當於現在的「第三梯隊」或「後備幹部」。按照規定，郎官任滿，就可以派出去當縣級幹部，或者縣令，或者縣丞，或者縣尉。不過到了東漢末年，所有考核程序大體上也都是走過場，主要看有沒有背景。曹操是朝中有人的。祖父曹騰，封費亭侯；父親曹嵩，位至三公。所以曹操為郎官不久，便被任命為洛陽北部尉。

尉，就是掌軍事或刑事的武官。《漢書．百官公卿表》的註說：「自上安下曰尉，武官悉以為尉」，所以縣有縣尉，郡有郡尉，朝廷有太尉、中尉、廷尉、衛尉。洛陽北部尉是縣尉。漢代官制，縣令以下，有丞有尉，丞理民事，尉管治安。不過洛陽是東漢的京都，是帝國最大的縣，縣尉就不止一人，有東西南北四個，俸祿則是四百石。所以，曹操擔任的這個洛陽北部尉，就是京都地區一個副縣級的公安局長。

推薦曹操擔任洛陽北部尉的人，是司馬懿的父親司馬防，當時官居尚書右丞，相當於宮廷副秘書長。不過東漢時期的尚書，名義上是秘書處，實際上是宰相府。司馬防一推薦，曹操就被任命了。據說曹操當時並不願意，他的野心是想做洛陽令。但主管任命的「選部尚書」（相當於人事部長）梁鵠根本不考慮曹操的想法，曹操也就只好走馬上任。

這是曹操擔任的第一個官職，記憶是很深刻的。據《三國志・武帝紀》裴松之註引《曹瞞傳》，後來曹操被漢獻帝封為魏王，還特地把司馬防請到鄴城，盛情款待。酒過三巡，曹操問：司馬公，你看孤王今天還可以去當一個副縣級的公安局長嗎？司馬防說，當年老夫推薦大王的時候，大王當那個洛陽北部尉正合適呀！於是曹操「大笑」。

曹操的問話和大笑，倒並不完全是小人得志。得意洋洋的成分有沒有？有。曹操這個人，從來就不掩飾自己情感。一旦得意，一定會把尾巴像旗杆一樣高高地翹起來。但這一回，卻不僅僅是因為當了魏王而自鳴得意，也不僅僅是對當年梁鵠的安排耿耿於懷，恐怕還因為想起了一段很值得回憶的往事。

這段往事和曹操擔任的這個職務有關。

我們知道，洛陽北部尉是不好當的。這個差使，官不大，權不多，責任卻很重大，麻煩也很不少。因為天子腳下，權貴甚多。這些權貴，沒有哪個是把王法放在眼裏的，沒有哪個是不惹是生非的，也沒有哪個是惹得起的。然而首都地面的治安又不能不維持，這就非得有一個既不信邪又有鬼點子的傢伙，去當那個副縣級的公安局長不可。曹操恰恰就是這樣一個「奸而雄者」。所以司馬防說的話，也不完全是為自己打圓場，而是實事求是。

事實上曹操是很稱職的。他一到任，就把官署衙門修繕一新，又造五色大棒，每張大門旁邊各掛十來根，「有犯禁者，不避豪強，皆棒殺之」。幾個月後，果然來了個找死的。靈帝寵信的宦官蹇碩的叔叔，依仗姪子炙手可熱的權勢，不把曹操的禁令放在眼裏，公然違禁夜行。曹操也不含糊，立即將這傢伙用五色棒打死。這一下殺一儆百，從此「京師斂跡，莫敢犯者」，治安情況大為好轉，曹操也因此名震朝野。

曹操這一棍打得許多人暈頭轉向，不知道這個小伙子要幹什麼。我們知道，一個年輕人，剛剛踏入官場就得罪權貴，是不會有好下場的。這個道理，曹操不可能不懂。蹇碩權傾朝野不可一世，曹操也不是不知道。何況曹操的祖父也是太監。太監的孫子殺太監的叔叔，這事讓人想不通。不過，這件事是記載在對曹操並不友好的《曹瞞傳》當中的，應該是事實。

也有種種猜測。一種猜測，是曹操要一鳴驚人。有沒有證據呢？有一點旁證。曹操在他的《讓縣自明本志令》（又名《述志令》）裏面說過這樣的話：「孤始舉孝廉，年少，自以本非岩穴知名之士，恐為海內人之所見凡愚」，因此「欲為一郡守，好作政教，以建立名譽，使世士明知之」。這段話什麼意思呢？就是曹操回憶說，自己二十歲舉孝廉的時候，很清楚自己年紀太輕，又沒有什麼名氣，恐怕大家都認為是一個沒有用的人，所以我當時就想做一個好官，做一點驚天動地的事情，讓大家知道我曹操還是滿能幹的。

的確，這個時候的曹操，年紀還輕，只有二十歲；出身不好，生長在太監家庭；表現不佳，叫做「任俠放蕩」；名氣不大，叫做「世人未之奇也」。甚至就連形象，可能也不太好。我們去讀《三國志》，但凡形象好的，比方說周瑜啊，諸葛亮啊，都有記載；而對於曹操的容貌、長相，《三國志》是沒有一個字的。《三國志》是以魏為正統的，如果曹操的形象高大魁梧，英俊瀟灑，肯定大書特書。避而不談，恐怕因為實在不怎麼樣。

其他的史書倒是有描述。《魏氏春秋》說：「武王姿貌短小，而神明英發」；《世說新語》則說，曹操要見匈奴使節，「自以形陋，不足雄遠國」，便讓崔琰做替身，自己「捉刀立床頭」。崔琰當然是一表人才，史書上說他「聲姿高暢，眉目疏朗，鬚長四尺，甚有威重」。然而匈奴使節評價卻說：「魏王雅望非常，然床頭捉刀人，此乃英雄也。」結果曹操派人把這使節謀殺了。可見曹操雖然相貌一般，但氣度不凡，猜忌心也重，卻也可見人不可貌相。不過曹操剛出道時，是沒有什麼「氣度」可言的。總之這個時候的曹操，沒多少站得住腳的本錢。要想在江湖上揚名立萬，非得幹一件驚天動地的事不可。殺蹇碩的叔叔，就能收到這種效果。

第二種猜測，是曹操要建立法制。這也是有道理的。魯迅先生就說曹操政治的第一個特色便是「尚刑名」，也就是主張嚴明法紀，執法如山，甚至使用嚴刑酷法。曹操的立法和執法確實很嚴，殺起人來也毫不手軟。這固然是形勢所迫，也是性格使然。曹操這個人，生活上是比較隨便的。他吃不講究，穿不講究，長期在外行軍打仗，對女人大約也只能將就，不能講究，有人便因此認為他輕浮。其實曹操並不輕浮，也不喜歡輕浮的人。他曾經給孔融寫信，說我雖然進不能施行教化移風易俗，退不能建立仁德團結同僚，但是我撫養戰士，殺身為國，打擊那些輕浮虛華又愛結黨營私的小人（浮華交會之徒），辦法還是很多的。可見曹操十分憎惡輕浮，他自己當然也不輕浮。他穿便衣，說笑話，作辭賦，聽音樂，只不過是他緊張工作之餘的一種放鬆，也是他內心世界豐富的一種表現，沒準還是他麻痹敵人的煙幕彈。他行文、做事、用人的不拘一格，更不是輕浮，而是大氣。大法無法。對於曹操這樣的大手筆，根本就用不着那麼多的格式，那麼多的講究。造五色大棒，將不法之徒亂棍打死，就是這種性格和手筆的初試鋒芒。

當然，曹操殺蹇碩的叔叔，也可能事出偶然。畢竟，那時的曹操，還只是一個剛剛踏入官場的初生牛犢，不知深淺，也不知天高地厚。他只想到做官就要做個好官，做好官就得令行禁止，殺一儆百，沒想到蹇碩叔叔這隻大尾巴狼會撞到他的槍口上。這就沒辦法了。說出去的話，潑出去的水，也只好把他這隻雞殺了給猴子看。但即便如此，也不簡單。曹操的出道，可謂先聲奪人，出手不凡。

曹操此舉也頗受後世好評，一些歷史學家讚之曰「不畏強暴」、「執法如山」。這大約因為他之所殺，是宦官的家人，而且這個宦官還是權傾一時的人物。但我想，如果撞到他的槍口上的是別的人呢？大約也是格殺勿論的。所以，這一棒，打出了曹操的威風，打出了曹操的正義，也打出了他的殺氣，打出了他嗜殺的性格。在這一棒裏，鐵面無私和心狠手辣是並存的。曹操後來殺了那麼多的人，而且殺起來毫不手軟，這件事應該算是開端。它既表現了曹操的善（對抗強權），也表現了曹操的惡（不惜殺人），還表現了曹操的鐵腕性格和霹靂手段，一朝權在手，便把令來行。我總覺得，這裏面是有「惡」的成分的。不過，曹操所處，乃是亂世及其前夜。亂世用重典。曹操想不做惡人，怕也難。

不管怎麼說，我們現在是無法準確知道曹操當時的想法了。可以準確知道的是，他確實得罪了權貴，得罪了宦官集團。不過，權貴們拿他也沒有辦法。第一，曹操是正義的；第二，曹操有後台。最後只好明升暗降，打發他到頓丘（今河南省清豐縣）當縣令，《曹瞞傳》的說法是「近習寵臣咸疾之，然不能傷，於是共稱薦之，故遷為頓丘令」。

曹操在頓丘令任上的表現應該不俗。據《三國志・曹植傳》，曹操曾對曹植回憶過這段經歷。曹操說：「吾昔為頓丘令，年二十三，思此時所行，無悔於今。」可惜沒過多久，就因為受堂妹夫宋奇的牽連而被免官。後來，曹操又被召回朝廷當議郎，以後還擔任過濟南相（故城在今山東省歷城縣東）等職務，其間一次被免，兩次辭官，三次被徵召議郎。所謂「議郎」，也就是「調研員」。曹操想，調研員就調研員吧，那就好好調研。地方官就地方官吧，那就好好執政。然而他上書朝廷，力陳時弊，卻泥牛入海無消息。他執法如山，打擊豪強，肅清吏治，安定地方，則如蚍蜉撼樹，以卵擊石。之所以尚未招致殺身之禍，只不過有曹嵩這個大後台罷了。但朝廷藉口他「能明古學」，多次打發他去當有職無權的閒官議郎，則已不難看出用心。

其實，年輕的曹操可能還不懂得一個道理，那就是做能臣要有條件。第一要看時世。如果是兵荒馬亂烽煙四起，大約便只能像諸葛亮《出師表》裏面說的那樣，「苟全性命於亂世，不求聞達於諸侯」。第二要看政局。如果是「城頭變幻大王旗」，「亂哄哄你方唱罷我登場」，也以裝瘋賣傻為宜，因為一不小心「站錯隊」，便有性命之虞，所以孔子說：「邦有道則智，邦無道則愚」（也就是裝傻，比裝瘋含蓄一點）。第三要看人主。如果那人主弱智，或昏庸，不識貨，你的「貨色」再好，也是不頂用的，只能空懷一腔報國情。最後，即便是治世，是明君，也還要看他的興趣、心情。比如漢文帝，不能算是糊塗蟲（有所謂「文景之治」），也很欣賞賈誼（官拜大中大夫），但是怎麼樣呢？「可憐夜半虛前席，不問蒼生問鬼神」，後來還把他貶到了長沙，害得他終日以淚洗面，竟哭死在那裏。

曹操剛剛出道那會兒，還不能算是亂世，但時局已是十分混亂。曹操生於東漢桓帝朝，長於靈帝朝，是在桓帝永壽元年（公元一五五年）出生、靈帝熹平三年（公元一七四年）入仕的，而桓、靈兩朝，算是漢王朝四百年間最黑暗、最混亂的年代。所謂「桓靈之時」，幾乎就是君昏臣奸、政治腐敗的代名詞。比方說，靈帝時期，朝廷是賣官的，而且明碼實價，公開招標。價錢是一萬錢一石官秩，比如秩四百石的副縣級四百萬錢，秩二千石的正部級二千萬錢，如果位列三公，再加一千萬。這是買賣。如果正式任命，交一半。這些錢官員們當然不會自己掏腰包，便在上任後拚命盤剝百姓，朝廷也睜眼閉眼，不聞不問。當時一個名叫司馬直的，被任命為太守。委任狀剛到，就要他交錢，還說考慮到他家庭困難，減免三百萬。司馬直感歎說，為民父母，還要靠盤剝百姓來求官，於心何忍！就辭官不做。朝廷見外快落空，就下令不准辭官。司馬直沒有辦法，只好在半路自殺。臨終前，他留下遺書，痛斥這種做法是亡國的徵兆，一時轟動朝野。

現在看來，司馬直是白死了。因為終靈帝一朝，賣官的事不但沒有終止，反倒變本加厲。曹操的父親曹嵩官居太尉，據說就是花錢一億買來的，算是過了把「三公」的癮（不久就被免去）。「三公」地位崇高，想過這個癮的人很是不少。當時有個名叫崔烈的，是冀州名士，書香門第，素有清名，靠着自己的努力，歷任郡守，官至九卿。但他看見大家都在買官，便也耐不住寂寞。這時，皇帝的保姆程夫人告訴他，她可以搞到優惠價，崔烈就交了一半的錢給程夫人，皇帝也馬上大會公卿，拜崔烈為司徒。不過皇帝很快又後悔了，當着眾人的面說這一回帝國做了虧本生意。程夫人一聽也急了，說崔烈的官怎麼是買來的呢？明明是我幫他弄到的嘛！此言一出，公卿譁然，靠一個女人得官，還不如花錢買！

這事弄得崔烈很沒有面子，連他兒子都不以為然。崔烈的兒子崔鈞官居虎賁中郎將，有一天穿着鎧甲從軍營中回家。崔烈就問他，老夫位列三公，外間有何議論？崔鈞說，大人少有英名，歷任卿守，大家都說大人位居三公當之無愧。不過這一回，大人卻讓天下失望。崔烈問為什麼。崔鈞說，因為大人的身上有銅臭。崔烈勃然大怒，拿起手杖就打崔鈞。崔鈞掉頭就跑，身上的鎧甲嘩嘩作響。崔烈罵他說，為父一打你就跑，這是孝道嗎？崔鈞說，當年大舜侍奉父親，小仗則受，大仗則走，非不孝也！崔烈無言以對，他自己也感到慚愧。

如此看來，桓靈兩朝實在可以說是腐敗透頂了。

不過，把東漢滅亡的賬都算在桓帝和靈帝的身上，是不夠公平的。事實上，自王莽篡政光武中興後，大漢王朝就沒再打起過精神。外戚擅權，宦官專政，軍閥稱雄，奸臣拼命抓權，貪官拼命撈錢，老百姓則只好去吃觀音土。道德倫理，更是一塌糊塗。當時的民謠說：「舉秀才，不識書，舉孝廉，父別居」；「直如弦，死道邊，曲如鉤，反封侯」，可見少廉寡恥和口是心非已成風尚，反腐倡廉和整頓綱紀都無濟於事。公元一四二年（漢順帝漢安元年），朝廷派了八位御史到全國各地巡察，希望整頓一下地方官員的腐敗問題。特派員當中最年輕的一位名叫張綱，剛剛走出京城，就下令挖一個大坑，把車輪子卸了扔進去。部下問他什麼意思，張綱冷笑一聲說：「豺狼當道，安問狐狸！」也就是說，帝國的朝政被那些大奸大惡所把持，抓幾個小魚小蝦小貪官有什麼用！

曹操的時代，就是豺狼當道狐狸猖獗。曹操擔任地方官的時候，曾經下大決心用霹靂手段整頓秩序，令行禁止、雷厲風行。他罷免貪官、打擊不法，邪惡勢力提起曹操無不色變，甚至逃之夭夭（小大震怖，奸宄遁逃，竄入他郡），結果「政教大行，一郡清平」。然而怎麼樣呢？找他茬子告他刁狀的小報告也不斷送達御前，朝廷則多次發出變更他任職的調令。如果不是他老爹曹嵩明裏暗裏護着，恐怕他不會有什麼好果子吃。

這下子曹操把朝廷和官場都看透了。他清楚地看出，東漢王朝已不可救藥，天下大亂已不可逆轉。即便不亂，腐朽的朝廷和官場也不需要什麼「治世之能臣」。深感報國無門的曹操不再建言獻策（太祖知不可匡正，遂不復獻言），並謝絕了朝廷的又一次任命（這一次是任命為秩二千石的東郡太守），回到家鄉（稱疾歸故里），築室城外，閉門讀書，閒暇時以狩獵自娛。當然，他並沒有死心，仍然在關注着國家的命運。

曹操再次出山時，時局已十分動盪。公元一八九年，靈帝駕崩，留下十四歲的兒子劉辯和九歲的兒子劉協，根本控制不了局勢。以大將軍何進為首的士人集團和以「十常侍」為代表的宦官集團在宮廷鬥爭中兩敗俱傷，政權落到了西北軍閥董卓的手裏。董卓一夥，在當時的士大夫們看來簡直就不是人。董卓是虎，呂布是狼，他們的部下則是野狗。據說，董卓最喜歡做的事情，就是在大宴群臣的時候，一面摟着後宮女子尋歡作樂，一面隨機地從宴席中拉出一位官員當場打死，或者用最殘酷的刑法折磨被他逮捕的反對派。總之，董卓廢立皇帝（廢劉辯為弘農王，然後毒死；立劉協為皇帝，是為獻帝），屠殺百官，穢亂後宮，他的士兵們則在洛陽城裏燒殺掠搶，姦淫婦女。大漢王朝的首都，變成了慘絕人寰的重災區。

這是不得人心的，也是不可能得到地方支持的。相反，董卓成了全國各地共同聲討的對象，他也控制不了地方。一方面是朝綱紊亂，另方面是烽煙四起。所以，公元一八九年董卓入京後，大漢王朝就實際上滅亡了，從此天下大亂。

亂世英雄起四方，有槍就是草頭王。中央政權失去控制之後，擁兵自重的地方官就成了割據一方的諸侯王。帝國境內，開始了地方自治、軍閥割據和諸侯兼併。曹操是肯定再也做不成什麼「治世之能臣」了，他必須重新考慮自己人生道路的選擇。其實，身處亂世，也可以有三種選擇：英雄、梟雄、奸雄。董卓、袁紹、袁術選擇了做「亂世梟雄」。那麼，曹操的選擇是什麼？

【第四回】

何去何從

東漢王朝的政治腐敗，使得曹操做不成「治世之能臣」；而接下來的天下大亂，又讓他面臨新的選擇：身處亂世，是做英雄，還是做梟雄，或者做奸雄？事實證明，在公元一九〇年到二〇〇年這十年間，曹操堪稱「亂世之英雄」。這是為什麼，又有什麼證據呢？

曹操最早的選擇，是做「亂世英雄」。

漢靈帝中平六年（公元一八九年），靈帝駕崩，董卓入京，廢少帝劉辯為弘農王，立劉協為皇帝，這就是漢獻帝。於是「京都大亂」。這個時候，曹操早已回到了朝廷，擔任典軍校尉一職，為西園八校尉之一。西園軍是漢靈帝中平五年（公元一八八年）八月設立的，相當於帝國的近衛軍。下設八個校尉，為首的就是被曹操打死了叔叔的宦官蹇碩，為上軍校尉。其次則是虎賁中郎將袁紹，為中軍校尉。曹操這個典軍校尉排名第四，排在下軍校尉鮑鴻的後面。顯然，這個時候的曹操，和當年那個副縣級公安局長洛陽北部尉已不可同日而語。董卓也看出他是個人才，便表薦曹操為驍騎校尉，要和他一起共謀大事（欲與計事）。曹操憑着自己的政治敏感和遠見卓識，斷定追隨董卓的結果只能是禍國殃民和自取滅亡，於是變更姓名，連夜逃出京城，準備逃回家鄉。殺呂伯奢一家，就發生在他逃亡的路上。

不過，曹操的腿快，董卓的追殺令更快。曹操從洛陽出走，出虎牢關（在今河南省滎陽縣）逃到中牟縣（今屬鄭州市）的時候，被一個小小的亭長（級別在鄉長和村長之間）疑為逃犯，捉拿歸案，押解縣衙。這時董卓的追殺令已經下達，中牟縣衙門也收到了京城發來的文件。而且，雖然曹操一口咬定自己不是曹操，還是被縣衙門裏的功曹認了出來。但是，中牟縣這個科級幹部認為，如今天下大亂，不宜拘殺英雄，就說服縣令放了曹操。這個縣令，《三國演義》說是陳宮。這是不對的，因為陳宮並不曾在中牟任職。其實，中牟縣的縣令和功曹是誰並不要緊。要緊的是，這件事說明董卓已不得人心，而曹操已被視為英雄。

曹操跑到陳留（在今河南省開封市東南），就停了下來，因為他在陳留得到了支持。陳留一位名叫衛茲的孝廉，贊助了曹操一大筆錢財。這個事情是很重要的。三國時代的許多英雄比如劉備，開始的時候都是有人贊助的；而有錢人通過贊助英雄來參與政治，也是中國古代社會的一個傳統。有了這筆錢，曹操就在這一帶招兵買馬準備起義，並在己吾（今河南省寧陵縣）公開起兵，人馬有五千之多，時間則是在中平六年（公元一八九年）的十二月。這就是曹操成為亂世英雄所做的第一件事：首倡義兵。

和曹操一起首倡義兵的還有他的老朋友張邈（《三國志·張邈傳》：「董卓之亂，太祖與邈首舉義」）。曹氏家族對曹操也傾力支持。夏侯惇、夏侯淵、曹仁、曹洪、曹休、曹真等紛紛先後來到曹操身邊，成為他手下的得力戰將。

曹操的義舉得到了天下豪傑的響應，各路諸侯紛紛打出旗號，要討伐董卓，匡復漢室。漢獻帝初平元年（公元一九〇年），後將軍袁術、冀州牧韓馥、豫州刺史孔伷、兗州刺史劉岱、河內太守王匡、渤海太守袁紹、陳留太守張邈、東郡太守橋瑁、山陽太守袁遺、濟北相鮑信，同時起兵，組成聯軍，並公推袁紹為盟主。由於這些人當時都在函谷關以東，所以被稱作「關東義軍」，簡稱「關東軍」，董卓的部隊則叫「西北軍」。

聯軍成立這事，《三國演義》說是曹操發起的，謂之「發矯詔諸鎮應曹公」，怕是抬舉了曹操。曹操當時恐怕還沒有那麼大的面子。他在拒絕了董卓（同時也是朝廷）的任命後，就成了必須捉拿歸案的欽犯，既無官銜又無地盤人馬也不多，哪來的號召力？發矯詔的事確實有，但那是東郡太守橋瑁幹的，與曹操無關。

所以曹操後來回憶起此事，也只把自己看作參加者。事實上關東聯軍的名單裏，並沒有曹操的「股份」。他的頭銜，也是盟主袁紹臨時封的，為叫做「行（代理）奮武將軍」。當然，曹操接受了這個稱號，並決心為平定動亂報效國家而奮不顧身。

但是，這一次，曹操又失望了。

首先是盟主袁紹徒有其表。關東軍推袁紹為盟主是有道理的。袁紹出身高貴，其家族號稱「四世三公」，也就是袁紹父輩以上有四代人擔任「三公」職務（高祖父袁安，是章帝時的司徒；叔太祖父袁敞，司空；祖父袁湯，歷任司空、司徒、太尉；父親袁逢，司空；叔父袁隗，太傅），是當時官場上威風八面的顯赫家族。東漢以太尉、司徒、司空為「三公」，地位僅次於皇帝，可謂「一人之下，萬人之上」。袁氏家族四世三公，就位高權重，門生故吏遍天下，具有從事政治活動最寶貴的人際關係資源。袁紹自己的條件也很好。他人長得漂亮（有姿貌威容），對人也不錯（能折節下士），人緣也挺好（士多附之）。更重要的是，袁紹因為反對董卓而名聲大振。董卓打算廢少帝（即劉辯），立陳留王（即劉協）時，曾經找袁紹來商量，並且說「劉氏種不足復遺」，也就是要徹底顛覆大漢王朝，結果當場遭到袁紹反對。《三國志・袁紹傳》的說法是：「紹不應，橫刀長揖而去。」《獻帝春秋》的說法，則是袁紹有一番義正詞嚴的抗議，於是董卓勃然大怒，說：臭小子，天下大事，難道不是我說了算嗎？你以為董卓的刀不快是不是！袁紹也拔出刀來說，普天之下，難道只有你的刀快嗎？《獻帝春秋》的說法雖然被裴松之認為不實（此語妄之甚矣），但袁紹反董卓是真的，由於反對董卓而逃出京城也是真的，所以袁紹很有威望。

但是袁紹沒有頭腦，董卓之亂其實就是他惹的禍。靈帝去世後，士人和宦官的矛盾白熱化，雙方都大開殺戒。大將軍何進先下手為強，殺掉了宦官頭目之一、上軍校尉蹇碩，接管了上軍。這時，袁紹便勸他一不做二不休，乾脆把宦官統統殺掉，斬草除根。然而何進卻很為難，因為他的妹妹何太后不同意。何太后因當年毒殺劉協的生母王美人，差點被靈帝廢掉，多虧宦官求情才過了關，現在當然也不肯對宦官下手。於是袁紹又給何進出主意，勸他多召四方猛將，尤其是并州牧董卓入京，以威逼太后。董卓就是這樣進京的。

這實在是餿主意。連老百姓都知道，「請神容易送神難」，何況是董卓這樣的兇神？只怕是引狼入室。更何況根本就沒有必要。據《三國志．武帝紀》裴松之註引《魏書》，曹操聽到這個消息，就曾經笑着說（注意，曹操又笑了），要解決宦官問題，只要誅殺幾個為首的元兇就行了。這是只用一個獄吏就能辦到的事，「何必紛紛召外將乎？」結果，董卓還沒進京，何進就先成了宦官們的刀下鬼。董卓一進京，皇帝也廢掉了，太后也毒死了，洛陽變成了一片火海和廢墟，這都是袁紹幹的好事！

袁紹這事確實做得蠢。且不說他引進的，是自己根本控制不了的一股惡勢力，即便來的真是「仁義之師」和「勤王之兵」，也大可不必。正如曹操所說，宦官之所以得勢，是因為皇帝親近信任他們。如果皇帝不寵信，就成不了氣候。殺雞焉用牛刀，何況這刀還不在自己手上？兵者兇器也。刀，是不能隨便出鞘的。刀出鞘，就要見血。沒有雞可殺，便會殺牛。何進、袁紹輩就是該挨殺的蠢牛強牛。如果不是袁紹主張把宦官趕盡殺絕，逼得張讓他們走投無路，狗急跳牆，何進或許還不會死於非命。搞宮廷政變是得心狠手辣，但不等於嗜血成性，更不等於濫殺無辜，最狠毒的打擊只能施加於最兇險的政敵。事實上，所謂政治鬥爭，說穿了，就是人事的變更，權力的均衡，利益的再分配和人際關係的重新調整。得到的支持越多，勝利的可能就越大，因此應該「團結大多數，打擊一小撮」，「首惡必辦，脅從不問」，怎麼能像袁紹主張的這樣，不問青紅皂白，殺個一乾二淨？何況太監當中也有好人，又豈能濫殺？可惜袁紹他們不懂這個道理。何進被謀殺後，袁紹帶着軍隊在京城捕殺太監，看見不長鬍子就一刀砍將過去，許多年輕人只好脫褲子「驗明正身」（《三國志・袁紹傳》的說法是「自發露形體而後得免」），弄得人心惶惶。這就是給自己樹敵了；而樹敵過多的人，從來就沒有好下場。所以曹操說：「吾見其敗也。」

盟主如此，他人如何？也不怎麼樣。比如孔伷，是個誇誇其談的，當時的說法叫做「噓枯吹生」，也就是能把死的說成活的，活的說成死的，可惜能說不能幹。韓馥，則是個沒有主張的。據《三國志・武帝紀》裴松之註引《英雄記》，當時各路諸侯大興義兵的時候，東郡太守橋瑁假借京師三公的名義寫信給他，說是「企望義兵，解國憂患」，韓馥居然問部下，我們是應該幫袁紹，還是應該幫董卓？他的謀士劉子惠說，我們興兵為國，講什麼袁紹、董卓！弄得韓馥面紅耳赤。

不過劉子惠這個人也不怎麼樣。他給韓馥出的主意，竟是按兵不動，觀望。劉子惠說，「兵者凶事，不可為首」，我們還是先看看別人（往視他州），有人動了，我們再動。這話韓馥聽進去了，因為他最害怕的，是別人來搶他的地盤。袁紹和董卓翻臉後，逃出京城，董卓原本是要追捕他的。正好有幾個名士和袁紹關係好，又得到董卓的信任，就勸董卓說，袁紹不過是不識大體，倉皇出逃，其實胸無大志。如果逼急了，反而狗急跳牆。不如任命他做一個太守，他必定感恩戴德。袁家四世三公，門生故吏遍天下，如果收服了袁紹，那麼太行山以東，不就都是您的了嗎？董卓一想有道理，就任命袁紹為渤海太守。袁紹逃到冀州，又被任命為渤海太守，韓馥就怕得要死，竟然派了兵去監視他，害得袁紹動彈不得。後來，韓馥也參加了關東聯軍，袁紹才得以行動。韓馥既然是這麼個貨色，怎麼會去打頭陣？

其他人的想法也差不多。所以聯軍建立以後，誰都不動，《三國志．武帝紀》的說法是「紹等莫敢先進」。曹操看不下去，對他們說：「舉義兵以誅暴亂，大眾已合，諸君何疑？」曹操指出，如果說過去要討伐董卓確有困難，那麼，現在就是最好的時機了。為什麼呢？因為過去董卓「倚王室之重，據二周之險」，雖然倒行逆施，卻能為非作歹。現在不同了。他焚燒京城，劫持皇帝，海內震動，舉國愕然，這是老天爺要滅他了（此天亡之時也）。所以曹操說：「一戰而天下定矣，不可失也！」

但是誰都不聽他的，曹操只好孤軍奮戰，只有張邈派了一支小部隊幫他，「隊長」則是當年資助過曹操的衛茲（邈遣將衛茲分兵隨太祖）。這一仗打得並不順利，曹操自己也差一點陣亡，幸虧堂弟曹洪把馬讓給他，才得以脫身。回到酸棗大營，關東軍十幾萬人，按兵不動，諸侯們「日置酒高會，不圖進取」，用今天的話說就是整天開派對，泡酒吧，玩電子遊戲。曹操悲憤地說：「今兵以義動，持疑而不進，失天下之望，竊為諸君恥之！」然而還是沒有人聽他的。曹操再一次感到報國無門。

其實，說起來關東軍將領原本也都是人才，甚至是帝國的精英。比如王匡，素有俠名；袁遺，滿腹經綸。但是，一旦有了私心沒了正義不敢擔當，就狗屁不如。於是曹操把諸侯們也看透了。這是一夥自私自利、貪生怕死、志大才疏、色厲內荏的傢伙，根本就不足與謀。所謂「關東義軍」，則不過同床異夢各懷鬼胎的烏合之眾，也不足為憑。曹操不能不重新考慮他人生道路的選擇。

曹操的選擇，是自己幹。

實際上，前面說過，關於曹操人生道路的選項，歷史上曾經有兩種說法。一種是孫盛《異同雜語》的「治世之能臣，亂世之奸雄」，另一種是《後漢書》的「清平之奸賊，亂世之英雄」，或者《世說新語》的「亂世之英雄，治世之奸賊」。現在看來，至少在公元一九〇年到公元二〇〇年這十年間，曹操堪稱「亂世之英雄」。因為幾乎只有曹操，才決心在這個國家危難、民族危亡的時候，以區區一己之軀，擔負起天下的興亡。如果說還有人這樣做的話，那就是孫權的父親孫堅。但和曹操相比，孫堅還要略遜一籌。因為曹操不但有擔當，還有謀略。那麼，曹操做了哪些事，證明他棋高一着呢？

我們來看看曹操的作為。

從公元一九一年（漢獻帝初平二年）到公元一九六年（漢獻帝建安元年），曹操主要做了三件事，即略地、募兵和屯田。曹操能做成這三件事，又與黃巾起義有關。東漢末年，政治腐敗，民不聊生，走投無路的農民頭帶黃巾，在太平道教團首領的帶領下，以「蒼天已死，黃天當立」為口號發動了起義。這是不折不扣的官逼民反，但在曹操他們看來則是大逆不道，必須予以剿滅。不過，東漢朝廷和官場實在太腐敗了，於是黃巾軍便在貪官污吏們爭權奪利的時候發展壯大起來，成了氣候。公元一九二年（漢獻帝初平三年），原本聚集在青州（治所在今山東省臨淄市）的黃巾軍一百萬人進入兗州（故治在今山東省金鄉縣），兗州太守劉岱不聽鮑信的勸告，被黃巾軍所殺。鮑信就和陳宮迎奉當時已被袁紹任命為東郡太守的曹操來代理兗州牧。據《三國志．武帝紀》裴松之註引《世語》，陳宮對曹操說，現在兗州沒有主宰，朝廷又無法任命，請太守前往署理，「資之以收天下，此霸王之業也」。陳宮又對兗州的官吏們說：「曹東郡命世之才也，若迎以牧州，必寧生民」。鮑信等人也都同意。於是曹操得兗州，有了一個重要的根據地。

曹操代理兗州牧以後，就帶兵和黃巾軍作戰。據《三國志．武帝紀》裴松之註引《魏書》，這個時候，曹操的軍事力量是不如黃巾軍的。黃巾軍有戰士三十萬，加上隨軍人員共一百萬，曹操只有上千人，而且老兵少，新兵多，因此「舉軍皆懼」。為了打贏這場戰爭，曹操披堅執銳，親巡將士，宣佈獎懲條例，又向黃巾軍宣佈優待俘虜政策和投降以後的出路（開示降路），然後巧設奇兵以戰勝之。結果黃巾軍向曹操投降。黃巾軍是一種奇怪的軍隊，隊伍當中除了戰士，還有隨軍的家屬和農民，甚至耕牛和農具，所以號稱百萬。曹操把投降的黃巾軍當中比較有戰鬥力的編成隊伍，號稱「青州兵」，於是曹操又有了一支戰鬥隊。

代理兗州牧，就有了根據地；收編青州兵，就有了戰鬥隊。這樣一來，曹操就在關東的心臟地區站住了腳。但是，他也面臨着一個嚴重的問題，就是這麼多人如何養活、如何安置。於是，曹操在公元一九六年（漢獻帝建安元年）接受謀士們的建議，開始實行屯田制。當時，由於連年戰爭，許多土地已成為無主田畝。曹操就將其收歸地方政府，一部分交給軍士和黃巾降卒耕種，名為軍屯；一部分招募失地農民耕種，名為民屯；耕牛和農具則由政府提供，同時收取五到六成的地租。這就叫「屯田」。所謂「屯」，就是居住方式軍事化、耕作方式集體化，可謂最早的「生產建設兵團」。曹操的軍政府變成了農場主。

這是一筆極其合算的買賣。第一，土地是業主遺棄的，耕牛和農具是從黃巾軍那裏收繳來的，曹操不花一分錢，可謂無本生意。第二，地租高達五到六成，比漢初的十五分之一不知高出多少，可謂牟取暴利。但是，戰士和農民從此有飯吃，大家也都願意。第三，居住方式軍事化、耕作方式集體化，等於建立了一個軍民合一的新社會，建設了一支耕戰合一的新軍隊。這支隊伍，平時能幹，急時能戰。他這個「生產建設兵團」，也既是糧庫，又是兵源，豈非左右逢源？第四，屯田制度在解決了糧草和兵源問題的同時，還解決了令人頭疼的流民以及由此造成的治安問題，豈非一舉多得？

所以，曹操做的這件事，證明他在這個天下大亂的時代，不愧為一個深謀遠慮的政治家和頂天立地的大英雄。據《三國志・武帝紀》裴松之註引《魏書》，曹操在決定實行屯田制度的時候說：「定國之術，在於強兵足食。」兵不強，食不足，哪裏能夠克敵制勝？可惜諸侯們沒有這個戰略眼光。《魏書》說：「諸軍並起，無終歲之計，飢則寇略，飽則棄餘，瓦解流離，無敵自破者不可勝數。」這個話什麼意思呢？就是說在天下大亂，諸侯並起的時候，除了曹操，沒有一支軍隊有一個長遠的打算（無終歲之計）。「飢則寇略」，肚子餓了就去搶老百姓的：「飽則棄餘」，吃飽了以後就把多餘的糧食都扔了。最後是什麼呢？最後是分崩離析，不攻自破。因為你如果斷了糧，你就沒有戰鬥力了。實際上，就在曹操的軍民官兵豐衣足食的時候，袁紹的士兵在河北吃桑椹，袁術的士兵在江淮吃河蚌，連桑椹和河蚌都沒得吃的就吃人，到處都是慘不忍睹的景象（民人相食，州裏蕭條）。這樣的人，怎麼可能和曹操爭雄？和他們相比，曹操又怎麼可能不是英雄？

從首倡義兵，到屯田備戰，曹操已經由一個血氣方剛的青年將領成長為一個胸有成竹的政治高手，而其他所謂「一時豪傑」，卻很少有什麼長進和出息。他們或者明哲保身畏首畏尾，或者醉生夢死得過且過，或者心懷鬼胎混水摸魚，或者爭權奪利自相殘殺。那邊西北軍還在肆虐，這邊關東軍已經火併。先是兗州刺史劉岱殺了東郡太守橋瑁，後是渤海太守袁紹幹掉了冀州牧韓馥，再是袁紹和袁術兩兄弟互相拆台。袁術的做法，是聯絡北方的公孫瓚鉗制袁紹；袁紹的辦法，則是聯絡南方的劉表對付袁術。雙方都使用了「遠交近攻」的策略，所以《三國志》感歎說：「其兄弟攜貳，捨近交遠如此！」

不過，袁紹和袁術兩兄弟最大的問題還不是內訌，也不是沒有想到備戰備荒。導致袁紹和袁術（也包括董卓）萬劫不復的原因，是他們在一個重大的政治問題上犯了嚴重錯誤。正是這個錯誤，終於使他們面臨滅頂之災。那麼，這個重大政治問題是什麼？在這個問題上，董卓、袁紹和袁術是怎樣犯錯誤的，曹操的態度又如何呢？

【第五回】

一錯再錯

就在曹操初步顯示出亂世英雄的政治遠見和豪邁氣概時，另一些人卻似乎在表現着自己的蠻橫和愚蠢。正是他們的蠻橫和愚蠢，反襯出曹操的雄才大略；也正是他們的蠻橫和愚蠢，成就了曹操的蓋世功業。

在公元一九〇年到公元二〇〇年這十年間，只有曹操才是真正的亂世英雄。其他那些頭面人物和各路諸侯，則充其量不過政客而已，注定了只可能是過眼煙雲。甚至就如董卓、袁紹、袁術這樣的梟雄，也都在一個重大的政治問題上犯了嚴重錯誤。這個重大政治問題就是如何對待現任皇帝。這個問題是不可以含糊的。在當時的情況下，皇帝是國家統一的象徵。對待現任皇帝的態度，也是考驗一個臣子是忠是奸是善是惡的試金石。在這個問題上犯了錯誤，就會一失足成千古恨，永世不得翻身。

先說董卓。

董卓對待現任皇帝的態度最野蠻，他做法是廢立。董卓進京不久，就提出要換皇帝。至於理由，用他自己的話說，是因為少帝劉辯愚昧懦弱，陳留王劉協則有聖主的素質（堯圖之表）。這也不是完全沒有根據。據《三國志・董卓傳》裴松之註引《典略》、《獻帝紀》等書，董卓進京的時候，洛陽已經大亂。大將軍何進被宦官謀殺，十四歲的少帝劉辯和他九歲的弟弟陳留王劉協流落民間，千辛萬苦才回到京城。董卓帶兵來迎接聖駕的時候，少帝劉辯哭哭啼啼，一句完整的話也說不出。問陳留王劉協，則一清二楚，對答如流。董卓當時就起了換皇帝的心思（卓大喜，乃有廢立意）。

不過，這也未必是董卓換皇帝的真實原因。董卓是早就打算像以前那些權臣一樣，把皇帝當成傀儡捏在手裏，自己攝政掌權、繼而奪權篡位的。既然是傀儡，那又何必換，愚昧懦弱豈不更好？當然，像董卓這樣的梟雄，單憑自己的個人好惡和一時興起，硬要換他一換，也不是沒有可能。但他的真實意圖，恐怕還是為了樹立個人威望、控制中央政權。董卓是西北來的軍閥，粗野蠻橫，嗜血成性，既無人緣，又無威望。儘管他一再籠絡士大夫，士大夫在骨子裏還是看不起他。這就要想辦法。董卓這個人，野蠻是野蠻，卻也狡猾。據《三國志·董卓傳》裴松之註引《九州春秋》，董卓初進洛陽的時候，兵馬其實只有三千。董卓怕鎮不住，就讓他這三千人每天晚上便裝出城，第二天再大張旗鼓地進來，一連四五天，天天如此，結果人人都以為他有千軍萬馬。

董卓忽悠成功，得意洋洋。他不但鎮住了滿朝文武，還有了一個意外的發現，那就是京城裏面那些傢伙其實並不難對付。於是董卓便決定來個更大的動作，畢其功於一役，一舉建立自己不可動搖的崇高地位。這動作就是換皇帝。董卓的想法很簡單：你們不是都怕皇帝，都聽皇帝的嗎？如果我連皇帝都能換，還怕你們不聽我的？而且，廢掉了少帝劉辯，也就可以廢掉何太后，而陳留王劉協是沒有生母的，他的生母王美人被何太后毒死了。因此，立劉協為帝，就沒有什麼太后可以垂簾聽政。這樣一來，既剷除了障礙，又樹立了威望，這可真是一箭雙雕。

然而董卓萬萬沒有想到，他這麼一鬧，就把自己鬧成了「人民公敵」，弄得「天下共討之，全國共誅之」。因為在當時正統的士大夫即所謂「正人君子」看來，皇帝是不能隨便換的，哪怕換上去的也是劉家人。因為皇帝是「一國之君」，也是「一國之本」，豈能動搖？我們知道，在當時的情況下，老百姓是沒有什麼發言權的。掌控着輿論的，就是這些人。這樣一來，維護現存秩序，保衛現任皇帝，就不但是「正義」，也是「民意」。

所以，撤換皇帝（當時的說法叫「廢立」），是有極大風險的，弄不好就會搬起石頭砸自己的腳。這事早就有人幹過。不過，他們要撤換的，不是漢獻帝，而是漢靈帝。據《三國志·武帝紀》，漢靈帝光和七年（公元一八四年），冀州刺史王芬勾結地方豪強，蠢蠢欲動，陰謀廢掉漢靈帝，另立合肥侯。這個合肥侯不知是什麼人，大約也是劉氏宗室吧！摻和這件事的，就有後來背叛袁紹投奔曹操又被曹操殺掉的許攸。這事他們也找過曹操，所以曹操和許攸也是老朋友。但是曹操斷然拒絕。《三國志·武帝紀》裴松之註引《魏書》記載了曹操的話。曹操說：「廢立之事，天下之至不祥也。」也就是說，撤換皇帝，是天底下最不吉利也最有風險的事，必須慎之又慎。這種事情，以前是有人做過，比如伊尹放太甲，霍光廢昌邑，但那都是反復權衡成敗、計算輕重以後才做出的決定，這才「計行如轉圓，事成如摧朽」。如果像當年「七國之亂」那樣輕舉妄動，那就必敗無疑。現在請諸位自己想想，你們的政治勢力軍事力量，比得上當年的吳楚七國嗎？合肥侯的身份地位人望威信，比得上吳王劉濞、楚王劉戊嗎？比不上，還要重蹈覆轍，那不是自己找死嗎？

曹操這番話，實在是很夠朋友。他並沒有講什麼大道理，而是曉之以利害關係。可惜許攸他們聽不進去，一意孤行。結果陰謀敗露，許攸逃之夭夭，王芬也畏罪自殺。可見皇帝確實輕易換不得。當然，董卓不是王芬，他的情況和條件都不同。他提出要換皇帝，居然也換成了。但他最後還是為他的「倒行逆施」付出了代價：被王允和呂布謀殺，死於非命。當然，這是後話。

可惜，王芬教訓並沒有人吸取，董卓的事情倒有人效法，這個人就是袁紹。

袁紹也是個想換皇帝的。不過他的方式和董卓又不相同。董卓的做法是「廢立」（廢掉一個，換上一個），袁紹的做法「另立」（不廢這個，另立一個）。袁紹當了關東聯軍的盟主以後，野心就大了起來，但是膽子卻沒有野心大。他不敢殺去長安，趕走董卓，恢復漢室，而是打算另外立一個皇帝，候選人則是幽州牧劉虞。據《後漢書．劉虞傳》，袁紹的理由是：「朝廷幼沖，逼於董卓，遠隔關塞，不知存否。」也就是說，皇上年紀小（當時漢獻帝才十歲），又被控制在董卓手裏，天南地北的，活沒活着都不知道。就算活着，也形同虛設。國不可一日無君。劉虞是「宗室長者」，應該立他為皇帝。

袁紹的心思一看就明白，他是要在洛陽和長安的中央政府（當時董卓在洛陽，天子在長安）之外，另立一個「流亡政府」。這個「流亡政府」既然是他袁紹成立的，那麼，政府首腦（在當時就是大將軍）自然也非他莫屬。將來，這個流亡政府如果取代了中央政府，他袁紹就是「中興名臣」，可以流芳千古的。袁紹的算盤打得很精。

說起來這也不是不可以。成立流亡政府，也是非常時期進行鬥爭的一種手段，但有一個前提，就是原來的政府必須已經滅亡，或者被顛覆，或者被推翻。然而當時的情況，卻不是這樣。至少，劉協還是名義上的大漢天子，董卓也還是名義上的大漢臣子，大漢王朝並沒有被宣佈滅亡。這個時候成立什麼「流亡政府」，那就是「另立中央」了。這是大逆不道。因此，劉虞自己就堅決不幹。劉虞是何等精明的人。他很清楚，如果貿然答應了這事，自己立馬就會變成一個靶子，非萬箭穿心不可。因此，劉虞在接見袁紹使節張歧等人的時候，發表了一番義正詞嚴的講話，痛斥袁紹等人不思「盡心王室」而「反造逆謀」。袁紹討了個大大的沒趣。

贊成的人也有，就是韓馥。這件事，袁紹是和韓馥、曹操商量過的。韓馥是個沒頭腦的，立馬贊成，還充當了挑頭舉事的馬前卒。不過，韓馥並沒有從這件事裏面撈到什麼好處。皇帝沒換成，他自己倒被換掉了。漢獻帝初平二年（公元一九〇年）七月，袁紹內外勾結軟硬兼施，從韓馥手中奪取了冀州。韓馥讓出冀州後，始終在驚恐中度日，最後自殺在廁所裏。

曹操就沒有那麼傻了。他既不認為袁紹能成什麼大事，也反對搞分裂。他的主張，是滅董卓，迎天子，恢復國家的統一，而不是另立中央。好在袁紹也並沒有把曹操這個小兄弟太當回事。在袁紹眼裏，曹操大概還是當年和他一起去偷新娘子的小夥子。據《三國志・武帝紀》正文及裴松之註引《魏書》，為了說服曹操，袁紹還在「促膝談心」的時候，悄悄出示了一顆玉璽（大約是袁紹私刻的），意思是說你看天命在此了。曹操看了卻在肚子裏笑，心想你以為竊國也像偷新娘子一樣啊！不過，既然袁紹把自己看作兒時夥伴，那就用兒時夥伴的態度來對待吧！於是，曹操就大笑着說，我可不聽你的，我就不聽你的！但在暗地裏，在心裏面，而且也就在這一天，曹操已經把袁紹認定為背叛國家的奸賊，一個厚顏無恥的竊國大盜，列入了必須於以消滅的黑名單（益不直紹，圖誅滅之）。

袁紹的弟弟袁術也不贊成，因為袁術蔑視和嫉恨自己的哥哥袁紹。袁紹和袁術可能是堂兄弟，也可能都是袁逢的兒子。袁紹年長，為兄，卻是「庶出」。袁術年幼，為弟，卻是「嫡出」。他倆到底是親兄弟，還是堂兄弟，諸家說法不一。但袁紹庶出，袁術嫡出，則可以肯定。嫡出就是正妻所生，庶出則是妾或婢所生。嫡出和庶出，在當時的情況下，地位確有高低之別。一般的說，嫡子的地位和待遇都要高於庶子，甚至認為其素質都要好得多。這一點，就連《紅樓夢》也不能免俗——嫡出的寶玉高貴無比，庶出的賈環則猥瑣不堪。

但這並沒有道理。事實上，袁紹雖然是庶出，甚至可能是婢女所生，但他的素質卻比嫡出的袁術好，在政界的威望也比袁術高，人緣自然也好得多。這就讓袁術恨得咬牙切齒，非得和他老哥拚個你死我活，爭個勝敗高低不可。這個時候，大約支持袁紹的人是比較多的，《後漢書．袁術傳》的說法是「豪傑多附於紹」。於是袁術便破口大罵，說臭小子們，不追隨我，反倒去追隨我們袁家的奴才（群豎不吾從，而從吾家奴乎）！又寫信給公孫瓚，說袁紹不是袁家的種子（云紹非袁氏子）。這就不但激怒了袁紹（紹聞大怒），也造成了極壞的影響，為自己今後的失敗埋下了伏筆。

其實袁術用不着看不起袁紹，他們這哥倆實在是半斤八兩，其共同特點，是出身高貴，自命不凡，又愚蠢透頂，而且一個比一個牛，一個比一個蠢。至少，他們兩個都比曹操牛，也都比曹操蠢。袁紹比曹操牛，也比曹操蠢；袁術則比袁紹還牛，也比袁紹更蠢。也就是說，他們的愚蠢和他們的狂妄是成正比的。袁術最自命不凡，也最愚蠢。

袁術接到袁紹的信，肚子裏面陣陣冷笑。袁術想，小老婆養的人就是沒出息，居然想出這麼個餿主意！另立皇帝？要立你就立自己呀！我們老袁家早就「四世三公」了，你弄個「擁立之功」，撐死了也就是由「四世三公」變成「五世三公」，又有什麼了不起？不過袁術的反對，表面上還是義正詞嚴。《後漢書·袁術傳》的說法是「託以公義不肯同」。《三國志·袁術傳》裴松之註引《吳書》則講得更具體：「志在滅卓，不識其他」。其實袁術哪裏會去打董卓？他不贊成袁紹，說到底，實際上是另有打算。什麼打算呢？自己當皇帝。

這就是袁術的做法——自立。

袁術是想做皇帝的，他一直都在做皇帝夢。袁術的邏輯是這樣的：一，大漢王朝已行將就木，姓劉的已日薄西山，必將由他人取而代之。二，最有資格取代劉氏的是姓袁的，因為老袁家「四世三公」，沒有人可以相提並論。三，袁家人當中，最有資格的又是他袁術，因為他袁術是嫡出，袁紹則是庶出，哪有小老婆的兒子當皇帝的道理呢？不過，袁紹勢力大、人緣好，也不可小看。所以，袁術一直把袁紹看作競爭對手，必欲除之而後快。

袁術的想法也不是一點根據都沒有。他的手上有一塊傳國玉璽，是漢靈帝中平六年（公元一八九年）太監張讓等人作亂時丟失，後來被孫堅獲得，又被袁術從孫堅夫人那裏強行奪過來的。這事《後漢書·袁術傳》有記載。耗子腰裏別了把槍，就起了打貓的心思。袁術有了這個寶貝，又誤聽了一些民間的謠言，他就覺得下一任的中國皇帝非他莫屬。到了漢獻帝建安二年（公元一九七年）春，袁術終於按捺不住，正式稱帝。

袁術的稱帝遭到一片反對。和他關係最好的孫策，在得知他稱帝的打算時，就從江東來信表示反對，並與之絕交。袁術四處碰壁，又去找呂布，要和呂布結為兒女親家，結果呂布把袁術派來的使節抓了起來，押送許都（當時曹操已遷都許昌）。袁術勃然大怒，派兵去打呂布，又被呂布打得落花流水。這個時候的袁術，已經是眾叛親離，四面楚歌。

其實，稱帝之前，袁術也是徵求過意見的。早在漢獻帝興平二年（公元一九五年）冬，袁術就曾經召開會議，說我想「應天順民」，諸位看怎麼樣？袁術的部下閻象馬上說，當年周文王「三分天下有其二」，尚且臣服於殷。明公比不上周文王，漢帝也不是殷紂王，怎麼可以取而代之？袁術不甘心，又去問張範。張範稱病，由弟弟張承代答。張承說，能不能取天下，「在德不在眾」。如果眾望所歸、天下擁戴，便是一介匹夫，也可成就王道霸業。意思是說，當不當得上皇帝，與是不是高幹子弟沒什麼關係。可惜這些逆耳忠言，袁術全都當成了耳邊風。他實在是利令智昏。

於是曹操出手了。

建安二年（公元一九七年）的曹操已非同一般。一年前，他已經成功地將漢獻帝迎奉到自己的根據地許縣，可以「奉天子以令不臣」或者「挾天子以令諸侯」了。這樣一個大漢王朝實際上的當家人，又是一貫主張國家統一、反對分裂的，哪裏容得袁術出來跳樑？自然要來收拾這個小丑，「乃自征之」。據《後漢書·袁術傳》，袁術聞訊，當時就嚇了個半死（術聞大駭），掉頭就跑（即走度淮），軍糧又被他的「丞相」舒仲應全部分給了災民。袁術問他為什麼要這樣做。舒仲應說，反正我們是死路一條了，何不用我一個人的性命來換這麼多老百姓的性命呢？袁術只好苦笑着說，閣下難道要獨享這個好名聲，不和我共享嗎？看來，袁術自己也很清楚，自此他出了這步臭棋，已經成了過街的老鼠，很難在江湖上混下去了。

不過袁術也還是苦撐了兩年。到了建安四年（公元一九九年）夏天，走投無路的袁術終於發現他這個皇帝再也做不下去，便決定把那傳國玉璽讓給袁紹，好歹那也是袁家的人。這倒很對袁紹的心思，因為袁紹其實也是一個想當皇帝的。據《三國志．袁紹傳》正文及裴松之註引《典略》，建安元年（公元一九六年），袁紹大敗公孫瓚於易京（今河北省雄縣西北），「並其眾」，勢力大增。於是袁紹野心開始膨脹，不但對天子「貢御希慢」（貢奉既少，又很無禮），而且私下裏指使（私使）一個名叫耿苞的主簿向他報告，說是赤德已盡，黃天當立，應該順應天意。所謂「赤德」，就是指劉漢；所謂「黃天」，就是指袁氏。袁紹將耿苞的密報交給大家看，沒想到輿論譁然，都說耿苞妖言惑眾。袁紹沒有辦法，只好殺了耿苞「以自解」。但他人還在，心不死，皇帝還是想當的。因此，當袁術決定「歸帝號於紹」時，他心裏是高興的，《三國志》的說法是「陰然其計」。

可是，就連這個想法，袁術也不能如願，因為曹操已派劉備在下邳（今江蘇省睢寧縣）截擊，單等他來送死。袁術沒有辦法，只好又掉頭回淮南。逃到離壽春（今安徽省壽縣）八十里的江亭時，終於一病不起，嗚呼哀哉，只當了三年半的皇帝，而且還是假的，沒人承認。

據說袁術死得很慘。《三國志·袁術傳》裴松之註引《吳書》說，袁術死的時候，身邊已沒有糧食。詢問廚房，回答說只有麥屑三十斛（十斗為一斛）。廚師將麥屑做好端來，袁術卻怎麼也嚥不下。其時正當六月，烈日炎炎，酷暑難當。袁術想喝一口蜂蜜水，也不能夠。袁術獨自坐在床上，歎息良久，突然慘叫一聲說：我袁術怎麼會落到這個地步啊！喊完，倒伏床下，吐血一斗多死去。

袁術的死實在是罪有應得。當他求蜂蜜水而不可得的時候，不知他是否想過他當年的驕奢淫逸和對人民群眾的橫徵暴斂。《三國志》說，袁術起兵之時，就「奢淫肆欲，征斂無度，百姓苦之」。《後漢書》也說他「不修法度，以鈔掠為資，奢恣無厭」。稱帝以後，更是「荒侈滋甚，後宮數百皆服綺縠，而士卒凍餒，江淮空盡，人民相食」。在他的治下，人民過着水深火熱的日子，「江淮間相食殆盡」。他自己每天山珍海味，手下的士兵卻一個個凍死餓死。這樣的東西，不失敗才是怪事！

當然，袁術的失敗，並不完全是他個人的責任。袁術這個人，還是很有些優點的，也是很有些本事的。《三國志》說他「少以俠氣聞」，《後漢書》說他「舉孝廉，除郎中，歷職內外」，董卓專政時當到後將軍，豈能是草包？實際上，是皇帝的至尊地位和至高權力使他鬼迷心竅。他是皇權制度的犧牲品。

這樣一說，事情就清楚得多。從政治的角度講，袁術最蠢的地方，還是他在大家都想當皇帝，又都不敢挑頭的時候，迫不及待地當了出頭鳥。要知道，出頭的椽子是要先爛的。尤其是在群雄割據、勢力相當的情況下，誰挑這個頭，誰就會成為眾矢之的。袁紹他們懂這個道理，因此儘管心裏癢癢的，也只好忍住。曹操更是心裏透亮。孫權勸他稱帝，他一眼看穿孫權的鬼心眼，說這娃娃是想把我放在火上烤。袁術卻不懂。他以為只要他一搶先，便佔了上風，別人就不敢怎麼樣了。沒想到皇帝的稱號不是商標，搶先註冊的結果只能是玩火自焚。

袁術死了，袁紹也得死。消滅袁紹的，也是曹操。其實袁術和袁紹兄弟的愚蠢，正在於他們始終就沒有弄清楚誰才是自己真正的對手。於是，就在袁紹兄弟禍起蕭牆爭風吃醋的時候，曹操在他們的眼皮底下悄然崛起，成為政壇上和戰場上一顆冉冉升起的新星，並一舉打敗了這兩個自以為是的傢伙。事實證明，他們兩個一開始都沒放在眼裏的曹操，才是真正的政治高手，也才是公元二〇八年赤壁之戰以前政治鬥爭中最大的贏家。因為曹操比他們都更有政治頭腦，知道應該怎樣對待皇帝，知道應該怎樣才能在這個重大問題上立於不敗之地。

董卓廢立，袁紹另立，袁術自立。那麼，曹操是怎麼做的呢？

【第六回】

深謀遠慮

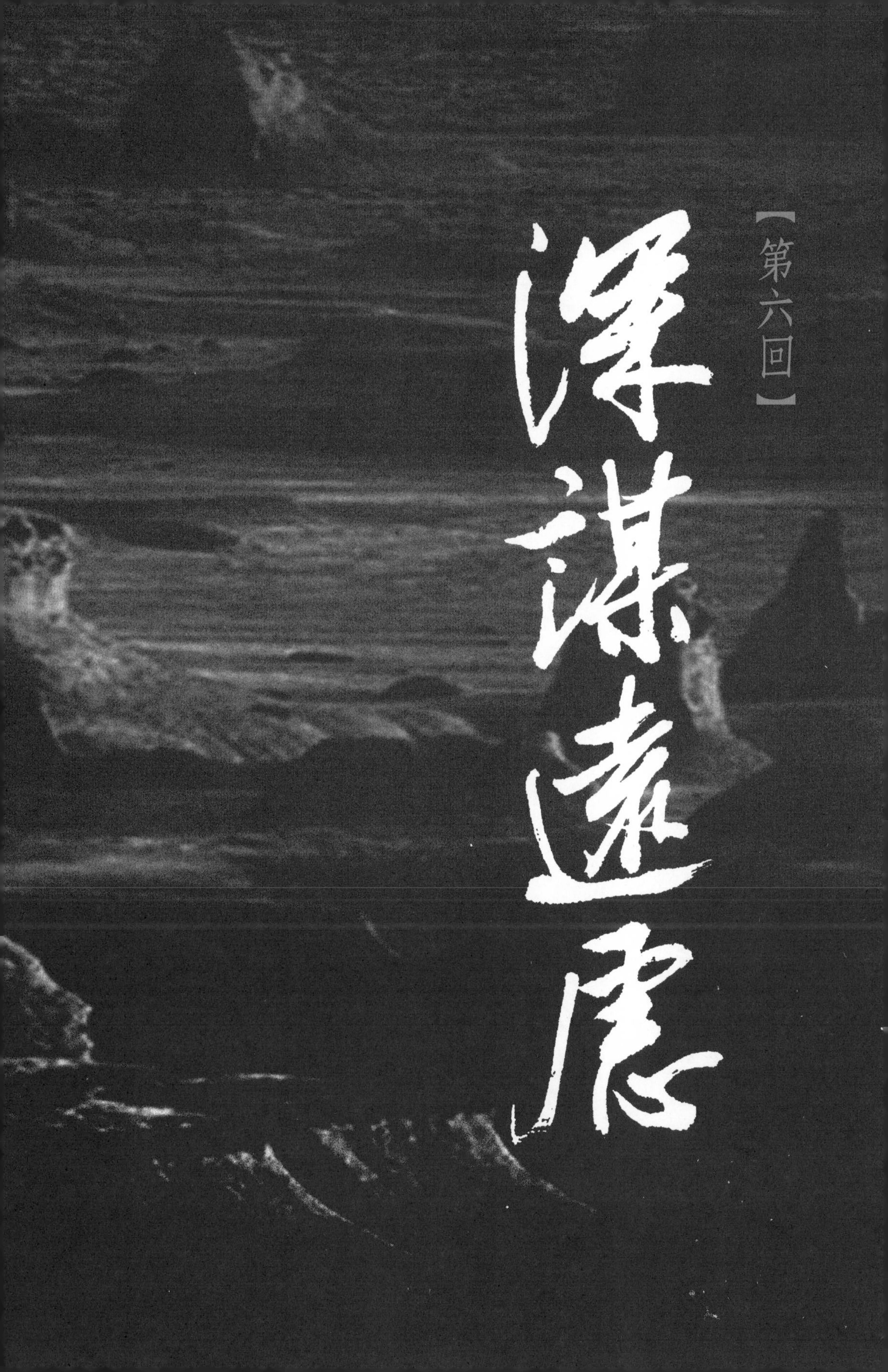

董卓廢立，袁紹另立，袁術自立，說明他們充其量只不過「亂世梟雄」，也反過來證明只有曹操才是天才的政治家。因為只有曹操，才在這個混亂的時代採取了一種成本最低、風險最小、效益最高的政治策略。

董卓廢立，袁紹另立，袁術自立。這三種決策，即便不能說是錯誤，至少也不高明，因為成本高，風險大，效益低。相比之下，曹操的做法顯然高明得多。他不但既不廢立，也不另立，更不自立，而把現任皇帝迎接到自己的根據地，客客氣氣地供奉起來。然後利用現任皇帝的旗號，以國家的名義號令天下，征討四方。

這就是通常所謂「挾天子以令諸侯」了。其實，「挾天子」這個說法是可以討論的。包括曹操是否打算這樣做和是否能夠這樣做，都可以討論。因為無論曹操還是他的謀士，都沒有說過這句話，也沒有使用過「挾天子」的提法。這話是別人說他的。比如諸葛亮就說曹操「挾天子而令諸侯」，孫權集團的人也說曹操「挾天子而征四方」，袁紹則說曹操居然還想「挾天子以令我」。我們知道，那時的政治鬥爭很是激烈，對手的話，不一定靠得住。

曹操方面的說法是「奉天子」，是「奉天子以令不臣」（毛玠）或者「奉天子以令天下」（賈詡）。這兩種說法，看起來大同小異，其實相去甚遠。那麼，「奉天子」和「挾天子」又有什麼不同？曹操為什麼要這樣做？是誰給曹操出的主意？曹操是怎樣實施的？他這樣做了以後，又有什麼好處？

不過，在回答這些問題之前，我們先要簡略地介紹一下當時情況。漢獻帝初平三年（公元一九二年），司徒王允聯合呂布發動宮廷政變，謀殺了董卓。這件事情，在《三國演義》裏面說成是王允施了美人計和離間計。這當然是小說家言，貂蟬這個人也是元代的戲劇家編出來的。元代雜劇《連環計》說，貂蟬姓任，是任昂的女兒，名叫紅昌，因為在皇宮裏管貂蟬冠，所以叫貂蟬。不過呂布和董卓的侍婢偷情，大約確有其事；

董卓因為一點小事就大發雷霆，拎起手戟就扔向呂布，也大約確有其事。呂布向王允訴苦，說董卓好幾次要殺他，感到害怕，也是事實。這些事，《三國志》裏面都有記載。《三國志·呂布傳》說，王允發現這個情況，就要呂布參加他們的行動，並擔任殺手。呂布猶豫，說「奈如父子何」。王允說：「君自姓呂，本非骨肉，今憂死不暇，何謂父子！」呂布就在董卓上朝時把他殺了。

這件事當然大快人心。據《三國志·董卓傳》裴松之註引《英雄記》，董卓死後，橫屍街頭，看守屍體的人在董卓的肚臍眼上插了根燈芯，把董卓充滿肥油的肚子變成了一盞燈，而且一點就着，通宵達旦。但是，勝利之後的王允也犯了和袁紹相同的錯誤，那就是大開殺戒，株連無辜，蔡文姬的父親、大學者蔡邕也被誅殺。據《三國志·董卓傳》裴松之註引謝承《後漢書》，殺蔡邕的時候，很多人表示反對，前來勸說。王允卻說，當年孝武皇帝沒把司馬遷殺了，結果留下一本壞書。現在國運衰落，兵荒馬亂，董卓的軍隊就在京郊，怎麼能讓一個奸人拿着筆站在年幼的皇帝身邊？這事雖然被裴松之認為不實，但王允殺蔡邕，殺很多人，打擊一大片，卻是事實。

這就逼得董卓的舊部鋌而走險，殺回長安。結果這回輪到王允暴屍街頭了，只有呂布從武關殺出，到南陽投奔了袁術，朝政則落到了董卓舊部李傕和郭汜的手裏。這兩個一點也不比董卓文雅，可憐的漢獻帝剛剛脫離虎口又進了狼窩。更糟糕的是，這兩隻狼還要窩裏鬥。李傕把皇帝搶到自己營裏，郭汜則把百官搶到自己軍中，正所謂「一人劫天子，一人質公卿」。後來，他們打得筋疲力盡、兩敗俱傷、死者數萬，這才稍微安靜下來。興平二年（公元一九五年）七月，李傕的部將楊奉和董太后的姪子董承等人開始護送天子還京（洛陽）。這一去就是一年的顛沛流離，天子又變成了浪子。建安元年（公元一九六年）七月，皇帝終於回到了洛陽。面對被董卓燒毀的破敗不堪的京城，天子欲哭無淚。

如此混亂的局面，對於國家和民族當然是大大的不幸，卻給了爭霸的關東諸侯一個極好的機會，同時對他們也是一次考驗，既考驗他們對國家民族是否忠誠，也考驗他們不能不抓住發展壯大自己的機遇。現在看來，曹操集團考試合格。曹操到了兗州後，他的謀士毛玠和他有過一番談話。這番話，奠定了相當長一段時間曹操政治戰略、經濟戰略和軍事戰略的基礎，堪稱「曹操版」或「毛玠版」的《隆中對》。

毛玠首先為曹操分析了形勢。他指出，當時的情況，是社會動亂（天下分崩），國本動搖（國主遷移），經濟崩潰（生民廢業），災難流行（饑饉流亡），可謂國既不泰（公家無經歲之儲），民也不安（百姓無安固之志）。這樣下去，決非長久之計（難以持久）。這個時候，確實需要有一個雄才大略的人來收拾局面。這個事業，就是所謂「霸王之業」。但是，那些有此條件的人，比如袁紹、劉表，雖然實力強大（士民眾強），卻目光短淺（無經遠之慮），不知根本（未有樹基建本者也）。根本是什麼？一是正義，二是實力。實力當中，又首先是經濟實力。因為兵馬未動，糧草先行。沒有足夠的糧餉，是打不了仗的。實際上，戰爭並不僅僅是軍事力量的較量，更是經濟力量的較量。當然，戰爭也不僅僅是實力的較量，更是人心的較量。得人心者得天下。有了正義的旗幟，就師出有名，也就能克敵制勝，這就叫「兵義者勝」。有了經濟的力量，就財大氣粗，也就能進退自如，這就叫「守位以財」。總之，有了這兩條，就進可攻、退可守。

因此，毛玠向曹操提出三項建議，即奉天子，修耕植，畜軍資。毛玠說：「夫兵義者勝，守位以財，宜奉天子以令不臣，修耕植，畜軍資，如此則霸王之業可成也。」為什麼要「奉天子」呢？因為在當時，皇帝不但是國家元首，而且是上天的嫡子，即「天子」，也是天下人的父親，即「君父」。這個觀念，早在西周時就形成了。那時雖然沒有皇帝，天子卻是有的，即作為「天下共主」的周王。後來，秦滅六國，天下一統，「王制」變成了「帝制」，「共主」變成了「獨主」，但取代了「王」的「皇帝」卻仍然是「天子」。現在，上天的嫡子、天下人的父親顛沛流離、食不果腹、居無定所，割據一方的諸侯都不伸手救援，許多人是憤憤不平看不下去的。如果有人能夠尊奉天子，無疑會大得人心。這就是毛玠深謀遠慮的地方。至於「修耕植，畜軍資」，其意義則已如前說。總之，「奉天子」是政治戰略，「修耕植」是經濟戰略，「畜軍資」是軍事戰略，所以說毛玠的話是「綱領性文件」。

曹操立即就採納了毛玠的建議（《三國志》的說法是「敬納其言」），而且予以實施。前面講過的「屯田」，就是「修耕植，畜軍資」。另一件要做的事情，就是「奉天子」了。

但是這並不容易。毛玠提出建議後，曹操就派使者前往長安，聯繫朝廷，卻被河內太守張楊攔住，不得過境。這時，一個名叫董昭的人出來幫了大忙。董昭這個人，按照陳邇冬先生《閒話三分》的說法，在三國中連次要人物也夠不上。但我以為，董昭的「戲份」雖然不重，每次出場卻都在節骨眼上。比方說，曹操的迎奉天子，陳邇冬先生就謂之「董昭教打『皇帝牌』」；後來曹操成為「魏公」、「魏王」，《三國志》也說「皆昭所創」。其實曹操的這些事，並非董昭一人之功。比如「奉天子以令不臣」，就首先是毛玠的建議。不過，這件事能夠辦成，董昭的作用確實很大。

董昭原本是袁紹的人，因為袁紹聽信讒言對他產生懷疑，只好離開袁紹去洛陽，半路被張楊收留。董昭見曹操的使者被張楊攔截，就對張楊說，將軍不要以為袁紹和曹操是一家，我看他們兩個總有一天會翻臉，而勝利者必定是曹操，因為曹操才是當今天下的英雄。現在曹操代理了兗州牧，派使節去朝見天子，路過將軍這裏（其實被張楊擋住），這就是將軍和曹操的緣分啊！將軍不如做個順水人情，將來你們就是好朋友了。於是張楊就上書朝廷，表薦曹操。董昭又自己掏錢以曹操的名義給李傕和郭汜送禮，從此曹操和朝廷有了來往。這是漢獻帝初平三年（公元一九二年）的事。

到興平二年（公元一九五年）的十月，曹操正式做了兗州牧，力量更強大了；而漢獻帝也在次年即建安元年（公元一九六年）的七月，歷盡千辛萬苦回到了洛陽，迎奉天子的條件更為成熟。曹操便派他的堂弟、揚武將軍曹洪去洛陽，卻遭到衛將軍董承和袁術的攔截。這時又多虧了董昭。董昭的辦法是去找楊奉。因為他發現皇帝身邊那些如狼似虎的軍閥當中，楊奉的實力最強而根基最淺，很希望得到外援。於是董昭便自作主張替曹操寫了一封信。信裏先是吹捧了楊奉一番，然後說現在天下這麼混亂，「必須眾賢以清王軌，誠非一人所能獨建」，也就是應該聯合起來。怎麼聯合呢？「將軍當為內主，吾為外援。今吾有糧，將軍有兵，有無相通，足以相濟。」而且，董昭還替曹操信誓旦旦：「死生契闊，相與共之。」這話說得楊奉點頭稱是，就舉薦曹操為鎮東將軍，還使曹操承襲了父爵費亭侯。正好這時董承在朝廷裏和別人鬧了矛盾，也派人請曹操出兵洛陽。曹操迎奉天子的障礙沒有了。

漢獻帝建安元年（公元一九六年）八月十八日，曹操進入洛陽，拜見了漢獻帝。他帶來了皇帝久違的問候，也帶來了皇帝許久不見的糧食和酒肉。君臣相見，想必感慨萬千。曹操萬萬沒有想到：至尊天子的飲食起居竟然形同乞丐。皇帝也沒有想到，在這混亂的年頭居然還當真有人惦記他，尊奉他。於是天子下詔，授予曹操符節和黃鉞，錄尚書事。授予符節，就有了軍中執法權；授予黃鉞，就有了內外指揮權；錄尚書事，就有了最高行政權。曹操成功地邁出了第一步。

不過這一步也實在只能算是萬里長征第一步。因為這時的皇帝，其實被捏在別人手上，並沒有什麼權威。曹操要在別人的地盤依靠並沒有權威的皇帝行使什麼軍中執法權、內外指揮權和最高行政權，奉天子以令不臣，簡直就是天方夜譚。因此，他還必須邁出第二步——把皇帝弄到自己身邊去。

第二步的邁出也有董昭的功勞。曹操到了洛陽以後，和董昭有過一次談話。他請董昭和自己坐在一起，感謝董昭暗中為自己做的一切，同時也問計於董昭。董昭說，將軍舉義兵，誅暴亂，入朝天子，輔翼王室，這是當年齊桓公、晉文公的霸業呀！但是，現在天子身邊的這些將軍，「人殊意異，未必服從」。如果留在洛陽輔佐皇上，「事勢不便」。唯一的辦法，就是「移駕幸許」，也就是請皇上到將軍的根據地許縣去。不過，董昭也指出，這件事情並不容易。因為董卓把皇帝劫持到長安，弄得民怨沸騰。現在皇帝好不容易回到了洛陽，天下人都翹首以待，希望從此安定下來。如果又要皇上移駕，恐怕人心不服。這就是「非常之事」了。然而，董昭強調：「行非常之事，乃有非常之功，願將軍算其多者」。

這其實是考曹操的魄力了。曹操馬上說，這正是我的打算。只不過楊奉就在附近，聽說他的軍隊很厲害，只怕不會給我方便。董昭說，無礙。楊奉這個人，有勇無謀，又沒有黨羽，是可以忽悠的。將軍不妨先給楊奉寫一封信，送上厚禮，就說洛陽沒有糧食了，要就食於魯陽。魯陽距離許縣不過咫尺，豈不是說去就去了？魯陽離楊奉所在的梁縣也不遠，楊奉必不懷疑，何憂之有呢？曹操依計而行，果然就把皇帝弄到了許縣。

這下子楊奉才發現上當了。董昭以曹操的名義給他寫信的時候，他還真以為曹操會像信中所寫的那樣和他合作，他出兵，曹操出糧，由他主持朝政，曹操做外援。他哪裏知道，曹操這個人，豈是給別人當後勤部長的？別人給他當後勤部長還差不多！當然，楊奉也更想不到曹操居然會以「暫幸魯陽」之名，行「遷都許縣」之實。氣急敗壞的楊奉想和曹操算賬，卻被曹操抄了老窩，最後只好去投奔袁術。

遷都許縣的皇帝暫時住進了曹操的行轅，天子感到很滿意。到許縣之前，皇帝和朝官們已經和叫花子差不太多。據《後漢書．獻帝紀》，當時在洛陽，天子臨時住在老太監趙忠的宅子裏，而「百官披荊棘，依牆壁間」，尚書郎以下的官都得自己出去挖野菜吃，有的竟活活餓死或被亂兵殺死。曹操卻大大地改善了他們的生活，而且在做這些事時，非常地細心，很像一個管家的樣子。更令天子感動的是，曹操在為他提供日用品的時候，採取的是「歸還公物」的方式，還上了一份《上雜物疏》。曹操說，這些東西都是先帝賜給臣祖上的。先帝賜給臣祖，是先帝的恩寵，臣祖也是供奉在家裏，從來不敢使用。現在皇上起居不便，臣又無尺寸之功，哪裏還敢留下？理應歸還。

這一手實在漂亮。我們知道，幫助一個人，最重要的是不要讓他覺得受了施捨，欠了人情，更不能老是提醒別人受了自己的幫助。許攸就錯在這裏，最後死於非命。當然，臣下給皇上送東西，歷來是叫做「孝敬」的。但在這個非常時期，「孝敬」和「施捨」也沒有太大區別。這個時候，臣下能夠說一聲「孝敬」，就算是給足了面子。然而曹操居然說是「歸還」！「歸還」和「孝敬」是不同的。你再說「孝敬」，那東西也是你的，皇帝還是欠了你一個人情。「歸還」卻意味着那東西原本是皇帝的，曹操一點人情都沒有。皇帝既受之無愧，曹操也理所應當。這就把人情做足了。做人情，又顯得不是做人情，曹操實在高明。

曹操的這份細心不能不讓皇帝感動，也不能不讓他認為曹操是大大的忠臣。感動之餘，皇帝慶幸自己有了這樣一個忠臣，甚至慶幸上天賜給他這樣一個救星。他不用再流離失所，不用再像一件可居的奇貨在軍閥們的手上倒賣，不用擔心害怕隨時會被廢黜、殺害。他有了一個保護神，可以過點安生日子了。

於是，天子下詔，任命曹操為大將軍，封武平侯。武平侯是縣侯，比原來那個只是亭侯的費亭侯高了兩級（亭侯之上是鄉侯，鄉侯之上是縣侯）。更重要的是，大將軍是武帝以來大漢王朝的最高實權職務，比「三公」的地位還高，權力還大。這下子，曹操完成了「奉天子」的程序，獲得了「一人之下，萬人之上」的崇高地位，他可以「令諸侯」了嗎？

不能。第一個，袁紹就不聽他的。曹操當了大將軍以後，大約是為了平衡，或者是為了安撫一下老朋友，又以皇帝的名義任命袁紹為太尉，封鄴侯。袁紹便馬上就跳起來了，拒不接受。因為太尉雖然是全國最高軍事長官，三公之一，地位卻在大將軍之下。據《三國志·袁紹傳》裴松之註引《獻帝春秋》，袁紹氣憤地對人說，曹操早就死過好幾回了，每次都是我救了他，現在反倒跑到我頭上撒尿來了，什麼東西！難道他還想「挾天子以令我」嗎？

這就十分小家子氣和小心眼兒了。袁紹這個人，雖然出身高貴，其實卻小心眼。這也是他最後終於要失敗的原因之一。反倒是曹操大度，知道此時不可和袁紹翻臉，便上表辭去大將軍一職，讓給袁紹。袁紹這下以為得了面子和甜頭，才不鬧了。其實，袁紹不在朝中，他的號令也出不了自己的轄區範圍，當大將軍和小將軍沒什麼兩樣。何況，這職位是曹操讓出來的，也沒什麼面子，徒然讓後人恥笑而已。

更何況，曹操可以給他「面子」，卻不會給他「裏子」，也不會聽他指揮。據《三國志·武帝紀》裴松之註引《魏書》，當時袁紹要曹操胡亂找個茬子把楊彪和孔融殺了，曹操就不聽他的。曹操知道袁紹和楊彪、孔融有過節，自己也不喜歡楊彪和孔融，卻知道現在不是殺人的時候，更不能亂殺名士。就算要殺，也是曹操自己的事，豈能由袁紹來指揮？於是曹操就一本正經地給袁紹回了一封信，說現在的情況，是「天下土崩瓦解，雄豪並起」，君臣將相，既不同心，也不同德，「此上下相疑之秋也」。這個時候，作為帝國的執政者，即便以最坦誠的心態去對待別人，恐怕也難以取信於人。如果還要殺他一個兩個，豈不弄得人人自危？想當年，高皇帝冊封和他有過節的雍齒為侯，就安定了整個朝廷，這事閣下難道忘了嗎？袁紹得信，氣了個半死，認為曹操表面上大公無私（外託公義），實際上心懷鬼胎（內實離異），還要和他打官腔，就恨得咬牙切齒。

曹操當然很清楚袁紹的心思，也很清楚他和袁紹總有一天會公開翻臉。不過，袁紹這麼一鬧，也讓曹操清楚地意識到，事情並沒有想像的那麼簡單。不要以為你掌握了個小皇帝，當了個大將軍，天下就是你的了。沒有的事！事實上，袁紹不聽他的，袁術不聽他的，呂布、張繡這些小軍閥也不聽他的，更不用說遠在天邊的劉表和孫策了。皇帝的旗號並不能代替武器的批判，天下還得靠拳頭打出來。

因此，說曹操遷都許縣之後就「挾天子以令諸侯」了，是不對的。當時他並沒有這個能耐，也未必有這個想法。因為毛玠的建議，是「奉天子以令不臣」，並非「挾天子以令諸侯」。這兩個說法是有本質區別的。奉，是尊奉、維護；挾，是挾持，利用。令不臣，是要地方服從中央；令諸侯，是要別人服從自己。因此，「奉天子以令不臣」是政治綱領，目的是實現國家的統一；「挾天子以令諸侯」是政治策略，目的是實現個人的野心。這兩個說法，豈能混為一談？

那麼，曹操的真實想法，是要「奉天子以令不臣」，還是要「挾天子以令諸侯」呢？

【第七回】
先入為王

曹操的政治天才，集中表現在他迎奉天子遷都許縣這件事上。這件事的動機，可以有兩種解釋。一種是為了維護國家的統一，必須維護作為國家統一象徵的皇帝，剷除導致國家分裂的諸侯，即「奉天子以令不臣」；另一種解釋則是曹操為了實現自己的政治野心，把皇帝作為牌來打，趁機消滅異己，即「挾天子以令諸侯」。

前面說過，曹操的政治綱領，是「奉天子以令不臣」，不是「挾天子以令諸侯」。那麼，「挾天子以令諸侯」這句話又是怎麼來的呢？

是袁紹的謀士說的。

袁紹有兩個謀士說過這話，一個是沮授，一個是田豐。沮授的說法是「挾天子而令諸侯，畜士馬以討不庭」，田豐的說法則是「挾天子以令諸侯，四海可指麾而定」。田豐的說法見於《三國志·武帝紀》裴松之註引《獻帝春秋》，沮授的說法見於《三國志·袁紹傳》裴松之註引《獻帝傳》。沮授的說法在前，而且詳盡，我們就說沮授。

沮授是袁紹從韓馥手裏騙得冀州之後，順便接收的謀士之一。袁紹的水平比韓馥高多了，沮授當然願意為他效勞。據《三國志·袁紹傳》，沮授投靠袁紹後，兩人有過一次談話。正如毛玠的談話可以算作「曹操版」的《隆中對》，沮授的談話也可以算作「袁紹版」的《隆中對》，而且說得文采飛揚。沮授說，將軍您是一個曠世英雄、少年才俊。年紀輕輕剛一進入朝廷，就名揚四海（弱冠登朝，則播名海內）；面對董卓的倒行逆施，您表現得大義凜然（值廢立之際，則忠義奮發）；單槍匹馬突出重圍，董卓就心驚膽戰（單騎出奔，則董卓懷怖）；渡過黃河就職渤海，渤海就俯首稱臣（濟河而北，則渤海稽首）。您依靠渤海一個郡的力量（振一郡之卒），獲得了冀州一個州的擁戴（撮冀州之眾），真可謂「威震河朔，名重天下」呀！現在天下雖然還不太平（黃巾猾亂，黑山跋扈），但是，又有誰能阻擋您前進的步伐呢？您現在「舉軍東向，則青州可定；還討黑山，則張燕可滅；回眾北首，則公孫必喪；震脅戎狄，則匈奴必從」，完全可以「橫大河之北，合四州之地，收英雄之才，擁百萬之眾」，成為舉世矚目舉足輕重的救世英雄。那時，您就應該把皇上從長安迎回來（迎大駕於西京），在洛陽恢復社稷和祖廟（復宗廟於洛邑），然後「號令天下，以討未服」。將軍有了這樣一個政治優勢，又誰能夠和您一爭高下呢（以此爭鋒，誰能敵之）？用不了多久，就大功告成了（比及數年，此功不難）。這話說得袁紹也熱血沸騰，當即表示「此吾心也」，可惜並未實行。

這事後來又議過一次，而且話說得更明確，時間則是在曹操迎奉天子之前不久。據《三國志・袁紹傳》裴松之註引《獻帝傳》，沮授說，自從董卓造孽，天子流離失所，宗廟破敗毀壞，各路諸侯名義上大舉義兵，實際上自相殘殺（外託義兵，內圖相滅），沒有一個尊崇天子體恤百姓的（未有存主恤民者）。現在，將軍您已經初步安定了州域，就應該迎奉天子定都鄴城，「挾天子而令諸侯，畜士馬以討不庭」，又有誰那個抵擋您呢？

這話袁紹倒是聽進去了，可惜其他反對。反對的人，據《獻帝傳》說是郭圖，但《三國志》說郭圖是贊成的，而且說主張「迎天子都鄴」的正是郭圖。這個我們也弄不清楚。反正那些人七嘴八舌說大漢王朝眼看就要完蛋了，咱們卻去扶它，不是沒事找事嗎？現在大家都在問鼎中原。這個時候，先下手為強，先得手為王。如果把皇帝這寶貝弄到身邊來，天天向他請示，事事向他彙報，實在麻煩。聽他的吧，顯得咱沒份量（從之則權輕）；不聽他的吧，說起來又算是違命（違之則拒命），實在划不來（非計之善者也）。袁紹自己呢，一想到獻帝是董卓擁立的（天子之立非紹意），心裏就犯噁心，也就打消了這個念頭。

機不可失，時不再來。袁紹一猶豫，曹操就搶了先。這一回輪到袁紹大跌眼鏡了：曹操迎奉獻帝遷都許昌後，不但沒有損失什麼，或受制於人，反倒撈到了不少實惠。他得到了黃河以南的大片土地，關中地區的人民也紛紛歸附（收河南地，關中皆附）。更重要的是，他撈到了一大筆政治資本，不但自己成了匡扶漢室的英雄，有了「一人之下，萬人之上」的地位，而且把所有的反對派都置於不仁不義的不利地位。從此，曹操不管是任命官吏、擴大地盤，還是討伐異己、打擊政敵，都可以用皇帝的名義，再不義也是正義的。對手們呢？則很被動。他們要反對曹操，先得擔反對皇帝的風險。即便打着「清君側」的旗號，也遠不如曹操直接用皇帝的名義下詔來得便當，來得理直氣壯。比如後來袁紹要打曹操，沮授和崔琰便都說「天子在許」，攻打許都「於義則違」。諸葛亮也說曹操「挾天子而令諸侯，此誠不可與爭鋒」。曹操捷足先登，佔了個大便宜。

袁紹則吃了個大虧。據《後漢書．袁紹傳》，曹操剛把天子迎到許縣，就一本正經地以皇帝的名義給袁紹下了一道詔書，責備他「地廣兵多，而專自樹黨」，沒見他出師勤王，只見他不停地攻擊別人。袁紹接詔，渾身氣都不打一處來，卻也只好忍氣吞聲上疏為自己辯解一番。後悔之餘，袁紹又想出一個補救辦法。他以許都低濕、洛陽殘破為由，要求曹操把皇帝遷到離自己較近的鄄城（今山東省鄄城縣），試圖和曹操共享這張王牌。這可真是做夢娶媳婦，盡想好事。曹操肚子裏好笑，毫不客氣地予以拒絕。這時，袁紹的謀士田豐就對他說，遷都的事進入辦不成，那就趕緊打許都的主意（徙都之計，既不克從，宜早圖許，奉迎天子），否則就來不及了。袁紹不聽。

實際上，這事從一開始曹操就高了袁紹一頭。高在哪裏？高在格調，高在品位。要知道，沮授的建議（挾天子而令諸侯）是不可以和毛玠的建議（奉天子以令不臣）等量齊觀的。道理上文講過：奉，是尊奉、維護；挾，是挾持，利用。「奉天子以令不臣」的目的是要實現國家統一，「挾天子而令諸侯」的目的是要實現個人野心。一個光明磊落，一個鬼鬼祟祟，豈能同日而語？毛玠說得對，「兵義者勝」。不義，氣度上就差了一截。

退一萬步說，就算曹操接受毛玠的建議迎奉天子，並非真心要把行將就木的漢室再扶起來，不過只是把皇帝當牌來打，策略上也比袁紹高明。因為皇帝不但可以當牌來打，而且是張好牌。這張牌，好就好在它既虛又實。說它虛，是因為這時的皇帝，不要說「乾綱獨斷」，就連人身自由都沒有，完全聽人擺佈，有如提線木偶。所以，他是一張可以抓到手的牌。說它實，則是因為儘管誰都知道這皇帝是虛的，是個擺設，可又誰都不敢說他是虛的、可以不要，就像童話裏誰也不敢說那皇帝沒穿衣服一樣。皇帝有個什麼號令，大家也都得裝作服從的樣子（事實上有些事還得照着做），不敢明目張膽唱反調。唯其如此，當時敵對的雙方便都要宣稱自己的行動得到了皇帝的授權。在朝的逼着皇帝下詔書，在野的則謊稱有皇帝的密詔，這樣他們的行動才師出有名，才有正義的性質。所以，皇帝又是一張有用的牌，而且是王牌。只要這張牌是王牌，你管他是哪兒來的？

至於說把皇帝弄到身邊，事事要向他請示，不如遠離皇帝可以隨心所欲，為所欲為，則更是典型的山大王意識，一點政治頭腦都沒有。天高固然皇帝遠，但那皇帝如果是傀儡，近一點豈不更便當？請示彙報、磕頭行禮當然還是要的。但只要稍微有點頭腦，就該知道那不過是走走過場而已。那小皇帝當時才十六歲，還是個孩子。先是被捏在董卓手裏，後來又被捏在王允等人手裏，從來就沒有真正掌過權。李傕、郭汜火併，在長安城裏兵戎相見，皇帝派人兩邊講和，誰也不買他的賬。可見這位堂堂天子，不要說號令天下，就連當個和事佬都當不成。這樣可憐的皇帝，到了袁紹這裏，怎麼會擺天子的譜，和袁大人過不去呢？政治鬥爭和做生意一樣，講究的是搶佔商機。王牌只有一張，你不搶，就會有別人搶。沮授就說：「權不失機，功在速捷」，「若不早圖，必有先人者也」。可惜袁紹聽不進去。

可見，迎奉天子這事，也有兩說。毛玠是一種說法，沮授是另一種說法。那麼，曹操的真實想法是什麼？他是要「奉天子以令不臣」呢，還是要「挾天子而令諸侯」呢？

曹操的謀士們顯然是主張前者的。毛玠是這個觀點，荀彧也是這個觀點。荀彧原本是袁紹的人，但他「度紹終不能成大事」，早在漢獻帝初平二年（公元一九一年）就離開袁紹投奔了還只是東郡太守的曹操，曹操高興地說，這就是我的張良啊！建安元年（公元一九六年），曹操決定迎奉天子的時候，許多人是不贊成的（諸將或疑），是荀彧和程昱堅決支持。程昱說過什麼我們已無從知曉，荀彧的說法則記載在《三國志·荀彧傳》中，我們且看他怎麼說。

荀彧說，第一，搞政治鬥爭，必須正義，至少要有一面正義的旗幟。想當年，晉文公迎奉被王子帶驅逐的周襄王返回王城，結果諸侯影從；高皇帝為被楚霸王殺害的楚懷王披麻帶孝，結果天下歸心。這就是正義旗幟的號召力。第二，將軍您一貫正義。董卓禍亂國家的時候，是您第一個舉起正義的旗幟並付諸行動（首唱義兵）；天子顛沛流離的時候，又是您冒着天大的風險派去了使節（蒙險通使）。這說明什麼呢？說明您的心無時無刻不在王室（乃心無不在王室），您的夙願是要匡復天下啊（是將軍匡天下之素志也）！現在，天子正在顛簸（車駕旋軫），洛陽一片破敗（東京榛蕪），忠義之士無不希望捍衛國本（義士有存本之心），人民群眾懷念大漢往日的輝煌而倍感悲傷（百姓感舊而增哀）。那就應該立即行動起來，做將軍一直想做的事。錯過了時機，人心就會大亂。等到大家都想搞分裂（四方生心）的時候再來收拾局面，恐怕就為時太晚了。

為此，荀彧向曹操提出了三大綱領，即尊奉天子以順從民意（奉主上以從民望），大公無私以降服豪強（秉至公以服雄傑），弘揚正義以招攬英雄（扶弘義以致英俊）。荀彧說，「奉主上以從民望」，是最大的趨勢，即「大順」；「秉至公以服雄傑」，是最大的戰略，即「大略」；「扶弘義以致英俊」，是最大的德行，即「大德」。大順至尊，大略至公，大德至義。有此三大綱領，就堂堂正正，氣壯山河，無往而不勝。即便有人唱反調，鬧彆扭，倒行逆施，那也只能是小丑跳樑，螳臂擋車，自取滅亡。

荀彧這段話說得大義凜然，不能不讓曹操肅然起敬。如果比較一下荀彧和沮授的說辭，則品位和格調的高下就一目了然。荀彧着眼於「義」，沮授着眼於「利」。荀彧始終緊扣一個主題：捍衛現任皇帝，就是維護國家統一，這是「大義」。沮授則反復強調一個策略：掌握現任皇帝，就能擁有政治資本，這是「大利」。

所以，他們都認為必須抓緊時機，但着眼點不一樣。荀彧說，等到大家都想搞分裂的時候再來收拾局面，就為時已晚。沮授則說，如果不先下手為強，讓別人把皇帝這張牌搶走了，就來不及了。當然，沮授也說了「今迎朝廷，至義也」的話，但說得輕描淡寫。輕描淡寫倒不見得就是沮授格調低，歸根結底還是袁紹格調低。謀士要說服東家，總是要順着對方的心思說的。沮授曉之以「利」，說明袁紹重「利」；荀彧曉之以「義」，說明曹操重「義」。至少，在公元一九六年的時候，曹操是重「義」的，或裝着重「義」的樣子。

不過，任何說法和決策都是雙刃劍。毛玠和荀彧為曹操設定的這個「政治正確」和「正義旗幟」，給曹操戴上了高帽子，也給曹操唸了緊箍咒。尤其是荀彧提出的尊奉天子、大公無私和弘揚正義這三大綱領，全方位地遏制着曹操的個人野心；而「乃心無不在王室」和「將軍匡天下之素志也」這兩句話，則等於用曹操自己的話把曹操管得死死的，使他終其一生都不敢取現任皇帝而代之，悍然稱帝。也許正是這個原因，曹操在自己野心膨脹的時候對他們產生了怨恨。荀彧被逼自殺，毛玠也下了大獄，差一點死掉。

這當然是後話。在公元一九六年這個時候，曹操基本上還是想做「亂世英雄」的，也是主張尊奉現任皇帝，維護國家統一的。據《三國志·武帝紀》裴松之註引《魏書》，六年前袁紹提出要另立劉虞為帝時，曹操就曾這樣回答袁紹。曹操說，董卓的罪惡，暴於四海。我們的聯軍之所以得到那麼多人的擁護和響應，就因為我們的行動是正義的。現在皇上年幼，勢單力薄，受制於奸臣，自己並沒有什麼過錯。一旦更換，天下還有誰能安心？最後，曹操悲憤地說：「諸君北面，我自西向！」也就是說，你們到幽州朝拜新皇帝去吧，我自己一個人西進長安，到那裏保衛當今皇上去！

曹操這段話不長，意義卻很重大。它清楚地表明了曹操的政治立場：主張統一，反對分裂，因為分裂意味着戰爭，也意味着人民的痛苦。曹操曾經寫過一首詩，叫《蒿裏行》，回顧了關東聯軍四分五裂的故事，描繪了戰爭狀態下人民的痛不欲生。那可真是哀鴻遍野，餓殍遍地，慘不忍睹。曹操說：「關東有義士，興兵討群兇。初期會盟津，乃心在咸陽。軍合力不齊，躊躇而雁行。勢利使人爭，嗣還自相戕。淮南弟稱號，刻璽於北方。鎧甲生蟣虱，萬姓以死亡。白骨露於野，千里無雞鳴。生民百遺一，念之斷人腸。」。這種景象，曹操他看不下去。

因此曹操堅決主張國家的統一，並為此奮鬥終生。國家要統一，就要有一個統一的象徵。在當時的情況下，這就是皇帝。皇帝是誰並不重要。如果條件成熟，自己來當也不是不可以，但不能沒有，也不能有兩個。他反對董卓，是因為董卓把皇帝搞得等於沒有。他反對袁紹，是因為袁紹要把皇帝搞成兩個。他堅持不退出政治舞台，而且在條件實際上已經成熟的時候也不取代漢獻帝，則因為「設使國家無有孤，不知當幾人稱帝，幾人稱王」。所以，為了國家的統一，他寧肯自己忍住，也不能弄出一大堆皇帝來。

當然，要說曹操這時一點個人野心都沒有，也不是事實。據一條不太可靠的史料，即《三國志・武帝紀》裴松之註引張璠《漢紀》，當時有個名叫王立的太史公，一而再、再而三地對皇帝說，天命有去就，五行不常盛。替代漢的必定是魏。能安天下的，也只有曹氏。曹操聽說這話以後，就讓人對王立說：「知公忠於朝廷。然天道深遠，幸勿多言。」這事十分靠不住，尤其是「承漢者魏也」這句話，不大可能在曹操剛剛迎奉天子的時候就有人說出來。不過該書所引曹操的話，倒符合他心理的真實。這個時候，曹操可能已經有了野心，至少這話他聽了心裏舒服，但他知道不能說。

不能說，不等於不能做。曹操遷都許縣以後，便悄悄地開始由「奉天子」變成「挾天子」。這個轉變是有意的還是無意的，是早有預謀還是順其自然，現在已經弄不清了。反正曹操越來越專橫，越來越跋扈，越來越霸道，越來越不把皇帝當皇帝，皇帝自己也越來越覺得是從「被尊奉」變成了「被軟禁」，終於在建安五年（公元二〇〇年）發生了所謂「衣帶詔」事件。這件事《三國志》和《後漢書》都有記載，當是事實。《三國志．先主傳》說：「獻帝舅（岳父）車騎將軍董承辭受帝衣帶中密詔，當誅曹公。……事覺，承等皆伏誅。」《後漢書．獻帝紀》也說：「五年春正月，車騎將軍董承、偏將軍王服、越騎校尉種輯受密詔誅曹操，事洩。壬午，曹操殺董承等，夷三族。」我們知道，漢獻帝是在動亂和災難中成長起來的，早就養成了逆來順受的隱忍功夫。如果不是被逼無奈忍無可忍，應該不會下此密詔，可見曹操當時猖狂到什麼程度。

不過這事也很難講，因為正史所載也未必是實。陳邇冬先生就說「衣帶詔」事件「實千古之疑案」，史學大師呂思勉先生也表示懷疑。這事我們以後再說。其實，「奉天子以令不臣」和「挾天子而令諸侯」並不矛盾。因為要維護國家統一，就必須剷除導致國家分裂的諸侯，而要實現自己的政治野心，也必須消滅異己。目的雖不一樣，事情和結果卻是相同。這事在曹操那裏就更不矛盾，因為他的個人野心已經和國家的統一大業緊密地聯繫在一起了。曹操很清楚，他要實現個人野心，就得實現國家統一；只有實現國家統一，他才能實現個人野心。因此，在戰略上，在大庭廣眾之中，他必須「奉天子以令不臣」；在策略上，在私下裏，則不妨「挾天子而令諸侯」。「奉天子以令不臣」是口號，是旗幟；「挾天子而令諸侯」是手段，是牌。什麼時候舉旗，什麼時候打牌，什麼時候「奉天子以令不臣」，什麼時候「挾天子而令諸侯」，他心裏清清楚楚，而且做起來遊刃有餘。

何況這事還有另一個好處，那就是曹操將能夠比誰都更為有利地網羅人才。他可以用中央政府的名義廣納賢明甚至招降納叛，那些希望為國家效勞為天下出力的人，也只有到他的政府裏來，才顯得名正言順光明正大。這也是劉備集團和孫權集團必須把他定位為「漢賊」，把曹操和漢室區別開來的原因之一。但不管怎麼說，曹操在這方面要比他們便當。因為替皇帝效勞總比替諸侯效勞正當，而替皇帝效勞和替曹操效勞實在難以區分。至少，曹操可以用皇帝的名義和國家的俸祿為自己的人才加官進爵。官位是國家的，人才是自己的，曹操這筆生意做得合算。

總之，把皇帝弄到許縣以後，曹操就上了一個新的台階。他擁有了最大的政治資本和人力資源。於是，曹操一隻手高舉起維護漢室這面在當時是正義的旗幟，號召天下，號令諸侯，儼然大漢王朝的救世主；另一隻手卻從背後悄悄地拔出了刀子，而且出手極快。他要用這把刀，蕩平四海，一統九州。那麼，曹操他順利嗎？

【第八回】

鬼使神差

一手舉旗子，一手拔刀子，當然並不容易，也不可能十分順利。在這個艱苦卓絕的鬥爭中，曹操好幾次差一點就全軍覆沒，死於非命。那麼，是什麼原因，使得他能夠化險為夷、轉敗為勝；又是誰，鬼使神差般地來到他身邊，給了他關鍵性的幫助呢？

前面我們講到，漢獻帝建安元年（公元一九六年）曹操做了兩件大事，一是迎奉天子遷都許縣，二是實施了屯田制度。前者使他在政治上佔據了優勢（奉天子以令不臣），後者使他在經濟上獲得了豐收（得穀百萬斛）。天子所在且豐衣足食的許都成為人心所向，許多人便都來依附曹操。包括當時還不顯山不露水的劉備，也帶着關羽和張飛前來投奔。於是，擁有了雄厚政治資本而且人才濟濟、糧餉充足的曹操，便開始了他的征伐。

事情一開始出奇地順利。漢獻帝建安二年（公元一九七年）春正月曹操南征，盤踞在宛城（今河南省南陽市）的張繡向曹操投降。這個時候，距離曹操實行「奉天子以令不臣」的戰略才不過一兩個月。剛剛拔出刀子，就兵不血刃地獲得了勝利，曹操不免有些飄飄然，行為也不檢點，舉措也不推敲。據《三國志・張繡傳》正文及裴松之註引《傅子》，這時他做了兩件不該做的事。一是強納張繡的嬸嬸（即張濟的妻子）為妾，這讓張繡感到屈辱（繡恨之）；二是拉攏張繡的貼身部將胡車兒，這使張繡感到威脅（疑太祖欲因左右刺之）。曹操聽說張繡不滿，恐怕變生不測，便也起了殺心（太祖聞其不悅，密有殺繡之計），但不知怎麼走漏了風聲（計漏）。於是，張繡便突然反叛，在曹操猝不及防的情況下把他打得落花流水。曹操的長子曹昂（曹操最中意的接班人）、猛將典韋（曹操最貼心的親兵隊長），還有一個姪子曹安民，均在戰鬥中身亡，曹操自己也受了箭傷，差一點就死於非命。

具體策劃這次反叛行動的是張繡的謀士賈詡。賈詡，字文和，武威人，據說是張良、陳平一類的人物，實際上也堪稱三國時代一等一的奇才、怪才和鬼才。他的字是「文和」，而他的「歷史使命」卻好像是「亂武」（這是作家周澤雄先生的發現）。《三國志·賈詡傳》對他早年的「亂武」勾當，有詳盡的記載。比如李傕和郭汜劫持皇帝禍亂國家，就是他造的孽。董卓被王允和呂布刺殺後，李傕和郭汜見大勢已去，心灰意冷，準備解散隊伍，抄小路逃回老家，賈詡卻把他們攔住，說你們「棄軍單行」，一個小小的亭長就能把你們捉拿歸案。不如重新集結隊伍，殺回長安，為董卓報仇。事情成了，你們可以「奉國家以征天下」；事情不成，你們再走不遲呀！李傕和郭汜一聽有道理，就殺了回去，結果是國家、皇帝和人民再次遭災。不過賈詡倒是有自知之明。李傕和郭汜要給他封侯，賈詡說：「此救命之計，何功之有？」拒不接受。李傕和郭汜又要拜他為尚書僕射，賈詡又說：「詡名不素重，非所以服人也。縱詡昧於榮利，奈國朝何！」結果李傕和郭汜又敬重他又害怕他。賈詡自己呢，大約也覺得罪孽深重，便利用自己的影響，盡可能地遏制李傕和郭汜，制止了他們不少罪行，保護了不少大臣，也算是將功補過吧！

天子離開長安以後，賈詡就辭去官職，輾轉來到張繡軍中，張繡對他執後輩禮。張繡準備反叛曹操，賈詡就幫他設計。據《三國志·張繡傳》裴松之註引《吳書》，當時張繡採納賈詡的計策，對曹操說部隊要移動一下，又說軍車少、載重多，請求允許讓軍士們把鎧甲都穿在身上，武器都拿在手中。曹操沒有懷疑，照准。結果張繡的部隊路過曹營的時候，發動突然襲擊，打得曹操措手不及，落荒而逃。

面對這次慘敗，曹操並未委過於人，更沒有追究主張接受張繡投降的人，而是自己承擔了責任。據《三國志·武帝紀》，曹操對諸將說，我已經知道自己錯在哪兒了，我下回再也不會犯這樣的錯誤（諸卿觀之，自今已後不復敗矣）。當然，曹操的檢討，並不到位。他說他這次失敗的原因，是忘了讓張繡交出老婆孩子做人質（失不便取其質）。這仍然是給自己打圓場。但是，能夠不賴別人怪自己，就有進步的可能。漢獻帝建安二年（公元一九七年）冬十一月，曹操再次南征張繡，果然大獲全勝。張繡成了喪家之犬，也南奔逃到穰城（今河南省鄧縣）去了。

不過，一個人要成熟，也沒有那麼快。漢獻帝建安三年（公元一九八年）三月，曹操第三次南征張繡，就出師不利，又差點栽了個大跟頭。這次南征，許多人是反對的。據《三國志·荀攸傳》，時任軍師祭酒（參謀）的荀攸就對他說，現在張繡和劉表雖然在賈詡的撮合下結成了聯盟，但這兩個人是同床異夢的。張繡要靠劉表供應糧草，劉表又不能供，他們遲早要分道揚鑣。不如等一等，他們就不戰自敗（不如緩軍以待之，可誘而致也）。如果逼急了，劉表一定會來救援。可惜曹操不聽，結果困於穰城，劉表也果然出兵，曹操只好撤退。

曹操一撤退，張繡就高興了，立馬派兵去追。賈詡說，追不得，追則必敗。張繡哪裏肯聽？結果大敗而歸。賈詡說，現在可以追了。趕快去，必勝無疑。張繡聽得目瞪口呆，說剛才不聽先生的話，才落得這麼個敗局。現在敗都敗了，還追什麼追？賈詡說，情況變了，你追就是。快去！張繡將信將疑，收拾殘兵敗將，又追了過去，果然大勝。這下子張繡百思不得其解了。張繡說，剛才以精兵追退軍，先生說必敗；現在以敗兵追勝軍，先生又說必勝。每次都像先生預料的那樣，張繡實在想不通。賈詡說，這也沒有什麼好奇怪的。將軍雖然善於用兵，實話實說，還是不如曹操。曹操既然決定撤退，必定親自斷後。將軍的兵雖然精，但將軍的將不如曹操，曹操的兵也很精銳，所以將軍必敗。然而，曹操攻打將軍，既無失策，又未盡力，不戰而退，必定是大後方出了問題。他既然打退了將軍的追兵，必定輕車速進，放心趕路，留下斷後的將領軍隊就不是將軍的對手了，所以必勝。這番話，說得張繡如醍醐灌頂，茅塞頓開，不能不心悅誠服，佩服得五體投地。我讀《三國志．賈詡傳》這段文字，也不能不拍案叫絕。

賈詡果然料事如神。曹操匆忙撤退，確實是後院起火。據《三國志．武帝紀》裴松之註引《獻帝春秋》，原來曹操接到情報，說袁紹的謀士田豐建議袁紹趁曹操南征之機，突襲許都，「挾天子以令諸侯，四海可指麾而定」。這當然是天大的事，曹操不能不放棄張繡。不過，正如賈詡之所估計，曹操是撤退，不是潰退，而且是有計劃、有組織、有步驟地有序撤退，因此在撤退的過程中還是殺了個回馬槍。當時的情況十分危險。後面有張繡追殺，前面有劉表攔截，可謂腹背受敵。然而曹操卻胸有成竹。《三國志．武帝紀》說，當時曹操寫信給留守許都的荀彧說，別看賊寇追我，害得我只能日行數里，但用不了多久，等我走到安眾（今河南省鎮平縣東南），就一定能克敵制勝。

曹操寫這封信的目的，當然是要給留守許都的荀彧吃一顆定心丸，讓他們不要擔心自己的安危，全力以赴準備迎擊袁紹。不過曹操也確實是穩操勝券。曹操班師回朝以後，荀彧問他為什麼會有必勝的信心。曹操說，賊寇追我退兵，這就是把我們逼到死路上了，我軍必定拚死一戰。置於死地而後生，置於亡地而後存，因此我料定必勝。

袁紹卻沒能抓住這次機會。他的兵馬受到黑山農民軍和公孫瓚的牽制，動彈不得，曹操一場虛驚。和張繡的戰爭，應該說也是打了個平手，雙方各有勝負。可以說，曹操這次南征，不能算是賠本生意，好歹也是持平，何況在撤退的過程中還充分表現了自己的軍事天才。但曹操並沒有自鳴得意。他對荀攸檢討說，不聽先生之言，以至於此。

實際上，揚人責己，也是曹操的一貫作風。公元二〇七年（漢獻帝建安十二年），曹操北征烏桓大獲全勝。回師的路上，走到冀州時，天寒地凍，荒無人煙，連續行軍二百里不見滴水，軍糧也所剩無幾，「殺馬數千匹以為糧，鑿地入三十餘丈乃得水」。回到鄴城後，曹操下令徹查當初勸諫他不要征討烏桓的人。大家不知為什麼，人人自危，曹操卻一一予以封賞。曹操說，我這場勝利，完全是僥倖。諸君的勸阻，才是萬全之策。因此我要感謝諸位，懇請諸位以後還是有什麼說什麼，該怎麼講還是怎麼講，不要有什麼顧慮（後勿難言之）。這事是記載在對曹操不太友好的那本《曹瞞傳》當中的，應該說靠得住。

其實早在這一年的二月，曹操就曾發佈《封功臣令》，說我起義兵，誅暴亂，於今已十九年了，戰必勝，攻必克，征必服，難道是我的功勞？全仗各位賢士大夫之力啊！

打了敗仗檢討自己，打了勝仗感謝別人，而且感謝那些勸他不要打這一仗的人，這種胸襟和情懷，和袁紹、袁術之流真不可同日而語。曹操真不愧為大氣磅礴和襟懷坦蕩的大英雄。事實上，正是這種非凡的氣度和超人的膽識，以及揚人責己的一貫作風，使他戰勝了一個又一個敵人和對手，凝聚了一個又一個勇將和謀臣，也是他一次次轉敗為勝、化險為夷的原因之一。這種氣度和膽識是有號召力和凝聚力的。於是，就連曾經背叛過他的張繡，也於漢獻帝建安四年（公元一九九年）十一月再次向他投降。

張繡的第二次投降，也是賈詡的主意。據《三國志．賈詡傳》，當時袁紹和曹操即將決一死戰，雙方都在爭取中間力量。袁紹派人來招納張繡，賈詡卻力主去投靠曹操。賈詡自作主張地對袁紹的使者說，麻煩足下回去告訴袁本初，他們兄弟尚且不能相容，還容得下天下國士麼？此言一出，張繡當場就嚇得面如土色，驚問道：你怎麼這樣講？但是賈詡講都講了，而且是實話。於是張繡悄悄地問賈詡，你現在一點面子都不講，就把袁紹的使者打發了，我們怎麼辦？賈詡說好辦得很，我們去投靠曹操。張繡說，袁紹強大，曹操弱小，和我們又有前嫌，怎麼還去投靠他？賈詡說，正因為如此，才應該投靠曹操。第一，曹操「奉天子以令天下」（請注意賈詡的說法也是「奉天子」而不是「挾天子」），政治上佔有優勢，投靠曹操名正言順，此為有理。第二，袁紹人多勢眾，曹操人少勢弱，我們這點人馬，在袁紹那裏微不足道，對於曹操卻是雪裏送炭，必被看重，此為有利。第三，但凡有志於王霸之業者，一定不會斤斤計較個人恩怨，反倒會拿我們做個榜樣，向天下人表示他的寬宏大度和以德服人，此為有安全。因此將軍儘管放心。

賈詡的估計完全不差。張繡一到，曹操就親親熱熱地拉着他的手（執其手），為他設宴洗塵（與歡宴），並立即任命張繡為揚武將軍，封列侯。為了進一步表示自己的誠意，曹操還為自己的兒子曹均娶張繡的女兒為妻，兩人成了兒女親家，和當年劉邦在鴻門宴之前對待項伯一樣，極盡籠絡之能事。至於過去的恩恩怨怨，當然也隻字不提，從此，張繡成為曹操麾下一員勇武的戰將，賈詡則成為曹操身邊一個重要的謀臣。在接下來的官渡之戰中，他們都立下了汗馬功勞。《三國志．張繡傳》的說法，是「官渡之役，繡力戰有功」。至於賈詡的貢獻，我們後面還要講到。

張繡其實是稀裏糊塗投降的，曹操和賈詡卻心如明鏡，心照不宣。這兩個人實在是太懂政治了。他們都明白一個道理：天下的爭奪，歸根結底是人心的爭奪。得人心者得天下，失人心者失天下。而要爭取人心，就必須有一個寬宏大量的氣度和一個既往不咎的政策，哪怕是裝，也要裝得像回事。這就需要有一個典型，一個樣板，一個榜樣。榜樣的力量是無窮的。它比說多少好話都管用。張繡就恰恰是一個做榜樣當典型的最好材料。他和曹操有過多次交手，而且每次都把曹操打得落荒而逃。他和曹操有着深仇大恨，而且是投降了又叛變的人。這樣的人，都能為曹操所容，還有什麼人不能容呢？這樣的人，都能為曹操所信任，還有什麼人不能信任呢？相反，袁紹連自己的弟弟都不能信任，還能指望天下人歸順依附嗎？

張繡來得也很是時候。曹操其時，「奉天子以令不臣」才剛剛三年，天下不服的人不可勝數，他自己在社會上的名聲也不太好。後來陳琳代袁紹起草的討曹檄文，就把他罵得狗血淋頭，說他從來就不講道德，只不過鷹爪之才，甚至說「歷觀古今書籍，所載貪殘虐烈無道之臣，於操為甚」，簡直就是天字第一號的大壞蛋大流氓。此類文章，歷來是欲加之罪何患無辭，其中難免誣衊不實之處，但有些事，恐怕也非空穴來風，曹操自己也有口難辯，說不清楚的。比如他的殺邊讓、屠徐州，就是洗刷不掉的污點。漢獻帝初平四年（公元一九三年）秋，曹操親提大軍，直撲徐州，為被徐州牧陶謙部將張闓搶劫並殺死的父親曹嵩和弟弟曹德報仇。陶謙逃進郯城（今山東省郯城縣），曹操便拿徐州人民出氣，縱兵掃蕩，濫殺無辜，僅一次就在泗水邊「坑殺男女數萬口」，連泗水都被屍體堵塞，為之不流。徐州地區許多城池「無復形跡」，不但沒有人影，連雞犬都殺光了，簡直就是慘絕人寰。所以後來曹操打算再次征討徐州的時候，荀彧就斷言徐州軍民一定會拚死抵抗，決不投降，因為上次殺的人實在太多。確實，曹操這一回，也報復得太過分了。陶謙即便罪大惡極，也頂多殺了他本人或他那一夥，關老百姓什麼事呢？如此濫殺無辜，豈非喪心病狂？

因此，曹操實在很需要有一個機會，來展示自己的博大胸懷和高尚情操；很需要有一個典型，來證明自己的容人之量和仁愛之心。張繡此時送上門來，真使他喜出望外。因此他不但立即表現出盡釋前嫌，而且始終如一地表現出對張繡信任有加，給予的封賞也總是超過其他將領。張繡最後封到二千戶，而其他人沒有超過一千戶的。

當然，曹操樹的這個樣板，後來似乎也遭了報復。八年後，張繡隨曹操北征烏桓，還沒到地方就死了，死因不明。《魏略》說是被曹丕嚇死的。張繡為了討好曹丕，曾多次請他聚會，沒想到曹丕竟然發怒說：你殺了我哥哥，怎麼還好意思厚着臉皮見人呢！張繡「心不自安，乃自殺」。此案甚為可疑，姑不論。但他的兒子張泉被殺，則是事實。張泉是因牽扯到魏諷謀反案中被殺的。據說此案「連坐死者數千人」，時間則在建安二十四年（公元二一九年），距離張繡投降已經二十年。這是曹操生前最後一次大清洗，下手的人又是曹丕。現在已無法查明張泉是怎樣捲進此案的。第一種可能是張泉因曹丕逼死了父親，心懷仇恨或心存恐懼而加盟魏諷叛黨。第二種可能是曹丕因有間接謀殺張泉之嫌疑，畏懼張泉報仇，乾脆逼人謀反，殺人滅口。

第三種可能則是曹丕並未逼死張繡，但也深知曹操籠絡張繡，完全是出於政治需要，殺子之仇是不會忘記的。報復既然無法施加於張繡，那就拿張泉來抵罪。總之，張泉之死，很有可能是冤案，或是被逼上梁山。事實上，曹操這個人的報復心是很重的。而且，報復起來，一點都不手軟。誰要以為曹操不會報復，那就算他看錯了人。只不過，能夠忍到二十年以後再報復，也不愧為「奸雄」了。

但是曹操和曹丕對賈詡卻一直很好。事實上，在這場事變中，最受益的是曹操。張繡只不過找到了一個出路，賈詡也只不過找到了一個歸宿，曹操卻撈到了一大筆政治資本。所以，曹操對賈詡，和對張繡是不一樣的。對張繡，是既拉攏又防範，但裝作不防範；對賈詡，則是既感激又欣賞，而且是真感激真欣賞。張繡來投降的時候，曹操拉着賈詡的手感激地說，使我大大取信於天下人的，就是先生了（使我信重於天下者，子也）。這不是客套，而是真話。因為曹操確實感激他雪中送炭，欣賞他謀略過人，因此後來就連立儲大計，也要和賈詡密談。這就不再是為了示人以德，而是真誠地引為知己了。

實際上，賈詡可能是三國史上最聰明的人。三國時代的那些謀士和名人，很多人結局都不好。就說曹操這邊的人吧，有的早夭（如郭嘉），有的反目（如毛玠），有的神秘去世（如荀彧），有的死於非命（如許攸），賈詡卻安然無恙，壽終正寢。他為曹氏集團服務了兩代人，在文帝曹丕朝官居太尉，七十七歲去世，謚曰肅侯，結局比許多人都好。

賈詡的聰明，明就明在他洞悉人性，總能看透對方的心思。據《三國志・賈詡傳》，賈詡在把李傕和郭汜這兩隻「西北狼」引進長安後，並沒有同流合污，而是擇機離開了他們。離開長安後，賈詡先是投靠段煨，後是投靠張繡。離開段煨的時候，有人問他，說段煨對先生那麼好，先生為什麼還要走？賈詡說，段煨這個人的特點是多疑。他對我客氣，正說明他對我防範，怕我取而代之，因此總有一天會對我下手。現在我離開他，他一定如釋重負。段煨是個很孤立的人，希望能有外援，必定厚待我的家人。張繡沒有謀士，也希望我能去。這樣，我自己和我家人就都安全了。後來，事實正如賈詡之所預料，張繡對他言聽計從，段煨對他的家人也禮遇有加。我們看賈詡為別人出謀劃策，總是料事如神，秘密就在這裏。很多人上《三國演義》的當，以為世界上真有什麼「錦囊妙計」，其實哪裏有？料事如神者，實際上是料人如神。所以，琢磨計謀是沒有用的，你還是琢磨人性吧！

知人者也自知。賈詡投降曹操以後，很清楚自己的身份地位，知道像自己這樣多謀善斷的人，對任何君主都既是利用對象又是危險人物，何況還是個「叛徒」？因此為人處世都十分低調。他開始變得沉默寡言，很少出謀劃策，也不呼朋引類，就連為子女締結婚姻也不攀附豪門（詡自以非太祖舊臣，而策謀深長，懼見猜疑，闔門自守，退無私交，男女嫁娶，不結高門），尾巴夾得比誰都緊。賈詡真是聰明人。

現在看來，賈詡這個聰明人一生最出色的一件事，就是促成張繡降曹了。此事真可謂鬼使神差，而張繡降得也正是時候。就在此前幾個月，袁紹集結了十萬精銳部隊，向許昌方向挺進，而曹操的軍隊也在此前兩個月駐紮官渡，一場決定當時中國命運和前途的戰爭即將打響。

【第九回】

一決雌雄

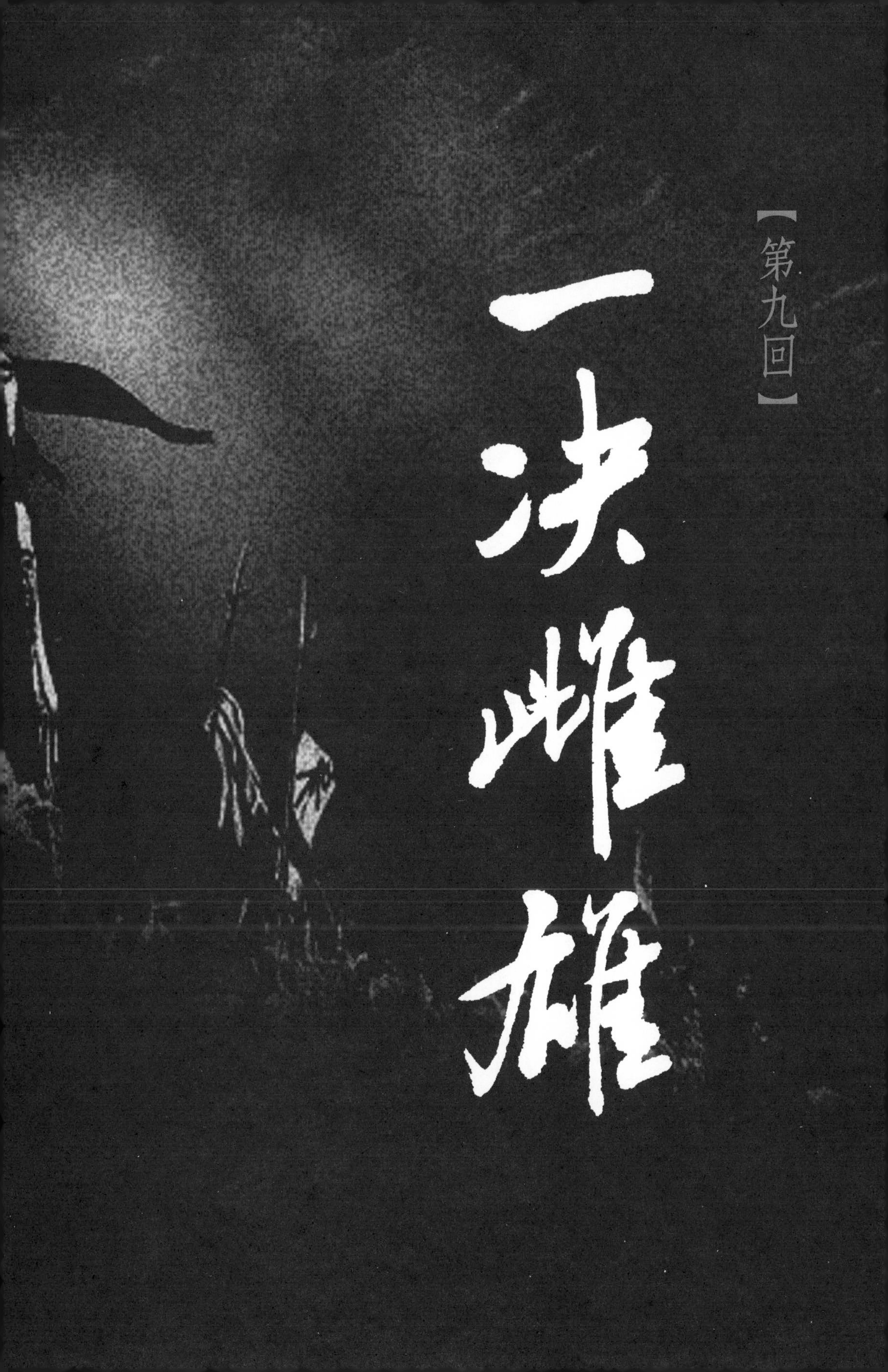

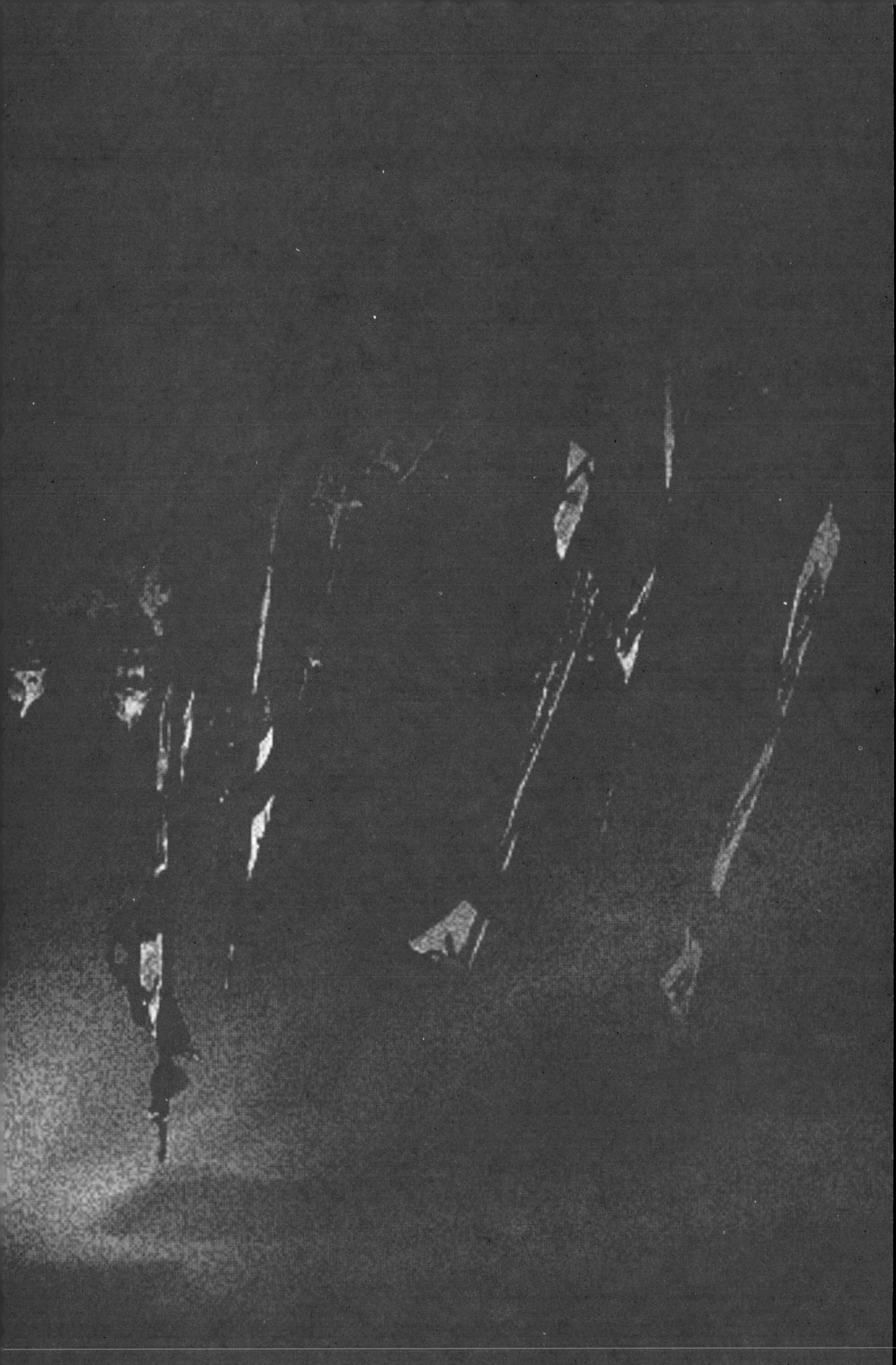

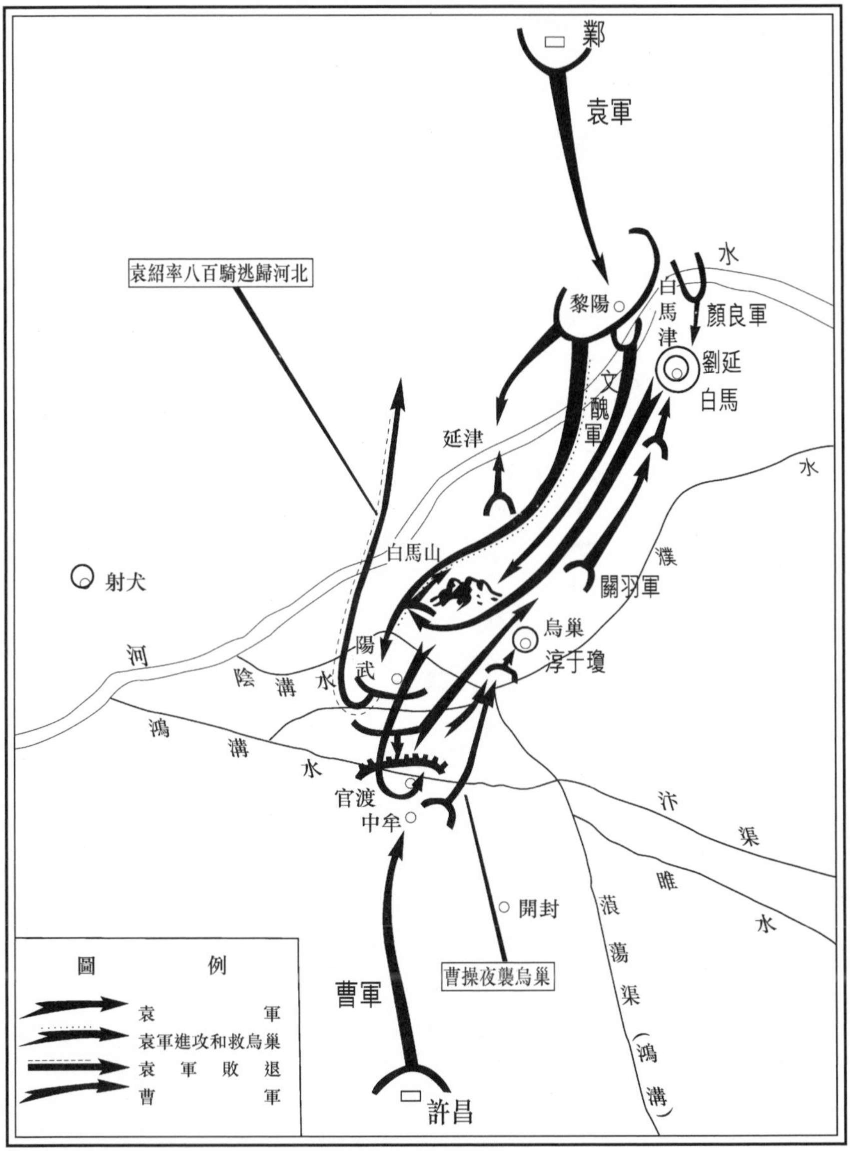

鄴
袁軍
袁紹率八百騎逃歸河北
黎陽
白馬津
水
顏良軍
劉延
白馬
文醜軍
延津
水
白馬山
射犬
濮
關羽軍
烏巢
淳于瓊
河
陽武
陰溝水
鴻溝水
官渡
中牟
汴渠
睢水
開封
蒗蕩渠（鴻溝）
曹操夜襲烏巢
曹軍
許昌
圖例
袁軍
袁軍進攻和救烏巢
袁軍敗退
曹軍

官渡之戰示意圖

公元二〇〇年的「官渡之戰」，是三國時期的三大戰役之一。這是一場決定着當時中國命運和前途的戰爭。袁紹固然是志在必得，曹操也只能勝不能敗。但是，曹操雖然擁有政治上的優勢，軍事力量卻明顯地不如袁紹。那麼，在這場戰爭中，曹操是怎樣出奇制勝、以寡敵眾、以弱勝強的呢？

漢獻帝建安四年（公元一九九年）三月，袁紹不顧部分謀士反對，決定集結十萬精銳部隊向許都挺進，悍然發動了一場意在剿滅曹操的戰爭。這時，袁紹已經消滅了盤踞在北方的公孫瓚，擁有了冀、青、并、幽四州之地，人多勢眾，兵強馬壯，可以和曹操一決雌雄了。

曹操立即北上迎敵。八月，曹軍北渡黃河，駐紮黎陽（今河南省浚縣東）。九月，曹操還軍許都，同時分兵駐守官渡（今河南省中牟縣北）。十二月，曹操再次抵達官渡，把自己的大本營設在這裏。他派遣東郡太守劉延駐軍白馬（今河南省滑縣東），益壽亭侯于禁駐守延津（今河南省延津北），和袁紹的軍隊隔河相向，擺開了決戰的態勢。

戰爭就要打響了。

這場戰爭是遲早要打響的。建安三年正月，楊奉被劉備謀殺；建安三年十一月，呂布被曹操消滅；建安四年六月，袁術一病不起；建安四年十一月，張繡舉手投降。楊奉已滅，呂布已亡，袁術已死，張繡已降，劉表宣佈中立，孫策保守東方。於是局勢變得十分明朗，那就是袁紹和曹操兩雄不並立，雙方都把對方看作了項羽，必欲置之死地而後快。

那我們就來看看這場戰爭。

戰爭可以分為四個階段，首先是「交鋒階段」。這個時候，雙方都在小試鋒芒。袁紹先發制人。漢獻帝建安五年（公元二〇〇年）二月，袁紹兵進黎陽，以黎陽為大本營，並派遣大將顏良率先頭部隊攻擊白馬，然後又派大將文丑進軍延津，但戰爭的重點是放在白馬。四月，只有三千守軍的劉延招架不住，向駐守在官渡的曹操發出「雞毛信」。曹操決定立即馳援白馬，荀攸卻建議他進軍延津。曹操馬上就明白了，荀攸是要他聲東擊西，做出準備北渡黃河包抄袁紹後方的架勢。曹操採納了荀攸的建議，袁紹也果然上當，派兵馳援延津。於是，曹操帶領部隊大張旗鼓地向北挺進。走到延津附近，又突然帶領一小股輕騎兵突襲白馬。圍攻白馬的顏良猝不及防，被關羽立斬馬下，白馬解圍。

這裏必須插一句，就是所謂「車騎將軍董承受皇帝衣帶密詔當誅曹操」一案在三個月前（即建安五年正月）事發，董承被殺，劉備逃亡。曹操駐軍官渡以後，忙裏偷閒，征討劉備。劉備不敵，投奔袁紹；關羽被俘，投降曹操。關羽投降以後，既感激曹操的信任，又懷念劉備的情意，決定報答曹操以後再去尋找劉備。斬顏良，就是關羽為曹操立的一大功。

曹操解救了白馬以後，料定袁紹決不會善罷甘休，一定會反撲，也一定會拿白馬的老百姓出氣——屠城，於是帶着白馬人民沿着黃河往西走（人們都知道劉備撤退的時候帶着老百姓，不知道曹操也是這樣的）。走到延津南面的時候，和渡河而來的袁軍相遇，一場遭遇戰在所難免。當時曹操的軍隊在一個高坡上，袁紹的軍隊殺了過來。哨兵報告：敵人那邊來了五六百騎兵。過了一會兒，又報告：騎兵更多了，步兵數都數不清。曹操說，不要再報告了！於是下令：解鞍放馬，原地休息。所有的將領接到命令都目瞪口呆，說敵人來了那麼多，從白馬帶來的輜重都攤在路上，我們還是先運回軍營吧！只有荀攸明白曹操的心思，笑着說，這麼好的誘餌，運回去幹什麼！曹操也笑，神態十分自若。又過了一會兒，文醜和劉備帶着五六千騎兵過來了。將領們問，現在該上馬了吧？曹操說不忙。果然，文醜和劉備的騎兵衝過來以後，發現了地下的輜重，紛紛下馬去搶。這時曹操一聲令下，鼙鼓聲號角聲響徹雲霄。六百鐵騎頃刻之間從高坡上衝下，頓時打得袁軍滿地找牙。

這一仗打得是驚心動魄，就連惜墨如金的《三國志》，也在《武帝紀》中詳加描述，稱為「大破之」。

袁紹的另一員大將文醜被斬於馬下（但並不能確定是關羽的功勞），劉備則逃之夭夭。於是，就在曹軍歡慶勝利的時候，關羽封存了曹操所有的賞賜，留下一封書信，悄悄離開曹營，尋找他那個跑得比兔子還快的哥哥去了。

曹操初戰告捷，卻不敢掉以輕心。他知道自己的實力其實不如袁紹，因此放棄白馬和延津，全軍退回官渡。這樣做有很多好處。退回官渡，既可以集中兵力，又可以節約財力，還可以誘敵深入。敵軍一旦深入，補給線就會拉長。補給線拉長，戰爭的成本就會增加，勝利的可能性則會減少。我們看看地圖就知道。在白馬和延津與袁紹作戰，曹操是不利的。把戰場放在官渡，則對曹操有利。因此，在敵強我弱的情況下，就應該「敵進我退」，不要計較一城一池的得失。

曹操是高明的。他能夠這樣，是因為他有務實的精神，深知「不得慕虛名而處實禍」的道理。袁紹則剛好相反，他是最喜歡虛名的，尤其喜歡聽部下吹捧他「勢不可擋」、「所向無敵」。因此，曹操一撤退，他就挺進了，全然沒有想到曹操是以退為進，以守為攻。

七月，袁紹軍進陽武。八月，袁軍又向前推進，逼近官渡，沿沙丘安營紮寨，東西綿延數十里。這時曹操已無路可退，便也紮營相向。戰爭進入第二個階段——「相持階段」。

這一階段戰爭的「技術含量」很高。起先是袁紹在軍營裏建起高樓，堆起土山，居高臨下往曹營放箭，曹軍死傷慘重，所有的人都只好把盾牌頂在頭上（營中皆蒙盾），一個個膽戰心驚（眾大懼）。這當然不是個事，再說也不能只是招架，還要反攻。於是曹操又製造了「發石機」，可以把大塊的石頭像炮彈一樣發射到袁紹的軍營裏去，把袁紹的箭樓全部摧毀。這在當時就要算是「大規模殺傷性武器」了。袁軍魂飛魄散，稱之為「霹靂車」。袁紹一計不成又生一計，派工兵挖地道，準備偷襲曹操。曹操則挖壕溝來對付袁紹，又派奇兵去襲擊袁紹的運糧車，燒得袁紹叫苦不迭。這兩個回合，算是打了個平手。

除正面交鋒外，袁紹和曹操也都在對方的背後做小動作。當時，曹操在官渡作戰，原來投降曹操的黃巾軍將領劉辟就在汝南背叛曹操投靠了袁紹。於是袁紹派劉備和劉辟會合，在許都周邊騷擾，結果被曹仁打得落花流水，劉辟被殺，劉備落荒而逃，又跑得比兔子還快。同時曹操也在設法聯絡北方烏桓的軍閥，使袁紹腹背受敵。這一回，也算是打了個平手。

總之，這一階段，是誰也戰勝不了誰。

但是，戰爭如此地曠日持久，誰都受不了，尤其是人民群眾災難深重，曹操自己也心力交瘁。據《三國志·武帝紀》及《資治通鑒》，九月的一天，曹操看見運糧來營的士卒千辛萬苦、疲於奔命的樣子，實在於心不忍，竟然脫口而出說，再過十五天，我一定為你們拿下袁紹，再也不辛苦你們了（卻十五日為汝破紹，不復勞汝矣）。

曹操這樣說，有把握嗎？沒有。實際上，他是不想再打了。他實在堅持不住。然而遠在許都的荀彧卻鼓勵他一定要堅持。據《三國志·武帝紀》，荀彧回信說，袁紹傾巢而出，孤注一擲，這是鐵了心要和您決一死戰啊！他是決不會善罷甘休，也是決不會半途而廢的。現在的形勢，您是「以至弱當至強」。如果不能戰而勝之，就一定會被消滅乾淨，根本就沒有第三種可能。所以荀彧說，曹公呀曹公，成敗在此一舉！袁紹不過「布衣之雄」，明公卻是「神武明哲」，何況還是「奉天子以令不臣」，哪裏有不能成功的道理呢？

賈詡也主張曹操打下去。據《三國志・賈詡傳》，賈詡對曹操說，明公的智慧超過袁紹，勇敢超過袁紹，用人超過袁紹，決斷超過袁紹。有這四大優勢，卻半年不能勝利，就因為明公您總想萬無一失。其實，只要抓住機遇，一鼓作氣，片刻功夫就可以大功告成。

這兩個人意見都是對的。戰爭，是一件有着極大風險的事情。尤其是在冷兵器時代，很難說誰就有必勝的把握。因此將帥的意志和決策，就往往是成敗的關鍵；而最後的勝利，則往往存在於再堅持一下的努力之中。具體到這場戰爭，曹操一方無疑是要以寡敵眾，以弱勝強，這就更需要意志，更需要堅持，需要在堅持中抓住機遇，如果有此機遇的話。

機遇說來就來。就在曹操咬緊牙關決心堅持下去的時候，有三件事情使得這場戰爭進入了第三個階段——「轉折階段」。

第一件事情是「劉備開溜」。劉備從汝南逃回袁紹的大本營以後，就向袁紹提出應該聯合劉表。劉表和劉備都是老劉家的人，聯絡劉表，自然非劉備莫屬。於是袁紹讓劉備「將本兵復至汝南」，劉備也就趁機開溜。劉備為什麼要開溜呢？一種可能，是劉備兵敗汝南回到黎陽以後，袁紹的臉色不太好看。劉備呆不住，只好自己炒魷魚。這種可能性不大。據史書記載，袁紹父子對劉備是「傾心敬重」的。變臉的可能也有，但劉備卻不會根據別人的臉色來決定自己的行動。袁紹的態度再不好，尚不至於十分難堪；而袁紹這裏如果前程遠大，他也會忍辱負重留下來。劉備投靠過許多人。他曾經投靠公孫瓚攻打袁紹，投靠陶謙攻打曹操，投靠曹操攻打呂布，現在又投靠袁紹攻打曹操。他早就習慣於寄人籬下了，怎麼會不能忍受？因此，劉備的開溜，很可能是已經預感到袁紹的失敗。劉備在政治上是很敏感的。他就像海輪上的那些耗子一樣，知道這條船會不會沉。看來，劉備已經意識到，袁紹這裏已危機四伏，最好一走了之，所以《三國志．先主傳》說是「陰欲離紹」。當時劉備的力量不強。他之於袁紹，就像年三十的涼菜，有他過年，沒他也過年。所以，這事並未引起人們足夠的注意。但我以為，大風起於青萍之末。劉備開溜一事，實應視為袁紹即將失敗的一個徵兆。

第二件事情就比較關鍵了，這就是「許攸叛逃」。許攸叛逃的原因有三種說法，僅《三國志》就有兩種。《武帝紀》說法是「許攸貪財，紹不能足，來奔」，《荀彧傳》的說法是「審配以許攸家不法，收其妻、子，攸怒叛紹」。習鑿齒《漢晉春秋》的說法，則是因為袁紹不聽許攸的建議。當時袁紹和曹操相持不下，許攸勸他留一部分軍隊看住曹操，然後抄小路前往許都劫持天子，則大功立即告成。袁紹不聽，說我一定要先滅了曹操再說。於是許攸憤怒（攸怒），一氣之下投奔了曹操。

這三種說法其實可以合併，就是許攸發現袁紹既不能聽取他的意見，又不能滿足他的要求，不足與謀，也不足共圖，再加上老婆孩子被捕，當然要走。許攸這一走，袁紹就吃了大虧，曹操就佔了大便宜。因為許攸是袁紹的老人，從袁紹與董卓翻臉在冀州建立根據地的時候起，就跟着袁紹了。這個人足智多謀，又掌握了大量軍事情報。他的叛逃，不但對袁紹是重大損失，而且會動搖軍心。因此《曹瞞傳》說，曹操一聽說許攸來奔，就高興得搓着雙手放聲大笑（撫掌笑曰），說這下子我的事情就好辦了（吾事濟矣）。

果然，許攸一到曹營，就為曹操出了「火燒烏巢」的計謀（這事我們已在《真假曹操》一節說過）。曹操也當機立斷，親自率領輕騎兵直奔烏巢。烏巢是袁紹的糧庫，卻沒有派重兵把守。曹操化裝成袁軍，人銜枚，馬縛口，趁夜色，抄小路，急行軍奇襲烏巢，一把火燒光了袁紹所有的軍需物資和後勤設備，並直接導致了第三件事情的發生。

第三件事情的發生，使形勢在頃刻之間發生了根本性的逆轉，這就是「張郃反水」。張郃是袁紹的大將，有勇有謀，而且也是在冀州時就跟了袁紹的。據《三國志·張郃傳》，曹操奇襲烏巢，袁紹也得到了消息。張郃主張立即增援，郭圖反對。郭圖說，張郃的辦法不對。我們應該去攻打曹操的大本營。曹操聽說老巢被攻，一定回師救官渡，烏巢也就解圍了，這叫「不救而自解」。張郃說這根本就不可能。曹操的大本營哪裏是頃刻之間就能攻得下的？烏巢的部隊又哪裏是能抵擋得住曹操的？曹營攻不下，烏巢又失守，我們恐怕只能去做俘虜了。可惜袁紹不聽，接受郭圖的意見，派輕兵救援烏巢，派重兵攻打官渡，結果完全如張郃所料。這下子郭圖緊張了。為了推卸責任，只好嫁禍於人。於是郭圖對袁紹說，張郃得到消息，幸災樂禍，出言不遜。袁紹的性格大家是知道的，最是死要面子。郭圖這麼一說，袁紹肯定拿張郃問罪。張郃前方不利，後院失火，只好和部下高覽燒了戰車，向曹操投降。

張郃投降的時候，曹操還沒有回來，鎮守官渡的是荀攸和曹洪。曹洪弄不清張郃是真降還是詐降，不敢放他進來。荀攸說，沒什麼可懷疑的，快開營門！張郃也就進了曹營。曹操聞訊，喜出望外，說這是韓信歸了劉邦呀！於是拜張郃為偏將軍，封都亭侯。

劉備開溜，袁紹失了外援；許攸叛逃，袁紹丟了智囊；張郃反水，袁紹折了臂膀。所有這些，都說明袁紹大勢已去，接下來只能是全軍覆沒，土崩瓦解。

於是戰爭迅速進入第四階段——「決勝階段」。張郃一投降，曹操馬上就按照賈詡的建議，抓住機遇，集中兵力，大舉反攻。這時，眾叛親離的袁紹完全喪失了鬥志，帶着長子袁譚棄軍而走，落荒而逃。失去了統帥的袁軍「大潰」，紛紛變成俘虜，袁紹的圖書和珍寶也都落入曹操手中。這些東西，原本是不應該帶到軍中的，但袁紹為了表現自己的「儒將風度」和「名士派頭」，硬是帶了過來，結果全部被曹操「笑納」。這說明袁紹雖然自視甚高，其實華而不實。華而不實愛擺譜的人，是從來就成不了大事的。據《三國志·武帝紀》，一年前，袁紹決定發動這場戰爭的時候，曹操就曾經笑着說，袁紹「土地雖廣，糧食雖豐」，不過是為我準備的禮物（適足以為吾奉也）。這些圖書和珍寶，則大約要算是額外的收穫了。

官渡之戰是當時中國歷史的一個轉折點，因此史家多給予高度重視。《三國志·武帝紀》甚至還記載一則「神話」（也可以說是「鬼話」）。說是桓帝時，土星出現在楚（今湖南、湖北）、宋（今河南商丘一帶）之間，於是一個名叫殷馗的「預言家」便斷言，五十年後必有真命天子起於梁國和沛國之間，而且「其鋒不可當」。果然，五十年後，沛國譙縣（今安徽省亳州市）人曹操在官渡大破袁紹，從此「天下莫敵矣」。

這當然是無稽之談。其實就連官渡之戰的許多細節，史家都有不同看法。呂思勉先生的《三國史話》在談到這場戰爭時，就幾乎把《三國志》全部推翻。呂先生甚至說：「《三國志》上所說的兵謀，大都是靠不住的。」他認為曹操取勝的原因並不在於謀略，主要是能咬緊牙關堅持到底。這就沒辦法辨證了，請有興趣的朋友自己琢磨。

官渡之戰的結束，是漢獻帝建安五年（公元二〇〇年）十月的事情。從此袁紹一蹶不振，再也翻不過身來。建安七年（公元二〇二年）五月，袁紹發病嘔血而死。建安九年（公元二〇四年）七月，曹操擊敗袁紹的接班人袁尚。八月，曹操進入鄴城，哭祭袁紹，曹丕則順手牽羊，「接管」了袁熙新婚的妻子。建安十年（公元二〇五年）正月，曹操擊敗袁紹的長子袁譚，平定冀州，袁譚被殺。建安十二年（公元二〇七年）九月，遼東太守公孫康謀殺袁紹的接班人袁尚和二兒子袁熙，將其首級送往曹營。不可一世的袁紹家族徹底滅亡。

公孫康殺袁尚和袁熙還有兩個小插曲。據《三國志·武帝紀》，袁尚和袁熙投奔公孫康以後，許多人是主張征伐的。曹操卻說用不着，公孫康很快就會把他們的人頭送過來。為什麼呢？因為他們其實是狼狽為奸，既互相利用又互相防範的。我們逼他，他們就齊心協力；我們不管，他們就互相殘殺。果然，袁尚和袁熙陰謀奪取公孫康的地盤以自立，公孫康則決定殺了袁尚和袁熙給曹操一個交待。據《三國志・袁紹傳》裴松之註引《典略》，當時公孫康設下「鴻門宴」，將袁尚和袁熙一舉擒拿。袁尚和袁熙被捆起來扔在冰冷的地上，很難受，便請求給個坐墊。公孫康說，你們的腦袋就要出遠門了，還要坐墊幹什麼！便把他倆殺了。一切都在曹操的預料之中。所以說，勝利總是屬於那些洞悉人性的人。

袁尚、袁熙、袁譚的死，歸根結底還是源於官渡之戰的失敗。這個結局，其實有兩個人早就預見到了，他們就是袁紹的謀士沮授和田豐。沮授和田豐都是堅決反對打這場戰爭的。據《三國志・袁紹傳》，田豐曾對袁紹說：「曹公善用兵，變化無方，眾雖少，未可輕也。」因此他提出，應該打持久戰和游擊戰。首先，應該發展壯大自己。一是要站穩腳跟（據山河之固），二是要擴大地盤（擁四州之地），三是要建立統一戰線（外結英雄），四是要加緊擴建備戰（內修農戰）。這樣，才能立於不敗之地。然後，再派小股部隊去騷擾曹操，「分為奇兵，乘虛迭出」。曹操救援東邊我們就打西邊，救援西邊我們就打東邊，「使敵疲於奔命，民不得安業」，這樣，「我未勞而彼已困」，用不了兩年，就可以坐享其成了。現在我們「釋廟勝之策，而決成敗於一戰」，萬一失手，那就後悔莫及。袁紹不聽，田豐強諫，於是袁紹勃然大怒，認為田豐阻撓他平定天下的大計，罪該萬死，就把田豐下了大獄，說等我凱旋歸來，再來和你算賬。

田豐在獄中等了一年多，等來的正是失敗的消息。於是朋友來祝賀田豐，說從此足下必定受到重用。田豐卻仰天長歎說，這一下我死定了。來人不解，說為什麼，怎麼可能？是啊，為什麼，怎麼可能呢？

【第十回】

勝敗有憑

決定着當時中國命運和前途的官渡之戰，在漢獻帝建安五年十月以曹操的大獲全勝告終。當時袁紹擁兵十萬，將帥如虎，謀臣如狼，曹操的軍事力量則明顯地具有差距，部下也多以為不能敵，然而曹操卻終於以寡敵眾、以弱勝強，這裏面的原因究竟何在？

漢獻帝建安五年（公元二〇〇年）十月，曹操取得了官渡之戰的勝利。前一年袁術已死，現在袁紹又敗，不可一世的袁氏兄弟再也沒戲可唱，中國北方開始姓曹。

勝利似乎在曹操的預料之中。

事實上，曹操早就把袁氏兄弟列進黑名單了。據《三國志．武帝紀》裴松之註引皇甫謐《逸士傳》，袁逢的夫人去世時，袁紹和袁術兄弟倆扶靈歸葬汝南，大會賓客，前來弔唁的人竟達三萬之多。面對如此之多的賓客，袁紹和袁術雖然不得不做悲痛狀，內心深處的得意則不難想見。然而冷眼旁觀的曹操卻悄悄地對一個名叫王儁的朋友說，天下即將大亂。作為禍亂魁首的，一定就是這兩個人。要想平定天下、拯救百姓，必須先滅了這兩個。王儁一直認定曹操是「天下之雄」，便回應說，能夠掃平天下的，除了足下，還能有誰呢？兩個人就「相對而笑」。後來，曹袁相爭時，王儁還勸劉表支持曹操，可惜劉表不聽。

當然，那個時候，曹操也只能是說說而已，畢竟師出無名，何況心有餘而力不足。實際上，曹操一直為無法戰勝袁紹而煩惱。曹操迎奉天子以後，袁紹心裏一百八十個不服氣，便加緊擴建備戰，兼併諸侯，終於擁有了冀、青、並、幽四州之地，人多勢眾，兵強馬壯，「天下畏其強」。曹操呢，則四面都是敵人：北有袁紹，東有呂布，西有張繡，南有袁術，再加上一個不懷好意的孫策。後來官渡之戰時，孫策就準備偷襲許都，只是因為被刺客謀殺才未遂。所以，曹操心裏很鬱悶。

看透了曹操心思的是荀彧。據《三國志．荀彧傳》，建安二年正月，曹操曾經一度舉止失態，行為反常，所有的人都認為是張繡背叛了他的緣故，只有荀彧認為不是。荀彧說，以曹公之聰明，決不會追究往事，一定有別的原因。一問，果然。原來，袁紹給曹操寫了一封信，態度極其無理，語氣也極其傲慢。曹操就問荀彧：我一直就想討伐那個不仁不義的傢伙，可惜力不從心，該怎麼辦？荀彧說，無妨。縱觀古今，成敗在人不在勢。如果是真正的英雄，那麼，即便現在弱一點，也會強大起來（誠有其才，雖弱必強）。相反，如果是冒牌貨，那麼，就算現在強大，很快也會變弱（苟非其人，雖強易弱）。

這當然在理。問題是，具體到曹操和袁紹，會不會有強弱大小相互轉化的可能呢？荀彧認為有。荀彧對曹操說，當今之世，能夠和明公爭奪天下的，也就是袁紹，而袁紹其實外強中乾，因為明公有四個方面比袁紹強。第一，袁紹這個人，表面上寬宏大量，實際上嫉賢妒能（貌外寬而內忌），既要使用人才，又不能給予充分的信任（任人而疑其心）；而明公您豁達大度不拘小節（明達不拘），能夠給予人才最大的信任，並且把他們放在最合適的位置（唯才所宜），這是氣度勝過袁紹。第二，袁紹這個人，反應遲鈍，優柔寡斷，決策總是慢半拍（遲重少決，失在後機）；而明公您總是能夠當機立斷，而且變幻莫測（能斷大事，應變無方），這是謀略勝過袁紹。第三，袁紹這個人，治軍不嚴，有令不行，有禁不止（御軍寬緩，法令不行），人馬雖多，其實沒有用（士卒雖眾，其實難用）；而明公您執法如山，令行禁止，賞罰分明，言必信，行必果（法令既明，賞罰必行），軍隊雖然不多，但將士們都爭先恐後拚力死戰（士卒雖寡，皆爭致死），這是英武勝過袁紹。第四，袁紹這個人，憑藉「四世三公」的家族勢力，裝腔作勢，沽名釣譽（紹憑世資，從容飾智，以收名譽），所以那些自命清高的人都投靠了他，可惜他們徒有其表，其實沒有真才實學（故士之寡能好問者多歸之）；而明公您以誠待人，不玩虛套（公以至仁待人，推誠心不為虛美），自己的生活很簡樸（行己謹儉），獎賞有功之人卻毫不吝惜（有功者無所吝惜），所以那些既忠誠又能幹的人都來歸順您（故天下忠正效實之士咸願為用），這是仁德勝過袁紹。荀彧說，有此「四勝」，再加上明公尊奉天子，匡扶正義，師出有名，堂堂正正，豈有不勝之理？

類似的話郭嘉也說過。郭嘉的說法就更誇張，一口氣說了「十勝」：道勝、義勝、治勝、度勝、謀勝、德勝、仁勝、明勝、文勝、武勝。與之相對應，袁紹則有「十敗」。不過《三國志》只記錄了荀彧的「四勝」，郭嘉的「十勝十敗」是裴松之的註引用西晉傅玄的《傅子》所言。謀士的話不一定靠得住，尤其是荀彧和郭嘉都站在曹操的立場上說話，又要給曹操打氣，難免誇大其詞。但如果連袁紹的謀士也有看法，就很能說明問題了。

且看袁紹這邊怎麼講。

袁紹的謀士沮授和田豐倒沒有（也不可能）對曹操和袁紹作全面的比較，但是，他們卻提到了一個帶有根本性的問題，那就是發動這場戰爭是否正義。據《三國志・袁紹傳》裴松之註引《獻帝傳》，沮授和田豐對袁紹說，戰爭連年不斷（師出歷年），民眾疲憊不堪（百姓疲弊），國庫空無一物（倉庾無積），稅費有增無減（賦役方殷），這是國家最大的憂患。因此，應該發展生產，安定人民，派使節向天子報告我們的成就。如果去不了，就公開狀告曹操阻礙尊王之路，破壞統一大業，然後用運動戰、遊擊戰和持久戰對付他。不出三年，「事可坐定」。

這個策略無疑是正確的。先將曹操置於不義，是為「有理」；以強制弱，以逸待勞，是為「有利」；步步為營，循序漸進，是為「有節」。但是審配和郭圖反對。反對的原因，在審配，可能是因為糊塗；在郭圖，則多半是拍馬屁。郭圖知道袁紹急功近利，自視甚高，就和審配一起說，兵法講，我方十倍於敵就包圍，五倍於敵就進攻，旗鼓相當就可以打他一仗（十圍五攻，敵則能戰）。如此看來，以主公之神武，軍隊之強大，消滅一個小小的曹操，那不是易如反掌（譬若覆手）嗎？現在不抓緊，以後就來不及了。這顯然是誇誇其談，空談誤國，毫無實質性內容，因此沮授不能不予以痛斥，話就說得比較重了。

沮授說，平定動亂，誅滅殘暴，叫做「義兵」（救亂誅暴，謂之義兵）。窮兵黷武，仗勢欺人，叫做「驕兵」（恃眾憑強，謂之驕兵）。義兵是戰無不勝的（兵義無敵），驕兵則是必敗無疑的（驕者先滅）。現在，天子在許，「舉兵南向，於義則違」。何況曹操法紀嚴明，士卒精銳，哪裏是像公孫瓚那樣坐以待斃的？以驕兵戰義兵，已是不利；以無名伐有名，更是失理。如果再不講究策略，一心只想畢其功於一役，那就是失策了。所以沮授說：「今棄萬安之術，而興無名之兵，竊為公懼之！」

沮授這話，是說到根本了。我們知道，戰爭是政治的延續。因此，戰爭的勝敗，並不僅僅在於軍事力量的強弱。運籌帷幄之中，決勝千里之外，也不能只考慮實力（廟勝之策，不在強弱），更應該考慮政治上是否正確，道義上是否在理。像袁紹這樣，興兵不義，師出無名，豈有不敗之理？可惜袁紹不懂這個道理，聽信郭圖等人的強詞奪理，結果在政治上和道義上就先輸給了曹操。在戰略上，又急功近利，務虛名而不顧實際，當然會碰個頭破血流。可以說，政治上失利，道義上失理，戰略上失策，是袁紹失敗的首要原因。

袁紹指揮上也失誤。戰爭之初，中曹操聲東擊西之計，不守白馬，馳援延津，是一誤；曹操還軍官渡以後，不知曹操是以退為進，以守為攻，挺進官渡，是二誤；相持階段，派劉備和劉辟在許都周邊騷擾，卻不接受許攸的建議劫持天子，是三誤；曹操奇襲烏巢時，接受郭圖的意見，派輕兵救援烏巢，派重兵攻打官渡，是四誤。袁紹指揮這場戰爭，可以說是一誤再誤。官渡之戰的結局，與其說是因為曹操用兵如神，不如說是因為袁紹愚蠢透頂。俗話說，兵熊熊一個，將熊熊一窩。主帥一錯再錯，戰爭就一敗塗地。

指揮失誤的根本原因是袁紹並不具備帥才。荀彧就說袁紹的特點，是「遲重少決，失在後機」，也就是見事遲，反應慢，優柔寡斷，總是錯過時機。相反，曹操則「能斷大事，應變無方」，也就是能夠當機立斷，隨機應變。《三國志．武帝紀》說，建安五年（公元二〇〇年）正月，官渡之戰即將打響的前夜，曹操忙裏偷閒打了劉備一傢伙。當時大家都說，和明公爭奪天下的不是袁紹嗎？怎麼去打劉備？曹操說，劉備是真正的人傑。現在不滅了他，後患無窮。大家又說，袁紹正大兵壓境。我們去打劉備，袁紹抄我們的後路怎麼辦？曹操說放心吧！袁紹「雖有大志而見事遲」，他一定不動。果然，一直到曹操打完了劉備，俘虜了關羽和劉備的老婆孩子，重新回到官渡時，袁紹也沒動一下。據《三國志．袁紹傳》，當時田豐曾經建議袁紹趁機襲擊曹操。

袁紹卻說小兒子正在生病，不肯出兵，氣得田豐用手杖敲着地說，千載難逢的機會呀！卻說什麼兒子生病！

指揮失誤的另一個原因是用人失當。說起來，袁紹手下是很有些人才的。顏良、文醜有勇，田豐、許攸有謀，沮授、郭圖多智，審配、逢紀盡忠，所以孔融曾經斷言曹操不是對手。據《三國志・荀彧傳》，孔融曾對荀彧說：「田豐、許攸，智計之士也，為之謀；審配、逢紀，盡忠之臣也，任其事；顏良、文醜，勇冠三軍，統其兵，殆難克乎！」

然而荀彧卻認為無庸憂慮。不可否認，這些人都是人才，但這些人都有毛病：「田豐剛而犯上，許攸貪而不治，審配專而無謀，逢紀果而自用。」剛而犯上，計謀就難被採納；貪而不治，忠誠就沒有保證；專而無謀，決策就難以周全；果而自用，做事就難免霸道。荀彧甚至還預料，如果許攸的家人犯法，審配和逢紀這兩個盡忠之臣一定會不講情面，執法如山，許攸也一定會叛變。至於顏良、文醜，則不過匹夫之勇，「可一戰而擒也」。結果完全如荀彧之所言，田豐被囚，許攸叛逃，顏良和文醜丟了腦袋。

如果只是這些人有毛病，還不要緊。世界上沒有十全十美的人，人都是有毛病的。所謂「知人善任」，關鍵就在於知道這些人有哪些優點，有哪些缺點，然後揚其長避其短。可惜袁紹不會。袁紹用人只有一個原則，就是自己個人的好惡。好惡的標準也很簡單，就是誰拍馬屁就喜歡誰，誰提意見就討厭誰。田豐喜歡提意見，他讓田豐進牢房；沮授喜歡提意見，他讓沮授坐冷板凳。沮授坐冷板凳的結果，是袁紹的決策一錯再錯。袁紹進軍黎陽，派顏良攻白馬。沮授提醒說，顏良性情急躁，沉不住氣，雖然驍勇，卻不可以獨當一面。

袁紹不聽，結果顏良被殺。曹操還軍官渡，沮授勸他屯兵延津，分兵官渡。官渡那邊初戰告捷，延津的大部隊再去不遲。如果前方失利，也還有個退路。袁紹又不聽，結果被曹操拖進泥潭。曹操奇襲烏巢，沮授再次建議，派蔣奇率一支別動隊斷其後路，袁紹還是不聽，結果一把火燒光了所有的本錢。袁紹似乎有一種特殊的性格和特別的本事，凡是對自己有利的正確意見，他一定本能地抵制。越是對他有好處，他越是不聽。這真是一個奇觀。

主帥沒名堂，謀臣有毛病，這已經很糟糕了，更糟糕的是他們還要窩裏鬥。先是郭圖嫉恨沮授，後是逢紀誣陷田豐。郭圖、審配和沮授、田豐意見分歧，原本正常。討論問題，難免見仁見智，哪能完全一致？只要大家都處以公心，實無妨會上爭論，會下合作。然而袁紹集團不。會議剛散，郭圖就去說沮授的壞話，說沮授「監統內外，威震三軍」，如果不控制一下，只怕將來尾大不掉。袁紹馬上起了疑心，不但削弱了沮授的軍權，而且再也不聽他的。沮授提出辭職，也不准。沮授萬般無奈，只好跟着袁紹過河。據《三國志・袁紹傳》裴松之註引《獻帝傳》，上船之前，沮授仰天長歎，說悠悠黃河啊，我怕是再也回不來了。

果然，袁紹兵敗，沮授被俘，落入曹軍手中。沮授原本是應該跟着袁紹撤退的，但袁紹只顧自己逃命，哪管部下死活？沮授來不及過河，做了俘虜。軍人押解他去見曹操，他一路高呼「授不降也」。見到曹操，則說「速死為福」。沮授也是曹操的老朋友，曹操就迎上前去說，天翻地覆，滄海桑田，沒想到我們在這裏見面。沮授說，袁公失誤，窮途末路（冀州失策，以取奔北）。沮授的智慧和力量都用完了，活該做你的俘虜。曹操說，「本初無謀，不用君計」，你我合作如何？沮授說，家人的性命都在袁紹手裏，就請曹公成全了我吧！曹操沒有辦法，只好殺了他。曹操說，我要是早能得到沮授，天下事就無可憂慮了。

袁紹的謀士窩裏鬥，袁紹自己則鬧家務。袁紹有三個兒子：袁譚、袁熙、袁尚。他最喜歡的是袁尚。原因也很簡單，就是袁尚長得漂亮。我們知道，袁紹自己是一表人才的，《三國志》的說法是「有姿貌威容」。袁紹認為，老帥哥的接班人就應該是小帥哥，因此想立袁尚為儲。但這話說不出口，就藉口要考察他們的能力，讓三個兒子和一個外甥各領一州：袁譚為青州刺史，袁熙為幽州刺史，高幹為并州刺史，袁尚和自己一起守在根據地冀州。據《三國志·袁紹傳》裴松之註引《九州春秋》，沮授當時就表示反對。沮授說，一隻兔子跑到十字路口，大家都來追。如果有一個人抓住了，大家就都不追了（一兔走衢，萬人逐之；一人獲之，貪者悉止）。你這樣做，是存心製造矛盾，「必為禍始」。袁紹不聽。果然，袁紹一死，袁尚兄弟就禍起蕭牆，謀士們也分為兩派。審配、逢紀擁護袁尚，辛評、郭圖擁護袁譚，最後在爭權奪利中同歸於盡。

所以，袁紹之「失」，還要加上一條，即組織上失和。政治失利，道義失理，戰略失策，指揮失誤，用人失當，組織失和。有此「六失」，袁紹不敗，那才是天理不容。

難怪曹操充滿信心了。《三國志·武帝紀》說，袁紹發兵的消息傳到許都以後，曹操身邊的人都很緊張，認為肯定打不過袁紹（諸將以為不敵）。因為袁紹精兵悍將十萬人，曹操的兵力卻不過萬餘（當然裴松之認為這個數字不準確）。然而曹操卻很坦然。曹操說，我太瞭解袁紹的為人了。他這個人，野心大，智慧少（志大而智小）；態度兇，膽子小（色厲而膽薄）；嫉妒刻薄，人緣不好（忌克而少威）。他那個集團，「兵多而分畫不明，將驕而政令不一」。因此，袁紹雖然地盤大，糧食多（土地雖廣，糧食雖豐），不過是給我當後勤部長罷了（適足以為吾奉也）。

曹操到底是袁紹的老朋友，他真是把袁紹看透了。袁紹這個人，確實是志大才疏、色厲內荏、外強中乾，政治上短見，軍事上弱智，組織上低能。當然，說他一點風度、才華、能耐都沒有，也不符合事實。事實上，袁紹是有本事的，也是有魅力的。作為「四世三公」之後，他沒有躺在父輩開創的基業上吃老本，也沒有糟蹋父輩的好名聲。相反，他憑着自己的能力，獲得了比父輩更大的成就，更高的聲譽。這是必須予以肯定的。但是，他卻在最為關鍵的時刻表現出愚蠢、固執和狂妄，終於自己把自己送上了斷頭台。

袁紹的愚蠢、固執和狂妄是三位一體的。他因狂妄而固執，因固執而愚蠢，又因愚蠢而狂妄。他蠢就蠢在沒有自知之明。因為沒有自知之明，他狂妄，總認為自己天下無敵，因此愚蠢。因為愚蠢，他總認為自己決策英明，因此固執。因為固執，他聽不進任何不同意見，因此失敗。可以說，袁紹的失敗，乃是做人的失敗；而他做人的失敗，又是性格使然。

袁紹的性格特徵是內心分裂。荀彧就說他「貌外寬而內忌，任人而疑其心」。《三國志》則說他「外寬雅，有局度，憂喜不形於色，而內多忌害」。也就是說，袁紹這個人，看起來溫文爾雅，寬宏大量，風度翩翩，其實心理陰暗。他見不得別人比自己風光，容不下別人比自己聰明，受不了別人比自己正確。他打曹操，就因為曹操比自己風光；他貶沮授，就因為沮授比自己聰明；他殺田豐，則因為田豐比自己正確。據《三國志．袁紹傳》裴松之註引《先賢行狀》，袁紹兵敗官渡以後，將士們捶着胸脯痛哭流涕，說如果田豐在這裏，我們不會落得這個下場。袁紹自己也覺得沒面子，就向逢紀問田豐的態度。逢紀說，田豐在獄中幸災樂禍，拍手大笑，說自己料事如神。結果，袁紹回到鄴城，第一件事就是殺了田豐。

其實，即便沒有逢紀的讒言，田豐也必死無疑。據《三國志．袁紹傳》，當朋友向田豐祝賀，說「君必見重」時，田豐的回答卻是「若軍有利，吾必全；今軍敗，吾其死矣」。田豐實在是太清楚袁紹的為人了。如果打了勝仗，心裏高興，還有可能釋放田豐出獄，一方面顯示他的寬宏大量，另方面也可借這個「反面教員」來證明自己的偉大英明。打敗了仗，惱羞成怒，便一定會遷怒於別人，拿別人的人頭來給自己出氣，殺正確的人來掩蓋自己的錯誤。這樣的人真不是東西！

甚至就連袁紹的老婆，也不是東西。據《三國志．袁紹傳》裴松之註引《典論》，袁紹死後，屍骨未寒（僵屍未殯），他老婆劉氏就把袁紹的寵妾五人全部殺死，說都是這些狐狸精害死了她老公。殺了不算，還要毀容，說是以免在九泉之下繼續勾引袁紹。袁尚則助紂為虐，幫他媽把這些女人的家屬也殺了。這就和曹操截然相反。曹操是打了敗仗檢討自己，打了勝仗感謝別人的。他夫人卞氏也很厚道。《三國志．后妃傳》裴松之註引《魏略》說，她常常趁曹操外出的時候把離異了的丁夫人接回家來住，自己執侍妾禮，平時也經常送衣送食，問寒問暖。比較一下曹操和袁紹以及他們的夫人，誰該勝誰該負，不就一目了然了嗎？

的確，興亡誰人定，勝敗豈無憑。現在看來，曹操的勝利，袁紹的失敗，應該說是勝敗有憑。事實上，曹袁二人的高下之別，很早就已經顯示出來了。據《三國志．武帝紀》，還是在剛剛起兵討董卓的時候，袁紹就問過曹操，如果討伐董賊不能成功，你看哪方面能做我們的依靠和憑據（方面何所可據）？曹操反問，足下的意思呢？袁紹回答說，南據黃河，北佔燕代（泛指今河北北部和山西東北一帶），兼領戎狄（指烏桓），南向以爭天下，或許可以成功吧？曹操聽了肚子裏好笑，心想如果人是沒有用的，躲到哪裏也沒有用，便淡淡地說，照我看，任用普天下的智能之士，用正道和正義來統帥他們，就左右逢源沒有做不了的事（吾任天下之智力，以道御之，無所不可）！

在這裏，曹操利用漢語詞彙的多義性，表達了他與袁紹不同的政治見解。袁紹問「方面何所可據」，這個「方面」，可以理解為地理位置，也可以理解為政治條件；據，則既可理解為據點，也可理解為憑據。如此，則曹操的話就可以理解為：只要依靠正義和人才，什麼地方都是根據地。曹操的見識，已明顯地高出於袁紹之上。這也是曹操後來與袁紹逐鹿中原時的態度：你打軍事地理牌，我打政治人才牌，咱哥倆就玩他一把好了！

曹操很早就意識到，正義的旗幟和精銳的隊伍是克敵制勝的兩大法寶。荀彧就說，袁紹「布衣之雄耳，能聚人而不能用」。相反，曹操則是既能聚人，又能用人的。那麼，曹操為什麼能夠聚人，他的用人之道又是怎樣的呢？

【第十一回】

海纳百川

曹操很早就意識到，「奉天子以令不臣」，是為了高舉正義的旗幟；頒佈《求賢令》，主張「唯才是舉」，則是為了建立精銳的隊伍。實際上，袁紹和曹操都是要用人的。那麼，他們的用人之道有什麼不同，曹操的高明之處又在哪裏？

這個問題是很重要的。《三國志・武帝紀》的最後一段話說：「漢末，天下大亂，雄豪並起，而袁紹虎視四州，強盛莫敵。太祖運籌演謀，鞭撻宇內，攬申、韓之法術，該韓、白之奇策，官方授材，各因其器，矯情任算，不念舊惡，終能總御皇機，克成洪業者，唯其明略最優也。抑可謂非常之人，超世之傑矣。」這段話，是陳壽對曹操的總體評價。從這個評語不難看出，戰勝袁紹，是曹操一生中最大的成功；而曹操能夠成功，又因為他精於謀略和善於用人。可見，用人之道，是曹操成功之道的核心內容。

所謂「用人之道」，其實也就兩個問題，一是用什麼人，二是怎麼用。正是在這兩個問題上，曹操和袁紹表現出截然不同的兩種風格。

先說用什麼人。

必須肯定，袁紹這個人，是有個人魅力的，也懂得人才和人緣的重要。《三國志・袁紹傳》裴松之註引《英雄記》說，袁紹年輕的時候就在京城廣交豪俠，經常在他那個豪門大院裏開派對，辦沙龍，迎來送往，呼朋引類，門庭若市，也結交了一大批社會賢達和社會名流。這事一度引起當局不滿，說袁紹這小子「不應呼召而養死士」，想幹什麼！他叔叔袁隗也罵他：你想讓袁家滅門呀！袁紹這才稍有收斂，投到大將軍何進麾下效力。

可見，當時朝中就已經有人發現，袁紹在模仿先秦時代貴介公子的做派，交豪俠，養門客，搞小集團。袁紹自己，恐怕也暗暗以戰國「四大公子」自許。賈誼《過秦論》說，那時「齊有孟嘗，趙有平原，楚有春申，魏有信陵。此四君者，皆明智而忠信，寬厚而愛人，尊賢而重士」，於是名揚天下，一呼百應。這份風光，是很讓人神往的。袁紹出身高貴，一表人才，是個翩翩美少年，便覺得很有資格也很應該成為這樣的公子哥兒。

可惜袁紹只學了點皮毛，沒有學到精髓。不怕花錢（不愛珍器重寶肥饒之地）大概是學會了的，「明智而忠信，寬厚而愛人，尊賢而重士」就談不上。他交人只有一個原則，那就是「非海內知名，不得相見」。這是一種偏見，也是一種做秀和擺譜。袁紹這樣做，是要告訴大家，袁大公子可不是隨便什麼人都好見的（不妄通賓客）。這不是擺譜是什麼？更重要的是，袁紹結交名人，是為了抬高自己，並非真心要使用他們的聰明才智。袁紹從來就是自命不凡的，他不認為有誰比自己更聰明，因此也用不着當真籠絡人才，只要能裝點門面就行。這就是做秀了。為此，他可以做「折節下士」狀，骨子裏卻是剛愎自用。這是他「能聚人而不能用」的根本原因。荀彧的判斷是正確的：「紹憑世資，從容飾智，以收名譽，故士之寡能好問者多歸之。」翻譯過來就是：袁紹憑着家族積累的人緣，裝模作樣做出禮賢下士的樣子，以博取虛名，因此那些徒有虛名的傢伙便都歸附他。

這就是袁紹了：做秀演戲，沽名釣譽，裝點門面，自鳴得意。

曹操卻正好相反。他的方針是：實事求是，唯才是舉，不拘一格，來者不拒。在這個前提下，曹操妥善地處理了五種關係。

第一是名與實。曹操的政策是：名至實歸，更重實際。

曹操深知人才的重要，也很清楚自己的分量。他知道，一個籬笆三個樁，一個好漢三個幫，要成就一番事業，就必須有人幫忙。他也知道，自己的背景、資歷、地位、實力都不如別人。他不是袁紹，有一個龐大的家族；他不是孫權，有一份現成的基業。他甚至不如劉備，有一張可以炫耀的名片。他的政治資本是最少的，因此需要大批的人來幫助他、支持他，尤其是要爭取高門世族來合作，以資號召。能幫忙最好，幫兇、幫腔，哪怕幫閒也行。有才的要，有名的要，徒有虛名也要，總之是多多益善。曹操甚至不要求他們真有作用，能裝點門面也行；也不要求他們真心實意地支持自己，只要不公開作對就好。所以曹操迎奉天子遷都許縣以後，就網羅了一大批人才，包括孔融之流。這些人，當然不是來幫助曹操的。他們的說法，是來為國家和皇帝效勞。但在曹操大權獨攬的情況下，為皇帝效勞和為曹操效勞又多少區別？至少，曹操這邊也顯得人才濟濟。

不過曹操更欣賞的，還是那些有真才實學的人。曹操這個人，是很有些平民意識和務實精神的。他有一句名言：「不得務虛名而處實禍。」他並不看重虛名。他把大將軍的職位讓給袁紹，就是不務虛名的表現。他也不崇拜名人。早在關東聯軍的時候，他就已經領教了什麼叫「徒有虛名」。的確，不要迷信名人，名人和能人是兩個概念。名人並不一定就有真本事，他們往往是「盛名之下，其實難副」。尤其是東漢末年那個世風日下的時代，誇誇其談表裏不一的人難道還少嗎？曹操可不上他們的當！

曹操甚至在婚姻問題上都是這個態度。他的第二任夫人卞氏，就出身「倡家」。這在當時就不但是卑微，而且是卑賤了。然而卞夫人出身雖差，人品卻非常好，為人處世也很低調。《三國志・后妃傳》說，曹丕立為太子後，身邊的人開玩笑要卞夫人請客。卞夫人說，我沒把孩子教壞，就心滿意足了。裴松之註引《魏書》說，曹操讓她從繳獲的珍寶中挑一兩件首飾，她每次都挑中等的。曹操問她為什麼，卞夫人說，挑最好的是貪婪，挑最差的是虛偽，所以挑中等的。這話實在，曹操也大為讚賞。實際上，曹操在和丁夫人離異後，不顧「門當戶對」的世俗觀念，立卞氏為妻，恐怕就是因為務實。的確，卞氏雖然出身卑賤，卻貌兼德才，那又為什麼要另娶名門呢？

第二是德與才。曹操的政策是：德才兼備，唯才是舉。

曹操既然有這樣一種平民意識和務實精神，那麼，他在選拔人才的時候就不會像袁紹那樣「非海內知名，不得相見」，或者像某些人主張的那樣「必廉士而後可用」。他需要的，是那些能夠實實在在幫助他平治天下的人。為此，曹操於建安十五年（公元二一〇年）、建安十九年（公元二一四年）和建安二十二年（公元二一七年）先後三次頒佈《求賢令》，明確提出「唯才是舉」的人才政策。曹操說，現在天下未定，正是急需人才的時候（此特求賢之急時也），因此只能講能幹不能幹，不能吹毛求疵，講究太多。如果一定要求道德品質無可挑剔，方方面面十全十美，那麼齊桓公又何以能夠成就霸業？高皇帝又怎麼能夠創立大漢？所以，只要是人才，有「治國用兵之術」，哪怕有不好的名聲（污辱之名），被人恥笑的行為（見笑之行），甚至「不仁不孝」，也請大家推薦，我一定該怎麼用就怎麼用（吾得而用之）。

曹操的《求賢令》在中國歷史上是一件大事。它改變了帝國的用人制度（兩漢察舉制度退出歷史舞台，而後代之以魏晉薦舉制度，至隋唐始改為科舉制度），也牽涉到一個長期以來爭論不休的重大理論問題，那就是德與才的關係。理想的境界當然是德才兼備。但是，當德與才不能兼備時，哪個是熊掌哪個是魚呢？傳統的做法是取德不取才，至少是先德後才，曹操卻明確提出「唯才是舉」。所謂「唯才是舉」，就是說，只要有才就行，德可以不問，甚至「不仁不孝」也不要緊。這當然有點驚世駭俗，也容易引起誤會，因此需要稍加解釋。

其實，曹操這樣說，並非不要德。事實上，曹操本人是很注重道德的。他對那些真正道德高尚的人，也是很尊重的。比如崔琰，正派儒雅，曹操就很敬畏；毛玠，廉潔奉公，曹操就很敬重。曹操經常跟人說，崔琰是可以做眾人表率、時代楷模的。又說，如果都像崔琰和毛玠那樣選拔官吏，那麼，每個人都會自覺自律，我也就沒什麼可做的了。

但曹操決不是「唯道德論」者（他在建安八年頒佈的一道命令就是批判「唯道德論」的）。他並不認為道德是選拔人才的唯一的標準，甚至不認為是第一標準。為什麼呢？因為一旦以道德為唯一標準和第一標準，就可能會出現三個問題。一是有德無才。選拔出來的人，品質倒是沒有問題，可惜什麼都不會，啥也幹不了，是沒有用的老好人。二是求全責備。一些有才能甚至有特殊才能的人，因為道德品質有瑕疵或者有問題而不得選拔。三是弄虛作假。比如為了得到選拔，做政治秀，做道德秀，結果是道德變成不道德，東漢末年就是這樣。

那麼，主張「德才兼備」不行嗎？崔琰、毛玠，不就是德才兼備嗎？德才兼備當然好，但那是理想境界。承平時期，天下大治，沒有太多特殊要求，自然不妨慢慢追求，找到一個是一個。然而此刻卻是非常時期，曹操要做的又是非常之事，那就不能四平八穩，按部就班，必須重獎有功，重用有能。用曹操在建安八年（公元二〇三年）發佈的《賞功能令》中的話說，就是「治平尚德行，有事賞功能」。

事實上，德與才並非總能兼備，名與實也未必都能統一。有品行的不一定有能力（有行之士未必能進取），有能力的不一定有品行（進取之士未必能有行）。同樣，出身好的不一定有水平，有水平的不一定出身好。曹操說，伊尹和傅說不就是奴隸嗎？蕭何和曹參不就是縣吏嗎？陳平不是背有惡名嗎？韓信不是被人恥笑嗎？管仲就更不用說了。論立場，他是「敵人」；論品行，他是「小人」，然而商湯、武丁、齊桓和我們高皇帝，卻重用了他們，而且依靠他們取得了勝利和成功。這難道還不說明問題嗎？

何況，東漢以來的所謂「德才兼備」，其實是要德不要才，哪怕是裝出來的「德」。甚至就在曹操廣納人才的時候，還有人提出主張，認為即便有功有能，如果「德行不足」，也不堪「郡國之選」。這就要矯正。矯枉必須過正，不過正不能矯枉，因此不能再四平八穩地講什麼「德才兼備」，必須振聾發聵地提出「唯才是舉」。

第三是廉與貪。曹操的政策是：重用清官，不避小貪。

既然唯才是舉，那就不拘一格。德才兼備固然好，有點小毛病也無妨。《魏略》記載了一個故事，說曹操有個老鄉叫丁裴，愛貪小便宜，居然利用職權用自家的瘦牛換公家的一頭肥牛，結果被罷了官。曹操見到他，故意問：文侯呀，你的官印到哪裏去了？丁裴也嬉皮笑臉地說：拿去換大餅吃了。曹操哈哈大笑，回過頭來對隨從說，毛玠多次要我重罰丁裴，我說丁裴就像會抓老鼠又偷東西的貓，留着還是有用的。此事如果屬實，大約可以算是中國最早的「貓論」了。

第四是降與叛。曹操的政策是：招降納叛，盡釋前嫌。

不拘一格，就不問出身，甚至就連敵營中的人，他都要設法弄過來為自己所用。他手下的五員大將，就有三員來自敵營：張遼原是呂布部將，張郃原是袁紹部將，徐晃原是楊奉部將，樂進和于禁則是他親自從底層提拔起來的。正所謂「拔于禁、樂進於行陣之間，取張遼、徐晃於亡虜之內，皆佐命立功，列為名將」（《三國志・武帝紀》裴松之註引《魏書》）。後來，陳壽為這五員大將寫了合傳，稱「時之良將，五子為先」；曹操則稱讚他們「武力既弘，計略周備」，「奮強突固，無堅不陷」。

事實上，每次戰爭勝利後，曹操都要在戰俘中發現和招募人才。就連呂布，他原本也是想留下的，後來因為劉備的勸阻而作罷。據《三國志・呂布傳》和《後漢書・呂布傳》，當時在白門樓下，呂布雖然做了俘虜，卻意氣風發。他興高采烈地對曹操說，好了，過去的事都了結了，天下也安定了！曹操問，什麼意思？

呂布說，明公的心腹之患不就是呂布嗎？現在呂布臣服你了！如果讓呂布率領騎兵，明公率領步兵，天下還有搞不掂的？又回頭對劉備說，玄德公呀，君為座上客，我為階下囚，繩子綁得這麼緊，就不能幫我說句話嗎？曹操笑呵呵地說，綁老虎嘛，不能不緊一點，就準備下令鬆綁。劉備卻在一旁冷冰冰地說，明公沒看見呂布是怎麼侍奉丁原、董卓的嗎？曹操馬上醒了過來。忘恩負義，反復無常，這就是大節有虧了，只好殺了呂布。

謀臣中也有不少來自敵方。許攸從袁紹營中來投奔他，他光着腳出來迎接。蒯越和劉琮一起投降，他說高興的不是得到了荊州，而是得到了蒯越。陳琳為袁紹起草檄文，罵了曹操祖宗三代，被俘後仍被任命為司空軍謀祭酒。不過最讓人感動的還是王修的故事。王修原本是袁譚的人。袁譚被殺後，王修號啕大哭去找曹操，請曹操批准他為袁譚收屍。曹操故意不答應。王修就說：「受袁氏厚恩，若得收斂譚屍，然後就戮，無所恨。」結果曹操「嘉其義，聽之」，而安葬了袁譚以後的王修也成為曹操重要的謀臣，《三國志》還為他立了傳。

當然，也不是所有敵營中的人都會投降曹操。沮授，是曹操很想得到的人。《三國志・武帝紀》和《三國志・袁紹傳》裴松之註引《獻帝傳》都說，沮授被俘後，曹操曾一再勸降並「厚待之」，但沮授因為家小在袁紹處，不肯投降，反倒「謀還袁氏」。曹操沒有辦法，只好殺了他。還有審配，也是曹操想要的。《三國志・袁紹傳》裴松之註引《先賢行狀》說，鄴城之戰，審配被俘，曹操問他，孤圍城的時候，你射的箭為什麼那麼多呀？審配說，只恨太少。曹操就說，足下忠於袁氏父子，也是不得不這樣啊！曹操這樣說，顯然是為審配打圓場，其意「欲活之」。然而審配毫無降意（《三國志・袁紹傳》的說法是「聲氣壯烈，終無撓辭」），他的仇人又在旁邊哭哭啼啼，曹操也只好殺了他。

第五是大與小。曹操的政策是：抓大放小，不拘小節。

其實，「重用清官，不避小貪」也好，「招降納叛，盡釋前嫌」也好，都不是技巧，而是氣度；是用人之道，不是用人之術。想想看吧，以張繡之「深仇大恨」，一聽來歸，便握手言歡，封官晉爵；以許攸之「貪婪狂妄」，一聽來奔，便喜不自禁，赤腳出迎；以陳琳之「惡毒攻擊」，只因愛其才，竟毫不計較，坦然開釋；以畢諶之「背信棄義」，只因嘉其孝，竟既往不咎，信任如故。凡此種種，都使曹操的英雄氣度大帥胸襟躍然紙上。

事實上，正是這種氣度和胸襟，使許多原本是對方陣營裏的人才，心悅誠服地投奔了曹操，曹操也以坦誠和諒解的態度對待他們。比如文聘，原本是劉表的大將，被劉表派去鎮守北方。劉表死後，接班人劉琮投降曹操，要文聘也投降，文聘不幹。文聘說，我文聘不能保全州郡，只有待罪州中了。後來，曹操南下，渡過了漢水，文聘才去拜見曹操。曹操半開玩笑地說，足下怎麼來得這麼晚呀？文聘說，先前我不能輔佐劉荊州（劉表）以奉國家。現在劉荊州去世了，就只想好好守住漢川，保全百姓，能夠「生不負於孤弱」（指劉琮），「死無愧於地下」（指劉表）。實在因為萬般無奈，才落到今天這個地步。我文聘是既悲痛又慚愧，哪裏有臉早早來見明公啊！說完，痛哭流涕。曹操也陪着流淚（為之愴然），說您真是一個忠臣啊！便任命文聘為江夏太守。文聘在這個職位上一幹就是數十年（但爵位則節節高升，由關內侯而亭侯、鄉侯、縣侯），戰關羽，禦孫權，「名震敵國，賊不敢侵」，為曹操守住了這個兵家必爭之地（見《三國志．文聘傳》）。

由此可見，曹操其實是重視道德的，也是主張德才兼備的。文聘就堪稱德才兼備。但是，曹操注重的是大德，也就是忠和義，不在乎雞毛蒜皮的小節，比如什麼生活作風問題。只要大節不虧，其他小事情曹操就睜隻眼閉隻眼，不去管他。《三國志．郭嘉傳》說，曹操的核心謀士郭嘉被另一位重要謀士陳群指責，說他行為不很檢點（不治行檢），而且多次當廷指控。郭嘉若無其事，依然故我（嘉意自若）；曹操也不聞不問，信任如舊，甚至更加重用（愈益重之）。不過，對於陳群的為人正派，曹操也很欣賞（以群能持正，亦悅焉）。這不是裝糊塗、和稀泥、搞平衡，也不是一般人理解的「中庸之道」，而是得「中庸」之精髓。所謂「中庸」，就是執中能用，抓大放小，有經有權，既有原則性（經）又有靈活性（權）。道德是必須堅守的。不堅守，就會突破底線，弄得滿朝都是小人。同樣，小節又是不能計較的。一計較，就會沒完沒了，弄得部下人人自危。所以曹操必須肯定陳群，又決不能追究郭嘉。這個大方向，曹操把握得很好。這個尺寸，曹操也把握得很好。

看來，曹操確實是統帥之才。他知道，作為統帥，必須兼收並蓄，最大限度地吸引和使用人才。這就要包容，包括包容一般人所不能包容。所謂「海納百川，有容乃大」，就意味着來者不拒，什麼樣的人都能吸納。想想看吧，百川歸海，難免泥沙俱下。如果大海只接受清水，不接受泥沙，它還能是大海嗎？

曹操就具有大海一樣的胸懷。正是這海樣的胸懷，吸引了眾多的人才投向他的陣營。據有人統計，直到曹操去世為止，他的核心謀士、重要謀士，以及各級掾屬共有一〇二人。其中最重要的幾位，在前期應該就是荀彧、荀攸、賈詡、郭嘉和程昱。值得注意的是，這幾位幾乎都是主動投奔曹操的，賈詡還捎上了一個張繡，荀彧和郭嘉則是從袁紹那裏出走。這倒也沒有什麼。那時，謀士和武將從一個陣營跑到另一個陣營，就像現在的白領在企業之間跳槽一樣稀鬆平常。一家人服務於不同對象的情況也很多，比如諸葛瑾和諸葛亮兄弟，就分別服務於孫權和劉備，各為其主，「退無私面」，也不影響兄弟感情。要說的是，荀彧和郭嘉從袁紹那裏出走都有原因，郭嘉甚至向同郡（潁川）的老鄉辛評和郭圖，陳述了他棄袁投曹的真實想法。這段話，可謂一語道破天機。

【第十二回】

天下歸心

曹操會用人，這在歷史上幾乎是公認的。他可以說是深知「用人之機」。但問題並不在於他做了什麼，而是怎樣做，以及為什麼這樣做。也就是說，重要的不是「術」，而是「道」。那麼，曹操用人之道的「道」是什麼，他又為什麼能夠掌握「道」呢？

上文提過，曹操發展初期最重要的幾位謀士荀彧、荀攸、賈詡、郭嘉和程昱，幾乎都是主動投奔曹操的。最先是荀彧從袁紹那裏跑了過去，時間是在漢獻帝初平二年（公元一九一年），當時荀彧只有二十九歲。《三國志．荀彧傳》說，荀彧出走的原因，是他發現袁紹成不了大業（度紹終不能成大事），就投奔了當時還只是東郡太守的曹操。曹操得到了荀彧，喜出望外，說這就是我的張良啊（吾之子房也）！到了建安元年（公元一九六年），曹操接受毛玠和荀彧的建議，迎奉天子，遷都許縣，荀彧就成了曹操的「總參謀長」（為漢侍中，守尚書令，常居中持重），在曹操外出時總理軍國事務（太祖雖征伐在外，軍國事皆與彧籌焉）。曹操要荀彧再推薦一些人才，問他「誰能代卿為我謀者」，荀彧便推薦了荀攸、鍾繇和郭嘉。《三國志．荀攸傳》說，當時荀攸因刺殺董卓未遂，避難在荊州。曹操就給荀攸寫信，說現在天下大亂，正是有勞智慧之士費心的時候，先生袖手旁觀，不覺得太久了一點嗎？荀攸便立即來到曹操身邊。曹操大喜，說我有公達先生幫忙，還有什麼值得憂慮的事嗎？

程昱的到來也很有趣。《三國志．程昱傳》說，當時，兗州刺史劉岱請他當騎都尉，程昱說自己有病。等到曹操來到兗州，請他出山時，他一叫就到。他的同鄉看不懂，說你怎麼前後判若兩人？程昱只是笑，不回答。郭嘉卻實話實說。據《三國志．郭嘉傳》，郭嘉曾對袁紹的謀士辛評和郭圖說：「夫智者審於量主，故百舉百全而功名可立也。袁公徒效周公之下士，而未知用人之機。多端寡要，好謀無決，欲與共濟天下大難，定霸王之業，難矣！」於是離開袁紹投奔曹操。曹操和他談了一次話，內容是「論天下事」，結果雙方都喜出望外。曹操說：「使孤成大業者，必此人也。」郭嘉從曹操那裏出來，也大喜過望地說：「真吾主也。」這一年，郭嘉二十七歲。

郭嘉的話包括了三層意思。第一，一個聰明人，尤其是一個準備做謀士的人，一定要為自己選一個好老闆（智者審於量主）。第二，袁紹不是一個好老闆，因為他不會用人。袁紹並非不懂得人才的重要性，也曾經學着像周公那樣，「一沐三握髮，一飯三吐哺」，但他只學到了皮毛（徒效周公之下士），沒有學到精髓（未知用人之機）。他自己也缺乏統帥之才，思緒紛繁又不得要領（多端寡要），喜歡謀劃又沒有決斷（好謀無決），跟着他是沒有前途的（欲與共濟天下大難，定霸王之業，難矣）。事實證明郭嘉的判斷並不錯。袁紹雖然聚集了不少人才，但結果是走的走，散的散，死的死，叛的叛。剩下的幾個則搞分裂，一派擁護袁譚，一派擁護袁尚，蕭牆禍起，自相殘殺，最後同歸於盡。至於郭嘉的第三層意思，不說大家也明白：曹操是個好老闆（真吾主也），因此必須去袁歸曹。

那麼，曹操又怎麼是個好老闆呢？

第一是「知人善任，唯才所宜」。《三國志》在評價曹操的用人之道時，說了十六個字：「官方授材，各因其器，矯情任算，不念舊惡」。所謂「矯情任算，不念舊惡」就是上一集講到的「招降納叛，盡釋前嫌」；而所謂「官方授材，各因其器」，則可謂「知人善任，唯才所宜」。唯才所宜，是荀彧和郭嘉對曹操用人之道的評價。荀彧的說法是「明達不拘，唯才所宜」；郭嘉的說法是「唯才所宜，不問遠近」，和陳壽的說法意思一樣。「唯才所宜」是很重要的。因為所謂「知人善任」，其實包括三個內容：知道哪些人是人才，知道他們是哪個方面或哪種類型的人才，知道把他們放在哪個位置上最合適。也就是說，知人善任，一要能知，二要善任。曹操就能做到這一點。比如崔琰、毛玠清廉正派，曹操就讓他們選拔官吏；棗祗、任峻任勞任怨，曹操就讓他們負責屯田。這一點，就連對曹操極為不屑的洪邁，也給予很高評價，說是「智效一官，權分一郡，無小無大，卓然皆稱其職」（《容齋隨筆》），而且由此得出結論：曹操的成功，決非僥倖（操無敵於建安之時，非幸也）。

第二是「推誠取信，用人不疑」。這一條，原本就是用人的原則，歷史上會用人的人幾乎都是這樣做的。但是對於曹操，卻尤為重要。首先，曹操所處的是一個亂世。亂世的特點，就是人心浮動，道德淪喪，人與人之間缺乏誠意和信任。用曹操的話說，就是「上下相疑之秋也」。其次，曹操地位特殊。他扮演的角色，用周瑜的話說，就是「名為漢相，實為漢賊」。不管曹操自己怎麼想，當時許多人是這樣認為的。事實上曹操的「聚人」，恐怕也更多地是為了實現自己的野心。這個「雙重角色」帶來的好處，是曹操可以利用中央政府的名義和官職廣納人才；帶來的壞處，則是恐怕連他自己也不一定分得清，這些人究竟是誰的。這就難免會有猜疑。再次，曹操陣營龐雜。有原來就在中央政府任職的，有後來被曹操選拔招攬的，還有朝廷官員推薦任命的，更有從敵營中招降納叛的，並非清一色都是自己的隊伍。這些人之間，也難免會有猜疑。總之，曹操那邊，是疑雲重重。

在這樣一種情況下，誠意和信任就格外重要。作為領導人，曹操不管是出於真心還是做秀，都必須表現出誠意和信任。我們看他對張繡、對魏種、對畢諶，對這些背叛過他的人那麼寬容，就是為了向天下人表示，我曹操是誠心誠意的，是充滿信任的，即便被人騙了，也無怨無悔，你們儘管放心投奔我吧！

誠意和信任換來的是感激和忠誠。就說于禁。據《三國志・于禁傳》，張繡第一次投降又反叛時，曹操猝不及防，被打得落花流水，全軍大亂。只有于禁「勒所將數百人，且戰且引，雖有死傷不相離」，最後「徐整行隊，鳴鼓而還」，還順便整治了作亂的青州兵。青州兵就是投降曹操的黃巾軍，軍紀本來就差，曹操對他們又很寬容（太祖寬之），所以趁火打劫（故敢因緣為略）。于禁卻不客氣，「乃討之，數之以罪」。青州兵便跑到曹操那裏惡人先告狀。然而于禁回到大本營，卻「先立營壘」，並不馬上去見曹操（不時謁太祖）。當時有人就說，青州兵都把你告了，還不趕快去說清楚！于禁說，追兵在後，說來就來，不早作準備，怎麼對付敵人？再說了，曹公是何等英明的人，他們告刁狀又有什麼用！於是不慌不忙安營紮寨，一切就緒以後才去見曹操。曹操大為讚賞，說你于禁真是有古之名將風度呀！便封他為益壽亭侯。

第三是「令行禁止，賞罰分明」。這一條也是用人之道的基本原則，但曹操卻特別之處。一是以身作則，二是實實在在。我們知道，曹操治軍是很嚴的，他在建安八年（公元二〇三年）五月曾頒佈命令：「自命將征行，但賞功而不伐罪，非國典也。其令諸將出征，敗軍者抵罪，失利者免官爵。」其實不但敗軍失利要受處分，違反軍紀也要嚴懲，就連曹操本人也不例外。曹操曾經下令，行軍時不能踐踏麥田，違令者死。

於是騎兵都下馬步行，用武器扶着麥子走。然而曹操的馬卻跳了進去，結果是曹操用劍割下自己的頭髮，表示受罰，這就是有名的「以髮代首」的故事。這個故事記錄在對曹操並不友好的《曹瞞傳》中，歷來被用來說明曹操的奸詐和虛偽。其實割髮在古代也是一種肉刑，叫「髡」。後來曹操整崔琰，判的就是髡刑，可見也不完全是輕描淡寫，裝模作樣。

曹操罰起來很重，賞起來也不含糊。曹操有一個原則，就是從不只憑一時興致胡亂賞人。如果他要獎賞誰，那麼，首先，這個人一定建立了奇功；其次，曹操的獎勵一定十分到位。用郭嘉的話說，就是「恩之所加，皆過其望」；「慮之所周，無不及也」。據《三國志·徐晃傳》，在一次和劉備的戰爭中，徐晃深入敵軍，擊敗關羽，保全襄樊，曹操便出營七里相迎，擺下慶功盛宴，親自舉酒勞軍。曹操說，我帶兵三十多年，也讀過許多古書，還沒見過像徐將軍這樣長驅直入衝進敵圍的，恐怕就連孫武子也要甘拜下風。當時諸軍雲集，曹操巡視的時候各軍將士紛紛出營圍觀，只有徐晃的部隊「軍營整齊，將士駐陳不動」。曹操便又感慨說，徐將軍真是有周亞夫的風範啊！

徐晃原本是楊奉的人，歸順曹操後一直忠心耿耿。他出生入死，建功立業，上陣前甚至祭拜了祖墳，以示必死的決心。徐晃的這份忠誠，也包括其他人的忠誠，無疑因為曹操的高度信任和賞罰分明。曹操作為統帥，從不和部下爭面子、搶風頭，總是把功勞歸於部下。更重要的是，他的推功並不盲目，誰有什麼功勞他清清楚楚；他的獎勵也不走過場，該得什麼獎賞都實實在在；他還不搞平衡，保證每個得到獎勵的人都名至實歸。用荀彧的話說，就是「以至仁待人，推誠心不為虛美，行己謹儉，而有功者無所吝惜」。難怪周澤雄先生說曹操在這方面簡直就是藝術家。而在我看來，曹操的獎勵豈止是藝術，也是科學。

第四是「虛懷若谷，見賢思齊」。對於人才來說，獎勵固然重要，但更重要的還是重用，是統帥的虛心納諫和言聽計從。我們讀史，可以不斷看見曹操對部下建議的態度：聽之，從之，善之。當然，也有「不聽」、「不從」的。如果事後證明曹操錯了，他一定會檢討，會道歉，會感謝部下的建議和提醒。檢討，也不一定就是哭喪着臉，多半是笑着說。《三國志·蔣濟傳》說，曹操征孫權時，準備按照官渡之戰的老辦法，將淮南的老百姓都遷走，蔣濟就不贊成。蔣濟說，現在的情況和官渡之戰時不一樣了，根本沒有這個必要。再說，老百姓都戀土，並不願意遷移。強行遷移，他們心裏肯定不安。曹操不聽，結果淮南的人民都跑到孫權那裏去了。後來蔣濟去見曹操，曹操特地迎上前來，呵呵大笑着說，你看我幹的這事！原本是想讓他們躲避賊寇的，結果反倒把他們全趕到那邊去了。於是便拜蔣濟為丹陽太守。

看來，曹操確實會用人。我們甚至可以用這樣八句話來概括他的用人之術：一，真心實意，以情感人；二，推心置腹，以誠待人；三，開誠佈公，以理服人；四，言行一致，以信取人；五，令行禁止，以法制人；六，設身處地，以寬容人；七，揚人責己，以功歸人；八，論功行賞，以獎勵人。

但是，僅僅概括出這些「順口溜」是遠遠不夠的。因為重要的不是「術」，而是「道」；不是做了什麼，而是怎樣做，以及為什麼這樣做。道是什麼？道就是人性，就是人心。曹操用人之道的核心，就是八個字

——洞察人性，洞悉人心。他很清楚，將士們跟着他出生入死是為了什麼，於是他「揚人責己，以功歸人」，「論功行賞，以獎勵人」。他知道人都是有缺點和弱點的，也都是趨利避害的，於是他「令行禁止，以法制人」，「設身處地，以寬容人」。他知道人是理性的動物，大多數人在大多數情況下都是通情達理的，於是他「開誠佈公，以理服人」，「言行一致，以信取人」。他還知道人是有感情的，感情有時候比利益更可靠，於是他「推心置腹，以誠待人」，「真心實意，以情感人」。曹操的成功，是做人的成功；而他做人的成功，又是知人的成功。

有一件事很能說明問題。這件事記載在《三國志・武帝紀》中，當是事實。曹操大敗袁紹於官渡以後，袁紹的大量輜重、珍寶、圖書都落到曹操手裏，其中就包括己方一些人暗地裏寫給袁紹的書信。曹操二話不說，下令一把火把它們燒個乾淨。那些暗中勾結袁紹的人，原本擔心要追究的，現在都把提到嗓子眼的心又放回肚子裏去了，對曹操更是又佩服又感激。據裴松之註引《魏氏春秋》，曹操的解釋是這樣的：袁紹強盛的時候，連我都自身難保，何況大家呢！這話說得夠體貼人的。不要說那些心懷鬼胎的人疑竇冰釋，便是沒什麼瓜葛的人，也會為曹操的寬宏大量和設身處地所感動。

曹操話說得很漂亮，算盤打得就更精。他很清楚，這事一旦動起真格，要處理的就不止一個兩個。在勝敗未決又敵強我弱的情況下，誰不想着給自己留條後路呢？這時，腳踏兩隻船的人一定不在少數。當然，不會每個人都是雙重間諜，多數人不過兩邊敷衍罷了。但敷衍和通敵原本分不大清，而且按照綱常倫理，不忠即是叛逆。只要和袁紹有書信來往，那通敵的嫌疑可是跳進黃河也洗不清了。如果都要一一追究，只怕有半數以上的人說不清。既然追究不了，不如賣個人情，統統不追究好了。而且，人情做到底，連證據都予以銷毀，大家放心。這樣，那些心中有鬼且有愧的人，就會感恩戴德；而那些原本忠心的人，則更會死心塌地。這豈不比揪出一大堆人來整治，最終削弱自己的力量合算得多？

在這裏，曹操顯然又表現出他政治家的天才。他深知，無論政治鬥爭，還是軍事鬥爭，最重要的憑據是正義，最重要的資源是人才。要網羅人才，就要有足夠的氣度和寬容。人上一百，形形色色。世界上哪有清一色的隊伍？嶢嶢者易折，皎皎者易汙；水至清則無魚，人至察則無徒。有些時候，是要裝點糊塗的。裝糊塗才能寬容人，寬容人才能得到人心，得人心才能得天下。曹操懂這個道理，所以曹操是贏家。

洞察人性，洞悉人心，已不容易；設身處地，將心比心，也很難得。但更為可圈可點的是，曹操在做這些事情時，比方說，在銷毀書信，既往不咎；在檢討自己，推功他人；在重賞將士，讓他們喜出望外；在釋放俘虜，讓他們感激涕零的時候，他做得是那樣的坦誠、實在、大氣、自然。這就不能不讓人歎為觀止了。

說起來，曹操的生性是很狡詐的。所謂「少機警，有權數」，不過是史家比較委婉客氣的說法，說穿了就是狡詐。何況曹操又是帶兵打仗的人。兵不厭詐。戰場上用詭計，官場上用權謀，不過軍事鬥爭和政治鬥爭的家常便飯，沒什麼稀罕，也並不丟人，誰都這麼做，只不過敵方叫「狡猾奸詐」，己方叫「足智多謀」、「出奇制勝」罷了。曹操的聰明之處，在於他知道什麼時候該說假話，什麼時候該說真話。尊奉天子，維護漢室，不過買政治股，打正統牌，不妨做秀，也難免敷衍。和智士謀臣說話，因為雙方都是聰明人，如果耍小聰明使小心眼，就很容易被對方看穿而失去信任，那可真是「聰明反被聰明誤」了，反倒不如實話實說。曹操很能把握這個尺寸。惟其如此，他才為能和謀士們同心同德，也才有了凝聚力。

曹操具有凝聚力，還因為他有親和力；而他具有親和力，又與他的性格有關。曹操是個性情中人，平時也很隨和。他喜歡開玩笑，常常正經事也用玩笑話說。這種性格，對他的事業很有幫助。搞政治的人，太一本正經其實不好。不是讓人覺得城府太深，不可信；便是讓人覺得不通人情，不可近。最好是辦事嚴肅認真，平時瀟脫隨和，原則問題寸步不讓，雞毛蒜皮馬馬虎虎，既有領袖的威望威嚴，又有人情味、幽默感。這樣的人，最能得人衷心的愛戴和擁護。曹操便正是這樣的人。

不過，曹操能夠凝聚人才，最主要的還是他愛才的真誠。他確實非常希望在自己的生活和事業中能有更多的朋友和幫手。他在《短歌行》一詩中說：青青的，是你的衣領；悠悠的，是我的深情（青青子衿，悠悠我心）。只因為你的緣故啊，讓我思念到如今（但為君故，沉吟至今）。麋鹿找到了艾蒿，就會相呼相鳴（呦呦鹿鳴，食野之苹）。我要是有了嘉賓，一定要鼓瑟吹笙（我有嘉賓，鼓瑟吹笙）。明明的是那天上的玉輪，不知何時才中斷它的運行（明明如月，何時可掇）。深深的是我心中的憂思，也許永遠都沒有止境（憂從中來，不可斷絕）！來吧朋友！越過那田間小道，別管它阡陌縱橫。有勞你枉駕前來，讓我們久別重逢（越陌度阡，枉用相存）。把酒臨風，握手談心，重溫那往日的友情（契闊談宴，心念舊恩）。這不是很感人嗎？

值得注意的是這首詩的開頭：「對酒當歌，人生幾何。譬如朝露，去日苦多。」他的另一首詩《龜雖壽》則說：「神龜雖壽，猶有竟時。騰龍乘霧，終成土灰。」這就是對宇宙人生的一種哲學思考了。當然，曹操是站在他政治家的立場上來思考的。因此他的結論是「老驥伏櫪，志在千里。烈士暮年，壯心不已」；是「山不厭高，水不厭深，周公吐哺，天下歸心」。也就是說，應該抓緊這不多的時光，在短暫的人生中做出轟轟烈烈的事業，實現自己的政治抱負。但這樣一種政治抱負，由於有對宇宙人生的哲學思考為背景，有着「讓有限的生命變成永恆」的意思，就比陳勝的「王侯將相寧有種乎」和劉邦的「大丈夫當如此也」更有格調和品味，也更大氣，而且大氣之外還有深沉。

曹操是很深沉的，郭嘉就說他是「外易簡而內機明」。曹操的深沉，還表現在他識人之準，用心之深。曹操是很有心計的。表面上，他可以和你握手言歡，可以和你嘻嘻哈哈，但他無時無刻不在觀察你，而且入骨三分。袁術那麼氣焰囂張，袁紹那麼不可一世，曹操都不放在眼裏，但對於那個先前賣草鞋、此刻又寄人籬下的劉備，卻另眼相看。儘管劉備在他手下時一再韜光養晦，裝聾作啞，曹操還是一眼看穿：「今天下英雄，唯使君與操耳！」嚇得劉備當場就掉了筷子。

這又是一件奇怪的事。怪在哪裏呢？怪在如果劉備是英雄，曹操就不該把這話當面說出來。如果劉備不是英雄，那又說它幹什麼？更奇怪的是，既然曹操已經認識到，和自己爭天下的就是劉備，為什麼又要把他放走？劉備究竟是不是英雄？曹操又到底說了那句話沒有？

【第二篇】

孫劉聯盟

【第十三回】

青梅煮酒

在三國時代眾多的英雄人物中，劉備一直是一個謎。這個謎，就像他的字一樣，玄之又玄。劉備出道的時候，一無所有，一文不名，只能東奔西走地寄人籬下，反復無常地投靠他人。然而他所到之處，總能受到尊重和款待，曹操甚至認為只有自己和劉備才是真正的英雄。那麼，曹操說了這句話嗎？他為什麼要這樣說？劉備是英雄嗎？他為什麼是英雄？

放走劉備，是曹操一生中最大的錯誤，因為曹操已經一眼看出劉備是當時真正的英雄。曹操甚至說了「今天下英雄，唯使君與操耳！」這句話是載入史冊的。《三國志·先主傳》說：「先主未出時，獻帝舅（岳父）車騎將軍董承辭受帝衣帶中密詔，當誅曹公。先主未發。是時曹公從容謂先主曰：『今天下英雄，唯使君與操耳！本初之徒，不足數也。』先主方食，失匕箸。遂與承及長水校尉种輯、將軍吳子蘭、王子服等同謀。會見使，未發。事覺，承等皆伏誅。」這是原文。而在「先主方食，失匕箸」後面，裴松之註引《華陽國志》補充說：「於時正當雷震，備因謂操曰：聖人云『迅雷風烈必變』，良有以也。一震之威，乃可至於此也！」《三國演義》當中那個著名的故事「青梅煮酒論英雄」，就是根據這個記載改編的。

平心而論，《三國演義》這半回篇幅的故事，從文學的角度看很精彩，從歷史的角度看也算真實，因為故事情節和人物對話大體上都有出處和來歷。比如「衣帶詔」事件，就既見於《三國志》，也見於《後漢書》；劉備種菜一事，見於裴松之註引胡沖《吳曆》，而且言之鑿鑿，種的是大頭菜一類的東西（蕪菁）；「望梅止渴」的故事，則見於《世說新語·假譎》，這個成語也典出於此。至於曹操評點當時人物的那些話，也都可以說是他的真實看法。靠不住的只有一處，搞錯了的也只有一點。

搞錯了的一點，是陳邇冬先生發現的。《三國演義》說，曹操要劉備說說誰是當今英雄，劉備第一個就提到了袁術，曹操笑着說：「塚中枯骨，吾早晚必擒之。」其實「塚中枯骨」這個說法不是曹操的，是孔融的。他說的也不是袁術，而是袁術的先人。據《三國志·先主傳》，漢獻帝興平元年（公元一九四年），徐州牧陶謙因病去世，陳登等人要劉備來代理，劉備不敢貿然接手，說袁術近在咫尺，四世五公，海內所歸，你們何不把徐州送給他？這時北海相孔融就說話了。孔融說：「袁公路豈憂國忘家者耶？塚中枯骨，何足介意！」也就是說，你不必擔心，老袁家那「四世五公」早就在墳墓裏了，怕他做甚！劉備這才代理了徐州牧。《三國演義》移花接木，把袁術本人說成「塚中枯骨」，是不確的。如果袁術已是「塚中枯骨」，又何必說「吾早晚必擒之」？

靠不住的一處，是劉備和董承他們的「立券書名」。按照《三國演義》的說法，董承受獻帝密詔，聯合劉備等人反曹，是結了盟，立了誓，簽了字，畫了押的。那份「衣帶詔」和那份簽字畫押的「義狀」，最後也都是被曹操搜了出來的，可謂「鐵證如山」。所以毛宗崗父子認為，董承的失敗，在於事不機密。毛批說：「君不密則失臣，臣不密則失身。事欲其秘，何必歃血會飲？跡恐其露，何必立券書名？」是啊，何必呢？因此，依我看，沒頭腦的恐怕不是董承，而是羅貫中。羅貫中也不一定就沒頭腦，只不過寫小說要好看而已。

指出了這一點的，也是陳邇冬先生。陳先生的《閒話三分》說，如果劉備、董承他們「立券書名」是實，而且曹操征劉備就因「衣帶詔」一案而起，那麼，曹操在俘虜了劉備的老婆、孩子和關羽以後，就不會那麼客氣了，也不會由着關羽帶着嫂子和姪子一走了之了。因此陳先生認為，就連這個「衣帶詔」，是不是董承或董承父女偽造，也很難說。呂思勉先生的《三國史話》則說：「董承本來是牛輔的餘孽，哪裏是什麼公忠體國的人？」「就是要除曹操，如何會討託董承呢？這話怕靠不住罷？」

第二靠不住，當然很難說的，因為整個事情的真實性都很可疑。按照《三國志》的說法，董承受獻帝密詔謀殺曹操，劉備原本是沒有參與的（先主未發）。碰巧這時曹操說了「今天下英雄，唯使君與操耳！」這句話，劉備就參與了（遂與承及長水校尉种輯、將軍吳子蘭、王子服等同謀），又碰巧被曹操派遣東征袁術（會見使），這才沒有捲入此案（未發）。這麼多的「碰巧」，不可疑嗎？

可能就連羅貫中也覺得說不通，就把事情的因果關係調整了一下。按照《三國演義》的說法，劉備是參與了董承密謀的，而且簽署了盟書。但劉備認為這不是可以一蹴而就的事情，必須嚴格保密（切宜緩緩施行，不可輕洩），自己則「就下處後園種菜，親自澆灌，以為韜晦之計」。沒想到曹操卻請他青梅煮酒論英雄，還莫名其妙地冒出一句讓劉備當場就嚇得掉了筷子的話。正好這時需要有人帶兵攔截袁術，劉備想：「我不就此時尋個脫身之計，更待何時？」便主動請纓，趁機開溜。劉備對關羽和張飛講：「吾乃籠中鳥，網中魚，此一行如魚入大海，鳥上青宵，不受籠網之羈絆。」

這樣說，邏輯上是通了，但劉備的人品卻變得可疑。你不是和董承歃血會盟，立券書名，賭咒發誓要消滅曹賊保衛皇上嗎？怎麼才見了根井繩，就像見了蛇一樣溜之大吉了呢？到底是萬歲爺的安危重要，還是你劉備的性命重要？你劉備不是拯救天下的大英雄嗎？你應該奮不顧身挺身而出呀！至少，也應該留在許都觀望一陣，看看還有沒有機會，怎麼能只顧自己逃命，置皇帝和董承等人的死活於不顧呢？

這個問題，暗中維護劉備的陳壽大約也想到了，因此他用了一個曲筆：「會見使」。會，就是碰巧。碰巧曹操派劉備東征袁術，劉備只好離開許都。也就是說，劉備出京，不是貪生怕死，也不是背信棄義，而是身不由己。

顯然，這裏有一個關鍵問題，那就是歷史上的劉備東征袁術，究竟是曹操選派的，還是他主動要求的？恐怕是劉備主動請纓，曹操批准的，證據則在《三國志．董昭傳》和《三國志．程昱傳》。據此兩傳，曹操派遣劉備到徐州截擊袁術後，董昭曾經前去勸阻，說「備勇而志大，關羽、張飛為之羽翼，恐備之心未可得論也」。曹操的回答是「吾已許之矣」。程昱也和郭嘉一起去找曹操，說：「公前日不圖備，昱等誠不及也。今借之以兵，必有異心。」曹操的反應是「悔，追之不及」。也就是說，劉備是主動要求到徐州去截擊袁術的，而且還向曹操借了兵。這事曹操開始時並沒有太在意。董昭去說的時候，曹操還說「我已經答應他了，不好反悔」（「許之」二字正好證明是劉備主動請纓）。直到程昱和郭嘉指出，借兵就是劉備有異心的表現，曹操才恍然大悟，但已追悔莫及。果然，劉備到了徐州以後，便殺了駐守徐州的車冑，公開反叛曹操。曹操做了一筆大大的賠本生意。

由此我們可以得出結論：劉備是主動出走的。出走的根本原因，則在於劉備是英雄。既然是英雄，就必定不會心甘情願地寄人籬下，遲早要另立山頭。直接的原因，則是曹操說了那句話，道破了天機，戳穿了劉備的心思，因此非走不可，而且一去永不回。

但這樣一來，便又有了一個問題，那就是曹操為什麼會犯這樣的錯誤？曹操不是認準了天下的英雄只有他和劉備兩個嗎？既然如此，那就應該把劉備殺了，至少也應該扣在自己身邊，怎麼能放虎歸山，還借給他軍隊，讓他如虎添翼呢？以曹操之聰明，或者說奸詐，怎麼會做這種糊塗事？因此我說，整個事情的真實性都很可疑。所謂可疑，就是說，要麼曹操沒說那話，要麼劉備不是英雄。

那麼，事情的真相是什麼？

我的看法，第一，劉備是英雄。第二，曹操說了那句話。

先說第一點：劉備是英雄。說劉備是英雄，許多人可能難以接受。因為在一般人心目中，劉備是很窩囊的。他的本事，一是會跑，二是會哭。這是《三國演義》給我們的印象。其實這是誤解。首先，劉備並非只會跑，只會哭，他還會別的。其次，在那個時代，會跑會哭也不丟人，並不能證明這人就窩囊，就不是英雄。劉備會跑，曹操就不會跑？曹操狼狽逃竄的記錄也不在少數。劉備會哭，曹操就不會哭？曹操號啕大哭的故事也史不絕書。怎麼就沒有人說曹操窩囊？可見不能這樣簡單的看問題。跑，要看為什麼跑。打得贏就打，打不贏就跑，就跑得有道理。哭，也要看為什麼哭。為朋友的情誼而哭，就哭得不丟人。劉備的跑和哭，就多半是這種情況。

當然，相對曹操而言，劉備要跑得多一點，哭得多一點，因為他更弱小。劉備出道的時候，除了兩個忠心耿耿的兄弟——關羽和張飛，可以說是一無所有，一文不名。他沒有自己的軍隊，或者說雖然有，也很可憐。劉備初起兵的時候，也是靠財團資助。中山王國（在今河北省定縣）的兩個大商人張世平和蘇雙「多與之金財」，讓他招兵買馬。但劉備參加討伐黃巾的戰爭，最後也只得了個「安喜尉」的官職。安喜尉就是安喜縣（故治在今河北省定縣東）的縣尉，是個副縣級的公安局局長，可見人馬不多。所以劉備經常要向別人借兵。他那兩員大將關羽和張飛也等於是光杆司令，只能自己去逞匹夫之勇。

劉備也沒有自己的根據地，好不容易有那麼一兩塊地盤很快又會失去，只能東奔西走地寄人籬下，反復無常地投靠他人，五易其主，四失妻子。從初出江湖到赤壁之戰，劉備可謂半生顛沛流離。《三國演義》講，有一次，劉備曾在酒後悲憤地說：「備若有基本，天下碌碌之輩，誠不足慮也。」這話雖然是演義，卻也在理，可以看作他的心裏話。

劉備還沒有什麼像樣的戰功。什麼「溫酒斬華雄」，什麼「三英戰呂布」，都是羅貫中幫他打的。實際上，赤壁之戰前，劉備在戰場上每每是落荒而逃，「先主敗績」的記錄屢見不鮮。《三國志・先主傳》裴松之註引《魏書》說，建安五年（公元二〇〇年）曹操征討他的時候，他認為曹操正在和袁紹作戰，不會來打他。等到他親眼看見曹操的旗幟，便嚇得掉頭就跑，完全不顧部下死活（見麾旌，便棄眾而走），哪裏像個英雄？當然，劉備也不是一次勝仗都沒打過，史書上也有「數有戰功」的記錄，但那都是些小仗。事實上，諸侯混戰的時候，沒有一個軍閥是被他消滅的，劉備的戰功實在乏善可陳。

這樣的人當然也不會有多大的名氣，袁術就曾經極為不屑地說：「術生年以來，不聞天下有劉備。」這話是袁術對呂布說的，見於《三國志・呂布傳》裴松之註引《英雄記》和《後漢書・呂布傳》。還有一件事情也能說明問題。據《後漢書．孔融傳》，孔融任北海相的時候，被黃巾軍包圍，無可奈何，派太史慈向當時官任平原相的劉備求援。劉備驚訝地說：「孔北海乃復知天下有劉備耶？」馬上派出三千救兵。這段話在《三國志．太史慈傳》裏，是「備斂容答曰：孔北海知世間有劉備邪？」《三國演義》也這麼說。但我以為，《後漢書》的「驚曰」比《三國志》的「斂容答曰」要準確，而且「驚」的背後是「喜」，即「驚喜」。這說明什麼呢？說明當時劉備確實沒有名，又很希望有名。

然而就是這樣一個要啥沒啥的劉某人，一個到處求人的劉玄德，所到之處卻備受歡迎和款待。劉備被呂布打敗，投靠曹操，曹操讓他做豫州牧，表他為左將軍，「出則同輿，坐則同席」。劉備被曹操打敗，投靠袁紹，袁紹出城二百里相迎，父子「傾心敬重」。袁紹和曹操是當時最牛的人，尚且如此，何況他人？不把劉備放在眼裏的，只有一個袁術。

那麼，劉備為什麼會受此待遇呢？

解釋只有一個，就是袁紹、曹操，還有陶謙他們，都認為劉備是英雄。

那麼，劉備是英雄嗎？是。首先，劉備有英雄之志。《三國志．陳登傳》說，劉備在荊州的時候，曾經和劉表一起討論天下英雄，說到陳登。一個名叫許汜的人說，陳元龍（陳登字元龍）架子大，不講禮貌。鄙人到下邳見元龍，元龍半天不和鄙人說話，然後自己去睡大床，讓我睡小床。劉備說，足下素有國士之名，可惜並無國士之實。現在天下大亂，帝王失所，大家都希望足下「憂國忘家，有救世之意」。然而足下怎麼樣呢？「求田問舍，言無可采」，這正是元龍所不齒的，他為什麼要和足下說話？這也就是碰上元龍了，還算客氣。如果是小人我，恨不得自己睡在百尺高樓，讓足下睡在地上，還說什麼大床小床！這就是辛棄疾詞「求田問舍，怕應羞見，劉郎才氣」的出典。

從上面這個例子我們可以看出，劉備不但有英雄之志，而且有英雄之氣。《三國演義》讀多了，總認為劉備是個忍氣吞聲的窩囊廢，其實不然。實際上，劉備也是個豪氣沖天的性情中人，也有怒髮衝冠拍案而起的時候。比方說那個「督郵」，就是劉備打的，不是張飛打的。當然，由於勢力小處境差，常常要投靠他人，劉備不可能像曹操那樣「笑傲江湖」。同樣，由於性格的原因，或者鬥爭的需要，劉備沉默寡言（少語言），不動聲色（喜怒不形於色），不像曹操那樣高談闊論，眉飛色舞，肆無忌憚地表現出英雄本色。但這不等於說劉備就不是英雄。在他那沉默寡言不動聲色甚至忍氣吞聲的背後，仍然蕩漾着一股英雄氣。這種英雄氣不是表面上的，而是骨子裏的。

劉備有英雄之氣，是因為他有英雄之魂。這個「魂」，表現為他的堅忍不拔。前面說過，劉備起兵以來，一直不順，可以說是人不窩囊事窩囊，幾乎沒過過一天舒心的日子。但我們何曾見過他垂頭喪氣？只見他屢敗屢戰。他先是參加討伐黃巾軍的戰爭，當了個副縣級的公安局長安喜尉，結果被自己一頓鞭子打沒了。後來因為和黃巾軍打仗「力戰有功」，好不容易熬到一個正縣級的高唐令（其間丟官一次），又被黃巾軍打敗，只好去投靠公孫瓚。碰巧陶謙病故，託他代理徐州，卻又被呂布驅逐，只好去投靠曹操。以後，又投靠過袁紹和劉表。可以說，赤壁之戰前，劉備一直寄人籬下，而且頻繁地更換投靠對象，不斷地在敵我友之間周旋。換了別人，尤其是那些以英雄自許的人，恐怕早就不耐煩了，甚至早就自殺了。然而劉備卻一直隱忍了下來。他甚至短時間地依附過呂布。《三國志．先主傳》裴松之註引《魏書》說，當時呂布的部下也看出劉備不是什麼省油的燈，便對呂布說，劉備「反復難養，宜早圖之」。可惜呂布不聽，後來果然死在劉備手上。但是，換一個立場，所謂「反復難養」，不正說明劉備有英雄之志和英雄之魂，因此才不會長時間地甘居人下嗎？

劉備有英雄之志，英雄之氣，英雄之魂，也有英雄之義。據《三國志．先主傳》裴松之註引《獻帝春秋》，袁紹對劉備有一個評價：「劉玄德弘雅有信義。」這個評價，應該說是準確的。袁紹到底是袁紹，他也並非總是看不清問題。但這個評價，和前面的說法是矛盾的。一個「反復難養」的人，難道可以說是「弘雅有信義」嗎？其實這要看對誰。對於投靠對象，劉備確實「反復難養」；對於依靠對象，劉備就「弘雅有信義」了。為什麼呢？就因為劉備是一個有英雄之志的人。有英雄之志，就不會甘居人下，也必須不斷地調整策略，尋找機會，因此「反復難養」。同樣，有英雄之志，就必須團結同志，凝聚力量，也就必須「弘雅有信義」。其實，我們只要指出一個事實就夠了：關羽和張飛，可都是當時一等一的人才。而劉備呢？不但一無所有，而且半生坎坷，很長時間幾乎看不到任何希望。然而這兩個人卻一直死心塌地地跟着他，忠貞不渝，至死不悔，關羽甚至還來了個「千里走單騎」。為什麼？就因為劉備「弘雅有信義」。按照《三國志》的說法，劉備和關羽、張飛，是「寢則同床，恩若兄弟」的。關羽和張飛，對劉備則名為事之如兄，實際事之如君。可見維繫三人友誼的，就是英雄之義。只不過我們不知道，這三個人「寢則同床」時，他們的太太在哪裏？

劉備是英雄，關羽和張飛看出來了，後來諸葛亮也看出來了，曹操不會看不出來。因此可以相信，曹操確實說了「今天下英雄，唯使君與操耳！」這句話。也許曹操不該把這話當着劉備的面說出來，因為這等於說「和我爭天下的就是你」。但這可以理解為不夠穩重，也可以理解為火力偵察，或敲山震虎，意思是咱們倆誰也別裝孫子，咱倆誰也不必誰更傻，或誰也不比誰更聰明。果然，劉備再也裝不下去，找個機會就逃之夭夭了。

劉備跑，不難理解；曹操放，就匪夷所思。《三國演義》那個「巧借驚雷來演飾」，曹操不再懷疑的說法是靠不住的。曹操沒有那麼好騙。可能的原因是，曹操這時還不是奸雄。到了晚年，他可是大開殺戒，殺了許多不該殺的人，包括人品一流的崔琰和智慧一流的荀彧。也可能這時曹操還需要做容人狀，不肯沒有正當理由就殺人。據《三國志·武帝紀》，劉備前來投靠曹操時，曹操的謀士程昱曾勸曹操把劉備「處理掉」。程昱說：「觀劉備有雄才而甚得眾心，終不為人下，不如早圖之。」（從程昱的這句話也可以看出劉備確實是英雄）曹操的回答則是「方今收英雄之時也，殺一人而失天下之心，不可」。當然還有一種可能，就是曹操雖然看出劉備有英雄之志，英雄之氣，英雄之魂，英雄之義，卻也很清楚他並沒有用武之地，而一個沒有用武之地的英雄是不能真正算作英雄的，也是用不着過於防範的。因為這樣的人一時半會還成不了氣候，不如等到師出有名的時候再來收拾他。

前兩種可能，似可以解釋曹操為什麼不殺劉備；後一種可能，則似可以解釋曹操為什麼放了劉備。於是，出於一念之差的疏忽，曹操鑄下大錯。說起來，這也是人算不如天算。因為不但曹操，就連劉備自己也沒有想到，就在青梅煮酒的八年之後，有一位偉大的政治家從山林中走出，成為劉備的總參謀長，並幫助劉備建立起自己的獨立王國。劉備鹹魚翻身了，他不但有了根據地，而且地盤越來越大，最後竟然與曹操和孫權形成鼎足之勢。

這個人的名字我們都知道，他就是諸葛亮。

諸葛亮無疑是中國歷史上罕見的傑出政治家。他的出山，使命運的天平開始向劉備傾斜。同樣讓人想不到的是，就在同一年，曹操最重要的謀士之一郭嘉因病不治身亡。這對曹操是沉重的打擊，對於劉備，卻意味着他確實時來運轉了。

那麼，郭嘉的死，就那麼重要嗎？

【第十四回】

天生奇才

由於我們不能確知的原因，曹操出於一念之差放跑了劉備。龍歸大海虎歸山的劉備運氣出奇地好。建安十二年（公元二〇七年），劉備從隆中請出了諸葛亮，而郭嘉則在北征的路上一病不起，英年早逝。這一出一去的結果，是劉備鹹魚翻身，曹操壯志難酬。那麼，郭嘉是一個怎樣的人，他和諸葛亮的異同又在哪裏呢？

建安十二年（公元二〇七年）對於劉備和曹操來說，真是一個重要的年頭。就在這一年九月，曹操最欣賞的謀士郭嘉不幸病故；而也就在這一年，諸葛亮卻來到了劉備身邊。三十八歲的郭嘉去世了，二十六歲的諸葛亮出山了，歷史的軌跡開始拐彎。

為什麼要把郭嘉的死和諸葛亮的出聯繫在一起呢？這二者之間有什麼關係嗎？有。這種聯繫或者關係，當然不是這兩件事發生在同一年。這不過是碰巧。關鍵在於這兩件事對曹、劉雙方的影響。我們知道，鬥爭的勝負，在於力量的對比；而力量的對比的變化，則無非此長彼消和此消彼長。諸葛亮來到了劉備身邊，這是「此長彼消」：劉備長，曹操消。郭嘉不幸去世，則是「此消彼長」：曹操消，劉備長。怎麼算，都是曹操吃了虧。

不過這裏還有一個問題，就是他們兩人的分量和量級。如果分量不夠，這種計算就沒有什麼意義。同樣，如果量級不同，或者差異太大，這種比較也沒有什麼必要。那麼，諸葛亮和郭嘉的分量如何？他們是同一量級的人物嗎？或者說，他們有相似之處嗎？

有。郭嘉和諸葛亮確有驚人的相似之處。第一，他們都是少年天才，出山時都只有二十六七歲（郭嘉二十七，諸葛亮二十六），但思想和謀略卻都已經相當成熟。第二，他們都「審於量主」。在大家都認為袁紹是績優股時，郭嘉卻看出那是垃圾股；而在大家都以為劉備是垃圾股時，諸葛亮卻把他看作績優股。第三，他們都「謀功為高」。郭嘉幫助曹操統一了北部中國，諸葛亮幫助劉備實現了三國鼎立。可以說，他們一個是天生奇士，一個是曠世良才。當然，他們的忠心耿耿，兢兢業業，鞠躬盡瘁，死而後已，也是一樣的。他們和曹操、劉備的關係，也都至少在表面上做到了「如魚得水」，甚至確有一份情誼。

郭嘉去世後，曹操悲痛萬分。據《三國志・郭嘉傳》及該傳裴松之註，曹操給朝廷上表，給荀彧寫信，和其他人談話，多次追憶郭嘉，每每痛哭流涕，聲淚俱下。他說：奉孝年不滿四十（實為三十八歲），和我在一起的時間就有十一年。那些艱難困苦的日子，全都是他和我一起硬挺過來的。那都是千鈞一髮的艱險呀！我自己都拿不定主意，全靠他當機立斷鼎力玉成。奉孝其實是知道危險的。他身體不好，南方又多瘟疫，因此常說要是到了南方，只怕就不能活着回來了。可是和我討論天下大計，卻說是要先定荊州。這是拚了命來為我立功呀！這樣一份情義，如何叫人忘得了！如今，我雖然為他請了功，討了封，可這對一個死了的人來說，又有什麼用，有什麼用啊！天下相知的人是這樣少，好容易有了一個又棄我而去。蒼天哪，你叫我怎麼辦，怎麼辦呀！

根據曹操的這些說法，我們不難看出，曹操和郭嘉的關係非同一般，可謂既同甘共苦（阻險艱難，皆共罹之）又心心相印（唯奉孝為能知孤意）。郭嘉也確實是難得的人才，可謂既忠心耿耿（事人心乃爾，何得使人忘之）又能謀善斷（平定天下，謀功為高）。這些特徵和這種關係，都很容易讓我們馬上就聯想到諸葛亮。

事實上，郭嘉和諸葛亮不但作為個人有驚人的相似之處，而且在各自陣營的分量也都一樣。劉備得到諸葛亮以後的說法是：「孤之有孔明，猶魚之有水也。」曹操得到郭嘉以後的說法則是：「使孤成大業者，必此人也。」劉備臨終前，是託孤於諸葛亮的；而曹操對郭嘉，也曾「欲以後事屬之」。只不過因為郭嘉英年早逝，我們沒能看到那一天。也由於同樣的原因，郭嘉這顆將星不像諸葛亮那樣璀璨明亮。諸葛亮從二十六歲出山，到五十四歲病故，為劉備集團服務了二十八年，而且還有十一年時間是大權獨攬；郭嘉為曹操集團服務卻一共只有十一年，而且職務不過軍師祭酒（參謀）。兩人施展才華的條件，真不可同日而語。

然而，儘管只有短短十一年，郭嘉卻留下了輝煌的業績。郭嘉在曹操軍中時，曹操可謂凱歌高唱捷報頻傳，成功地統一了北方。郭嘉一去世，曹操的軍事成就便顯得乏善可陳。用周澤雄先生的話說，也就對付了馬騰、韓遂幾個「草寇型軍閥」。對付孫權、劉備這兩大「梟雄」，就有點力不從心，在赤壁差一點就被燒得焦頭爛額。當然，劉備反敗為勝，並不僅僅因為有了諸葛亮；曹操事業受阻，也並非僅僅因為沒了郭嘉。我們不可以過分誇大個人的作用。但郭嘉的去世，對於曹操確實是重大損失。因此，曹操敗退赤壁時，曾仰天長歎，突然冒出這麼一句話：「郭奉孝在，不使孤至此！」

這句話到了《三國演義》那裏，就變成了這樣一個場面：曹操華容道脫身回到南郡，曹仁設宴壓驚，眾謀士也都在座，曹操忽然仰天大慟。眾謀士說，丞相遇難時全無懼怯，現在安全回到城中，人已得食，馬已得料，可以重整軍隊報仇雪恨，怎麼反倒痛哭？曹操說：「吾哭郭奉孝耳！若奉孝在，決不使吾有此大失也！」接着便捶胸大哭說：「哀哉奉孝！痛哉奉孝！惜哉奉孝！」於是「眾謀士皆默然自慚」。

曹操的這一聲歎息或者說捶胸大哭被毛宗崗父子批得狗血噴頭，而且把這一哭和宛城之戰哭典韋聯繫起來了。戰宛城的故事，我們在《鬼使神差》一回中講過，就是建安二年（公元一九七年）正月，由於曹操自己的失誤，剛剛投降十幾天的張繡，採用謀士賈詡的計謀突然反叛。猝不及防的曹操靠着典韋奮不顧身拚力死戰才逃得性命，長子曹昂、姪子曹安民和愛將典韋卻均在戰鬥中身亡。事後，曹操設祭，祭奠典韋，痛哭流涕。在《三國演義》第十六回，曹操是這樣哭的：「吾折長子、愛姪，俱無深痛，獨號泣典韋也！」於是他身邊的那些將士都十分感動（眾皆感歎）。

這真可謂「曹操版」的「劉備摔孩子」了。劉備摔孩子的故事大家都很熟悉，就是趙雲在長阪坡救回阿斗後，劉備把那孩子往地上一扔，說「為汝這孺子，幾損我一員大將」，驚得趙雲撲翻在地，哭着說非肝腦塗地不可。你看，曹操是不哭愛子哭愛將，劉備是不疼愛子疼愛將，結果都讓將士們感激涕零，真是異曲同工。

同樣，哭典韋和哭郭嘉也有得一比。毛批說，曹操以前哭典韋，後來哭郭嘉。哭典韋之哭，是為了感動眾將士；哭郭嘉之哭，是為了羞愧眾謀士。「前之哭勝似賞，後之哭勝似打」，真想不到奸雄的眼淚，居然「既可作錢帛用，又可作挺仗用」。於是毛宗崗父子冷笑一聲說：「奸雄之奸，真是奸得可笑。」

這個批語當然很精彩，只可惜曹操哭典韋的話，哭郭嘉的場面，和「劉備摔孩子」一樣，都是小說家言。沒錯，為典韋治喪時，曹操確實親臨哭祭，但沒有說過「吾折長子、愛姪，俱無深痛」的話。曹操也確實說過「郭奉孝在，不使孤至此」的話，但並沒有捶胸大哭，我們也不知道他是在什麼場合說的，有沒有眾謀士在座就更不知道。那個場面是羅貫中的演義，靠不住的。也就是說，毛宗崗父子批的是小說中的曹操，不是歷史上的曹操。

歷史上的曹操並不可笑。他的歎息，也未必是為了「愧眾謀士」。事實上，曹操赤壁失利，有多方面的原因，主要責任並不在謀士。何況曹操的謀士也並不無能。比如孫劉的聯盟，就早已有人料定，這個人就是程昱。曹操在奪取荊州以後繼續順江東下，也有人反對，這個人就是賈詡。可惜「太祖不從，軍遂無利」。可見，曹操的謀士是盡責的，也是稱職的，他怎麼會藉口懷念郭嘉來「愧眾謀士」？

那麼，曹操又為什麼要歎息呢？實際上曹操是在歎自己命苦，過早失去了郭嘉。《三國志．郭嘉傳》說：「太祖征荊州還，於巴丘遇疾疫，燒船，歎曰：『郭奉孝在，不使孤至此！』」也就是說，如果郭嘉還活着，事情就不會這樣了。

怎麼就不會這樣呢？因為郭嘉是軍事天才。他「深通有算略，達於事情」，總能隨機應變，當機立斷，而且神機妙算，出奇制勝。比方說，曹操三戰呂布，士卒疲倦，準備撤軍。郭嘉力主再戰，而且斷定再戰必勝，結果呂布被擒。曹操征伐袁譚、袁尚，連戰連克，諸將主張再戰，郭嘉主張撤軍，結果袁譚、袁尚兄弟禍起蕭牆，曹操漁翁得利。曹操戰袁紹，有人擔心孫策趁機偷襲許都，郭嘉說來不了；曹操征烏丸，有人擔心劉表趁機偷襲許都，郭嘉說不會來。結果呢？和郭嘉預料的完全一樣。

郭嘉不但料事如神，而且敢於出險招，走鋼絲。比如戰官渡、征烏丸這兩回，別人的擔心不是沒有道理的。按照常理，孫策和劉表肯定要趁火打劫，在曹操的背後插一刀子。偏偏郭嘉就敢斷言不會，也偏偏曹操就敢聽他的，冒此天大的風險。其實官渡之戰這一回，是多少有些僥倖的，這個我們以後再說。但征烏丸那一仗，則確實體現了郭嘉的軍事天才。

烏丸也叫烏桓，是居住在中國北方的少數民族，此前一直倒向袁紹。官渡之戰後，袁紹病死，袁譚和高幹被殺。袁尚和袁熙被曹操打敗，在建安十年（公元二〇五年）逃入烏丸，想借烏丸的力量與曹操抗衡。所以，曹操要消滅袁氏殘餘勢力，統一北部中國，非征伐烏丸不可。但是烏丸並不好打，許多人都不主張打，最後勝得也很險。據《三國志·武帝紀》裴松之註引《曹瞞傳》，當時天寒地凍，荒無人煙，連續行軍二百里不見滴水，軍糧也所剩無幾，曹操「殺馬數千匹以為糧，鑿地入三十餘丈乃得水」。因此回到鄴城後，曹操下令徹查並重賞當初勸諫他不要征討烏桓的人。曹操說，我這場勝利，完全是僥倖。諸君的勸阻，才是萬全之策。可見這場戰爭實在是驚險得很。

事實上，當時反對征伐烏丸的人很多。據《三國志·武帝紀》，反對的理由主要有兩個。第一，他們認為，袁尚不過是一個狼狽逃竄的「亡虜」。烏丸是「夷狄」，「貪而無親」，哪裏會幫助袁尚？因此用不着打。第二，他們認為，烏丸地處偏遠，我軍一旦遠征，劉備一定鼓動劉表趁機偷襲許都，「萬一為變，事不可悔」，因此打不得。

然而郭嘉卻認為可以打、應該打、打得贏，因此力主此戰。據《三國志·郭嘉傳》，郭嘉認為，第一，烏丸是很遠，但正因為離得遠，他們必定「恃其遠」而「不設備」。如果我們出其不意，突然襲擊，一定能打他個措手不及，因此「可破滅也」。第二，袁紹家族的影響不可小看，三郡烏丸的實力也不可低估。一旦他們聯合起來，「招死主之臣」，「成覬覦之計」，只怕青州和冀州就不再是我們的了。至於劉表——這是第三點，不過是個誇誇其談的傢伙（坐談客耳）。他很清楚自己的才能比不上劉備，因此對劉備是有防範的，也不知道該怎麼對待劉備：委以重任吧，怕自己控制不了；不予重任吧，劉備肯定不會真心實意地幫助他。所以，儘管我們「虛國遠征」，卻不必顧慮後院失火。曹公你就放心吧！

事情果然如郭嘉之所預料。據《三國志．先主傳》及裴松之註引《漢晉春秋》，建安十二年（公元二〇七年），曹操出征烏丸，劉備勸劉表偷襲許都，劉表不幹（先主說表襲許，表不能用）。等到曹操從烏丸王踏頓大本營柳城（今遼寧省朝陽市附近）班師時，劉表才後悔，說不聽劉備的話，失去了一個大好機會。劉備只好安慰他說，現在天下大亂，戰事頻仍，恨不得天天都要打仗（日尋干戈），機會嘛那還多得很。如果今後能夠迅速反應（應之於後者），這一次也不算遺憾（此未足為恨也）。其實劉表哪裏還有機會？曹操平定三郡烏丸以後，很快就把鬥爭的矛頭指向了他；而他自己還沒有來得及和曹操交鋒，就見上帝去了。

曹操接受郭嘉的建議，不理會劉表，率軍北上，五月的時候到達了易縣（今河北省雄縣西北）。這時，郭嘉對曹操說，兵貴神速。現在我們千里奔襲，輜重多、速度慢，難以迅速取得勝利。一旦走露風聲，對方必有準備。不如留下輜重，日夜兼程，打他個措手不及。曹操然其計，率輕兵來到無終（今天津薊縣），然後在當地名士田疇的導引下，抄小路經徐無（今河北省玉田北）、盧龍塞（今河北省喜峰口）、白檀（今河北省寬城）、平崗（今河北省平泉），登上了距離柳城只有二百多里的白狼堆（今遼寧省布佑圖山）。這時烏丸王踏頓才知道曹軍來了，倉促應戰，結果兵敗被殺。袁尚和袁熙也只好遠走遼東，投奔公孫康。

看來郭嘉確實料事如神。所以，《三國演義》便把這場戰爭最後的勝利也歸功於他。這個故事我們前面講過，就是破烏丸後，曹操按兵不動，並不急於去消滅投奔公孫康的袁尚和袁熙，而是等着公孫康把這兩個人的人頭送來，公孫康也果然這麼做了。這原本是曹操自己的決策，《三國演義》卻說是郭嘉的「錦囊妙計」，謂之「郭嘉遺計定遼東」。《三國演義》這麼講，固然是不想讓曹操太風光，但同時恐怕也因為郭嘉實在謀略過人。

事實上，羅貫中的移花接木也不是一點譜都沒有，郭嘉確實出過類似的主意。據《三國志·郭嘉傳》，袁紹死後，袁尚和袁譚也被曹操打得落花流水。當時諸將都主張一鼓作氣滅了那兩個，郭嘉卻說不必，不如等着這兄弟倆自己打起來。郭嘉的分析是：袁尚和袁譚因為爭當接班人原本不和，他們兩個又各有各的謀士，因此勢必禍起蕭牆。如果我們逼急了，他們就會相濡以沫；我們不管他，他們就會鷸蚌相爭。所以，我們應該做出南征劉表的態勢，等待他們的事變，「變成而後擊之，可一舉定也」。果然，曹操的軍隊才開到西平（今河南省西平縣西），袁尚和袁譚就因為爭奪冀州大打出手，曹操也就坐收漁利。

現在，我們已經不難看出郭嘉為什麼能料事如神了。原因很簡單，那就是他把人琢磨透了。他看透了袁紹，看透了呂布，看透了孫策，看透了劉表，也看透了袁尚和袁譚，這才敢迭出險招。也難怪曹操說郭嘉「見時事兵事，過絕於人」了。其實時事也好，兵事也好，說穿了都是人事。只有精於人事，才能明於時事和兵事啊！

郭嘉確實太會看人了。他不但看透了敵人，也看清了主人。曹操的表文說：「每有大議，臨敵制變。臣策未決，嘉輒成之。」可見郭嘉在做出判斷時，每每想到了曹操的前面，而且常常幫助曹操下了決心。但這顯然要有一個前提，就是曹操的為人能夠讓郭嘉放心地去出謀劃策，出險招，出奇招。如果像袁紹那樣優柔寡斷又剛愎自用，志大才疏又嫉賢妒能，郭嘉的聰明才智就不會有用武之地。可見，郭嘉的成功，也是曹操的成功。這樣的成功在歷史上是很罕見的。不難想像，赤壁之戰時，郭嘉如果在世，他也一定會出奇制勝，讓曹操轉敗為勝，化險為夷。這就是曹操要說「郭奉孝在，不使孤至此」的原因。可惜那時郭嘉已經不在了，否則歷史恐怕得重寫，《三國演義》也得重來，因為郭嘉即便沒有「回天之力」，他和諸葛亮之間，也至少會有一場「智鬥」的戲好看。

這樣一雙慧眼，當然不會看不透劉備。事實上郭嘉和曹操一樣，也看出劉備是英雄，但他的意見卻似乎很矛盾。有人主張殺劉備，郭嘉說殺不得。曹操放走劉備，郭嘉又說放不得。《郭嘉傳》裴松之註引用了這兩種說法。《魏書》的說法是，有人對曹操說：「備有英雄志，今不早圖，後必為患」。曹操問計於郭嘉，郭嘉說，有道理，但是，明公提寶劍而興義兵，為的是除暴安良，靠的是推誠置信。即便這樣，也還怕招不來天下英雄。現在劉備這個英雄走投無路，來投靠明公，明公卻把他殺了。那麼，還有誰會願意追隨明公平定天下呢？以一人之患，絕四海之望，這可得想清楚了。《傅子》的說法則是，郭嘉主動去找曹操，說：「備終不為人下，其謀未可測也。古人有言，一日縱敵，數世之患。宜早為之所。」但當時曹操「奉天子以號令天下，方招懷英雄以明大信」，就沒有聽郭嘉的。等到劉備公開背叛曹操時，曹操便「恨不用嘉之言」。

對此，裴松之評論說：「《魏書》所云，與《傅子》正反也。」但我認為兩書其實並不相反。所謂「宜早為之所」，只不過是要早作安排，未必就是要殺了劉備。在這個問題上，我同意周澤雄先生的觀點。周澤雄認為，郭嘉的意見，是既不能殺，也不能放。怎麼辦？軟禁。但不知由於什麼原因，這一回曹操沒弄懂郭嘉的意思。也許這件事實在太敏感，郭嘉也不能說得太明白吧！畢竟，曹操也好，郭嘉也好，都是人不是神。他們再怎麼看透人性，再怎麼神機妙算，也算不出劉備會時來運轉，更算不出世界上還有一個諸葛亮。

諸葛亮在三國這段歷史上，無疑是一個舉足輕重的人物。然而在建安十二年（公元二〇七年）以前，我們卻一直看不到他的身影，聽不見他的聲音。這不能完全歸結於他的年輕。那個時代，少年英雄還少嗎？何況諸葛亮出山的時候，已經非常成熟。這當然也不能歸結為他不想出山。要知道一個「每自比管仲、樂毅」的人，是不會甘心「苟全性命於亂世，不求聞達於諸侯」的。顯然，諸葛亮是在觀望和等待。說得再明白一點，就是在觀望時局，等待劉備的召喚。那麼，在當時眾多的英雄豪傑當中，諸葛亮為什麼就一眼看中了劉備呢？他那雙明察秋毫的眼睛，在劉備身上又看見了什麼呢？

【第十五回】

慧眼所見

正如劉備是一個謎，諸葛亮也是一個謎。他似乎是上帝專為劉備準備的人才，他也似乎一直就在等待劉備的召喚。那麼，諸葛亮究竟是一個什麼樣的人，他為什麼對劉備情有獨鍾，他在劉備身上又究竟看到了什麼？

要回答這個問題，必須先看看青年時代的諸葛亮是一個什麼樣的人。

諸葛亮是一個少年英才，而且是一個帥哥。陳壽的《上〈諸葛亮集〉表》說他「少有逸群之才，英霸之氣，身長八尺，容貌甚偉，時人異焉」。他的身世，史書上的記載不是很多。我們只知道他是一個孤兒，由從父（即叔父）諸葛玄撫養成人。諸葛玄和劉表有舊，諸葛亮也就跟着到了荊州。諸葛玄去世後，諸葛亮便「躬耕壟畝」於隆中。隆中這個地方，一直有襄陽、南陽之爭。據說清代有個名叫顧嘉衡的，是襄陽人，卻被派到南陽做知府。於是南陽人就讓這個身為南陽知府的襄陽人表態，說清楚隆中到底在襄陽還是在南陽。顧大人兩邊都不能得罪，沒有辦法，只好撰得一聯云：「心在朝廷，原無論先主後主；名高天下，何必辨襄陽南陽」，算是擺平了這場「官司」。其實隆中地理位置在襄陽城外二十里，行政區域卻屬於南陽郡的鄧縣，所以說襄陽、南陽都對。何況當時襄陽、南陽都屬於荊州，也原本就沒有問題。

諸葛亮到了隆中以後，過着一邊勞動一邊讀書的耕讀生活。用他自己在《出師表》中的話說，就是「臣本布衣，躬耕於南陽，苟全性命於亂世，不求聞達於諸侯」。這裏面，「苟全性命」、「不求聞達」云云，恐怕只能看作套話；「躬耕於南陽」則大約是實，但未必是自食其力，要靠種田來維持生計，不過參加一些農業勞動而已。這在當時，甚至也是一種「雅事」，不能視為身份。比如嵇康，是喜歡打鐵的，難道就是鐵匠？諸葛亮也肯定種過地，卻未必就是農民。當然，諸葛亮是把耕耘壟畝看作閒來雅興，還是謀生手段，我們已無法斷定，但相信不管哪一種情況，他的勞作一定很認真。諸葛亮是一個兢兢業業一絲不苟的人。直到他位居丞相，仍然事必躬親，親力親為，說不定就是他「躬耕於南陽」時養成的習慣。

諸葛亮讀書卻很馬虎。《三國志・諸葛亮傳》裴松之註引《魏略》說，他的朋友如石韜等人都「務於精熟」，唯獨他自己「觀其大略」而已。這其實是會讀書。實際上，一個人如果不做學問，像陶淵明那樣「好讀書，不求甚解」就是對的。所謂「不求甚解」，其實就是不鑽牛角尖，而所謂「觀其大略」，其實就是善於抓住要點。從這一點可以看出，諸葛亮是一個大氣的人。一個大氣的讀書人，總是會一下子就掌握了書中的思想精髓和智慧所在，不會去尋章摘句咬文嚼字，就像一個大氣的將領和統帥不會計較一城一池的得失一樣。

除了耕作和讀書，諸葛亮還有兩個愛好。一是喜歡「抱膝長嘯」（此為《魏略》所云），二是「好為《梁父吟》」（此為本傳所云）。嘯，大約是一種氣功導引之術；《梁父吟》，則是一種悲涼的葬歌，或者由葬歌發展而來的樂府詩。這兩條記錄加在一起，我們就知道青年時代的諸葛亮，心中充滿了一種慷慨悲涼之氣。這長嘯，這詩歌，應該寄託了他對世事人生的深度關切和悲憫情懷。

這其實就是典型的「士人」了。一個「士」，尤其是一個「國士」，是必須以天下為己任的。當然，光有這志向不行，還得有能力和條件。諸葛亮就既有志向，又有能力和條件。「每自比管仲、樂毅」，就是有志向的證明；他後來治國家，平天下，定乾坤，就是有能力的證明。至於條件，也是有的，而且應該說很好。

首先，諸葛亮有一個好背景。我們知道，諸葛家族並非尋常百姓，其先祖諸葛豐是當過司隸校尉的。司隸校尉位高權重，在西漢位列三公之下、九卿之上，在東漢則與尚書令、御史中丞號為「三獨坐」。諸葛亮的父親諸葛珪當過郡丞，叔叔諸葛玄當過太守，所以諸葛亮也是「幹部子弟」。官場的事情，他應該是知道一些的，官場的關係，也應該是有一些的。

事實上諸葛亮有一個關係網。他的岳母和劉表的後妻是親姐妹，都是蔡諷的女兒，蔡瑁的姐姐。這樣算下來，劉表是諸葛亮妻子的姨父，蔡瑁是諸葛亮妻子的舅舅，諸葛亮本人則是蔡家的外孫女婿。劉表是荊州長官，蔡家是襄陽望族，曹瑁是劉表親信，諸葛亮有這樣的政治資源，難道不是條件甚好嗎？

說來諸葛亮的這門親事也是一段佳話。諸葛亮的岳父叫黃承彥，也是當時的名士。這個人是很看好諸葛亮的，便打算把女兒許配給他。黃承彥對諸葛亮說，我有一個女兒，人長得很醜，但很有才華，你願意娶她嗎？諸葛亮同意，黃承彥立即就用車子把醜女送了過去。這事史家也有不同看法。有人認為黃承彥的說法是謙詞，其實不醜。也有人認為黃承彥這樣說是考驗諸葛亮，看他是重色還是重才。但我認為黃女應該是醜的。第一，有黃承彥自己的說法為證：「身有醜女，黃頭黑色」。如果是謙詞，不會說得這麼具體，何況「才堪相配」一詞也並不謙虛。第二，有別人的反應為證。據記載此事的《襄陽記》說：「時人以為笑樂，鄉里為之諺曰：莫作孔明擇婦，正得阿承醜女」。可見黃女之醜，是眾所周知的。

那麼，諸葛亮為什麼要答應這門親事呢？也有兩種說法。一種認為諸葛亮娶妻重德重才不重貌，高風亮節；另一種則相反，認為諸葛亮看重的，正是黃承彥的社會聲望和社會關係。何況妻子醜一點，並無礙，因為還可以納妾。娶妻娶德，納妾納色，是當時的常規觀念。至於到底是什麼原因，我可不敢唐突古人，還是請讀者明察吧！但有這麼一層關係，諸葛亮如果要在劉表那裏謀個一官半職，應該說是很容易的。

何況諸葛亮還有一個小圈子。這個小圈子裏的人，也都是一時之選。他們也都欣賞諸葛亮，常常幫諸葛亮做宣傳。事實上劉備認識諸葛亮，就是徐庶推薦的。另外如荊州名士司馬徽、龐德公等人，對諸葛亮的評價也很高。「臥龍」的稱號就是司馬徽送給諸葛亮的，龐德公還讓自己的兒子娶諸葛亮的二姐為妻。可見諸葛亮當時雖然隱居草廬高臥隆中，卻是「談笑有鴻儒，來往無白丁」。和他有關係或者有交往的，不是高官，就是名士。他的政治資源和政治條件，比當時不少人要好。比如賈詡，就既沒有家族背景，又沒有關係網絡，還沒有人到處為他做宣傳（少時人莫知），只能隻身一人闖天下、碰運氣，在土匪和軍閥的窩子裏鬼混。最後能在曹操那裏混了個高官厚祿壽終正寢，實在是不容易。

諸葛亮的條件顯然要好得多。他有好背景，有關係網，有小圈子，如果要從政，應該說是很便當的。但在建安十二年以前，他幾乎沒有任何動靜，一副「苟全性命於亂世，不求聞達於諸侯」、決心隱居南陽終老隆中的樣子，這是為什麼？

因為諸葛亮的志向非同一般。《魏略》說，諸葛亮曾經對他的三個朋友——石韜（廣元）、徐庶（元直）、孟建（公威）說，你們從政，官可以做到刺史、郡守。朋友反問，足下呢？只有微笑，沒有回答（亮但笑而不言）。其實答案早就有了——「每自比管仲、樂毅」。管仲是什麼人？名相。樂毅是什麼人？名將。這就再清楚不過，諸葛亮的理想，既不是稱王稱帝坐北朝南，也不是為官一任造福一方，而是輔佐賢明，廓清四海，平治天下，定鼎中原。

顯然，這就必須像郭嘉說的那樣，為自己選一個好老闆，而他可選的人又很多。比如劉表，就近在眼前，而且沾親帶故，曹操和孫權，也都在招兵買馬招賢納士，但諸葛亮對他們似乎都沒有興趣，這又是為什麼呢？

原因也很簡單：劉表太差，曹操太強，孫權的空間又太小。劉表的差，我們以後還要再說，這裏說一點就夠了。當時中原士人到荊州來避難的很多，劉表卻一個都不能用，諸葛亮出山又能如何？曹操那邊，人才濟濟，曹操自己也是強人，諸葛亮當真去了，也未必能如何。據《三國志・諸葛亮傳》裴松之註引《魏略》，孟建投奔曹操時，諸葛亮就說：「中國饒士大夫，遨遊何必故鄉邪！」這話雖然被裴松之認為「未達其心」（裴松之認為諸葛亮不投奔曹操是政治立場原因），但我認為這至少是諸葛亮的想法之一。仍據《魏略》，後來石韜在魏任郡守、典農校尉，徐庶在魏任右中郎將、御史中丞，諸葛亮就歎息說：「魏殊多士邪！何彼二人不見用乎？」可見，見用不見用，總還是要考慮的。

何況對於諸葛亮來說，僅僅「見用」恐怕還不行，還必須「重用」甚至「專用」。據《三國志・諸葛亮傳》裴松之註引《袁子》，赤壁之戰前，諸葛亮出使東吳，說服孫權與劉備聯盟。孫權的首席謀士張昭看出諸葛亮非同尋常，極力向孫權推薦，孫權也想留他，但遭到諸葛亮拒絕。人問其故，諸葛亮說：「孫將軍可謂人主，然觀其度，能賢亮而不能盡亮，吾是以不留。」也就是說，孫權確實是好老闆（可謂人主），但孫權至多能夠做到尊重和器重（賢亮），卻不能讓他盡顯其才（盡亮）。

這事也被裴松之認為不實，理由有兩點。第一，諸葛亮與劉備的君臣際遇，可謂「希世一時」，這樣「其利斷金」的關係，誰能離間得了？第二，諸葛亮終其一生，可謂忠貞不渝，怎麼會見異思遷？裴松之說，關羽被俘後，在曹操那裏也是能夠「盡其用」的，尚且「義不背本」，難道諸葛亮的為人就不如關羽嗎？

裴松之的說法自然有道理。我們甚至還可以加上一條：劉備是諸葛亮再三考慮精心挑選的老闆。既然如此，他就決不會輕易跳槽。因此，即便孫權能夠「盡其量」，諸葛亮也不會背叛劉備投靠孫權。但是，諸葛亮在選擇劉備之前，難道就不能選擇孫權嗎？當然可以。那麼，他為什麼不就近投奔東吳呢？恐怕就因為他早已看出孫權「能賢亮而不能盡亮」。道理也很簡單：江東，是一個歷經孫堅、孫策、孫權三代人苦心經營發展起來的一個利益集團。孫權那邊人才太多，而且關係密切。張昭，是孫策創業時的老臣，孫策曾帶着他「升堂拜母，如比肩之舊」，也就是視為兄長，臨終時又把孫權託付給他（以弟權託昭），而且說了「若仲謀不任事者，君便自取之」的話。周瑜，也是孫策創業時的老臣，而且有連襟之情兄弟之誼。孫權的母親也明確告訴孫權，要他把周瑜當哥哥（我視之如子也，汝其兄事之）。不難想像，任憑諸葛亮能力再強本事再大水平再高，到了東吳，權位也只能在張、周二人之下，甚至不如魯肅，這顯然是諸葛亮所不願意的。

所以，諸葛亮所謂「觀其度，能賢亮而不能盡亮」的「度」，恐怕不是「度量」，而應理解為「空間」。《三國志．魯肅傳》說，當年周瑜勸魯肅投奔孫權時，就曾經引用了東漢名將馬援回答光武帝劉秀的一句話：「當今之世，非但君擇臣，臣亦擇君。」這個觀點，用現在的話說就是「雙向選擇」，和郭嘉所謂「智者審於量主」也是一個意思。郭嘉、周瑜他們要「擇君」，諸葛亮當然也要「擇君」，但諸葛亮的選擇，要求似乎更高一些，那就是這個老闆必須能保證自己最大限度地實現政治抱負和人生理想。

那麼，諸葛亮的政治抱負和人生理想是什麼呢？從他「每自比管仲、樂毅」的說法和後來的《隆中對》可以看出，就是廓清四海，一統九州，從而建不世之偉業，立蓋世之奇功。這個偉業和奇功，可以是齊桓公那樣的「霸業」，也可以是光武帝那樣的「帝業」，但必須是經天緯地的事業。能成就「帝業」固然好，能成就「霸業」也可以。退而再求其次，也得三足鼎立，割據一方，用陳壽的話說，就是「進欲龍驤虎視，包括四海；退欲跨淩邊疆，震盪宇內」。這話所說，雖然是諸葛亮在劉備去世之後的心願，但沒有前因，就沒有後果。總之，他要成為一個實際上的新政權、新國家、新王朝的開國元勳。他選擇的老闆，則必須是能夠使他實現這一抱負和理想的人。

這樣一說，諸葛亮的選擇標準也就很清楚了。第一，這個人必須有建立一個新政權、新國家、新王朝的可能性。他應該有這個志向，也有這個條件。第二，他的這個志向和條件還不明顯，還處於潛在狀態。志向既鮮為人知，甚至自己也還不明確；條件也不成熟，甚至還有欠缺。正因為不明確，有欠缺，才需要有一個諸葛亮。也因為不明確，有欠缺，諸葛亮去了以後，才保證能夠成為可以大顯身手的定鼎之臣。

符合這些條件的，顯然只有劉備。

首先，劉備有帝王之分。他是漢景帝之子中山靖王劉勝的後代。按照《三國演義》的說法，細細地排起來，當時的皇上還要叫他一聲「叔」。雖然這個譜系十分可疑——《三國志》說他是陸城亭侯劉貞之後，《典略》則說他是「臨邑侯枝屬」；雖然劉勝的兒子劉貞也不過是個亭侯，後來還丟了爵位；雖然劉備本人已經淪落到「與母販履織席為業」，毫無鳳子龍孫的待遇；但他這個「皇族」身份，大家似乎還認。這在政治上就佔了便宜。因為儘管後來大家都清楚，漢室已經不再扶得起來，劉備的那個「漢」和劉邦、劉秀的那個「漢」也滿不是一回事，但由劉備取代（或「繼承」）劉協，總比由曹操、孫權這些和皇家八竿子打不着的人來取代，要順理成章一些。另外，劉備七尺五寸（合一米七二點五）的身高，兩耳垂肩、手長過膝（《三國志》的說法是「垂手下膝，顧自見其耳」）的形象，也比曹操好。這在當時，都算優勢。

其次，劉備有帝王之志。《三國志》說，劉備小時候就說過他將來肯定要乘坐天子之車（吾必當乘此羽葆蓋車）的話。這當然靠不住。古時史家為開國皇帝作傳，總難免會寫一些諸如此類的「童話」，也示其人乃「真命天子」，從小就「胸懷大志」。但劉備兩個兒子的名字，卻能說明問題。這兩個兒子，一個叫劉封，一個叫劉禪，合起來是「封禪」。封禪，是有德君王祭祀天地的大典（登泰山築壇祭天曰「封」，在山下闢基祭地曰「禪」）。劉備如果不想當皇帝，兒子叫「封禪」幹什麼？

第三，劉備有帝王之術。劉備和劉邦的血統關係雖然可疑，性格和作風倒不乏相似之處。比如《三國志》本傳所云「不甚樂讀書，喜狗馬、音樂、美衣服」，就很像。善於籠絡人才收買人心，也像。喜歡呼朋引類行俠仗義，也像。陳壽說「先主之弘毅寬厚，知人待士，蓋有高祖之風，英雄之器焉」，應該說有幾分道理。不過兩人做派並不完全相同。比如劉邦喜歡罵人，劉備就不罵。不但不罵，而且「少語言，善下人，喜怒不形於色」，至少在表面上比劉邦厚道。因為厚道，也因為俠義，所以很得人心。《三國志》本傳和裴松之註引《魏書》都說，劉備當平原相時，郡民劉平看不起他，「恥為之下」，派刺客去殺他，刺客竟不忍下手，「語之而去」，陳壽評論說「其得人心如此」。裴松之所引《魏書》則說，不忍下手的直接原因，是劉備不知來人是誰而「待客甚厚」，感動了刺客，而根本原因，則是劉備「外禦寇難，內豐財施，士之下者，必與同席而坐，同簋而食，無所簡擇」，因此「眾多歸焉」。人心，是一筆巨大的無形資產。

第四，劉備有帝王之福。在三國時代三巨頭當中，他和孫權應該說都算是有福氣的人。孫權的福氣最好，有一片現成的基業和一批現成的人才。劉備的福氣，則表現為關鍵時刻總有高人相助，危難之機總能化險為夷。劉備剛出山時，就得到了關羽和張飛。誰都知道，人才，忠誠的好找，能幹的也好找，又忠誠又能幹的不好找，關羽和張飛偏偏就是既忠誠又能幹。這是劉備的第一大福氣，以後的運氣也不錯。比方說，正愁沒有根據地，陶謙就死了，劉備不費吹灰之力就得了徐州。正愁不知如何擺脫曹操的控制，碰巧曹操就派他去攔截袁術（會見使），躲過了「衣帶詔」一案的大清洗。到徐州後，又正好袁術就死了（會術病死）。劉備再次得到徐州，還差一點就成了氣候（郡縣多叛曹公為先主，眾數萬人）。

不過，從靈帝末年聚眾起兵，到建安六年投奔劉表，劉備雖有好運氣，卻沒有好命運。他的道路十分坎坷。剛剛得到了徐州，就被呂布奪走了。剛剛投靠了袁紹，又被曹操打敗了。剛剛依附了劉表，又被劉表猜疑了（表疑其心，陰禦之）。《三國志．先主傳》裴松之註引《九州春秋》說，一次，劉備上廁所，看見自己大腿內側生了贅肉，竟潸然淚下。劉表奇怪，問他為什麼。劉備說：「日月若馳，老將至矣，而功業不建，是以悲爾！」我相信這是真話。因為在那個時代，四十多歲還一事無成，確實是時日不多希望渺茫。更何況，實在的講，直到這時，包括我們也包括劉備自己，恐怕都還看不出他有什麼希望。就算他再堅忍不拔，恐怕也快熬不下去了。

然而蒼天不負有心人，劉備終於等到了時來運轉的那一天。建安十二年，諸葛亮出現了。他的出現意義重大。前面我們講到，劉備有英雄之志，有英雄之氣，有英雄之魂，有英雄之義，之所以沒有成為英雄，是因為沒有用武之地。剛才我們又講到，劉備有帝王之分，有帝王之志，有帝王之術，有帝王之福，但卻只能寄人籬下，是因為沒有找到成功之路。也就是說，劉備缺兩個東西。一是一塊穩固的根據地（用武之地），二是一條明確的政治路線（成功之路）。諸葛亮，恰恰就能為他解決這兩個問題。

顯然，建安十二年的劉備和諸葛亮，雙方都需要對方，也都在尋找對方。打個比方，劉備集團好比一家很有前途的民營企業，可惜缺一個能幹的CEO，搞不清自己的主打產品和營銷路線，因此生意做得平平淡淡，一直沒有起色。諸葛亮則好比一位超一流的職業經理人，可以讓企業扭虧為盈起死回生，但自己沒有公司，也不想當老闆。難怪他們一拍即合。

三顧茅廬

【第十六回】

諸葛亮的出山，在《三國志》上只有短短一行字：「先主遂詣亮，凡三往，乃見。」這行文字被羅貫中演義為非常精彩的一個故事。而《魏略》和《九州春秋》則說，是諸葛亮主動去見劉備的。那麼，事情的真相究竟如何？

是劉備禮賢下士，還是諸葛亮投懷送抱？關於這個問題，歷史上有不同說法。《魏略》和《九州春秋》說，劉備來到荊州後，屯兵於樊城。建安十二年，曹操平定了北方，諸葛亮料定其下一個攻擊目標必是荊州，而劉表「性緩，不曉軍事」，於是「北行見備」。劉備並不認識諸葛亮（備與亮非舊），沒把這個年輕人放在眼裏，只當作一般士人接待（以其年少，以諸生意待之）。座談完了，眾人散去，只有諸葛亮留了下來。劉備也不問他想說什麼，順手拿起一根犛牛尾巴編起工藝品來。諸葛亮便說，將軍的雄心壯志難道就是編犛牛尾巴嗎？劉備知道諸葛亮不是尋常人等了，就說，這是什麼話！我不過「聊以忘憂」罷了。諸葛亮說，將軍度量一下，劉鎮南（指劉表）和曹公相比怎麼樣？劉備說，比不上。諸葛亮又問，將軍自己呢？劉備說，也比不上。諸葛亮說，都比不上，難道就等着人家來宰割嗎？劉備說，我也發愁，那你說怎麼辦？諸葛亮就給他出了個主意，讓劉備建議劉表鼓勵遊民自力更生，並登記在冊，這樣就可以增加荊州的實力了。

這種說法明顯地和諸葛亮《出師表》相異，因此裴松之認為不實（非亮先詣備，明矣），但他同時也表示不可理解。裴松之說：「雖聞見異詞，各生彼此，然乖背至是，亦良為可怪。」其實這事並不可怪，道理馬上就要講到。事實上，《魏略》和《九州春秋》的說法雖然是非主流觀點，也並非沒有人支持。劉嘯先生的《「三顧茅廬」質疑》就贊成此說。劉嘯先生認為，許多人只看到了劉備求賢若渴的一面，沒看到諸葛亮其實更需要劉備。第一，諸葛亮是一定會要出山的，而劉備則是他最願意選擇的老闆。如果一定要等劉備三顧茅廬才肯出山，豈非等於說：「你劉備不來請我三次，我這輩子就在南陽耕地算了。」這是不通的。第二，劉備雖然急需人才，但在遇到諸葛亮以前，他需要的是一群人，即一群「賢臣」，並不一定非得是誰不可；而諸葛亮需要的卻是一個人，即一個「明君」，那就是劉備。諸葛亮的選擇餘地更小，甚至別無選擇。第三，以諸葛亮之敏銳，他發現劉備應該比劉備發現他早。既然機會對於他只有一次，他又豈肯在隆中坐等「三顧」？何況當時形勢急如燃眉，哪裏還有在隆中擺架子的時間？因此劉嘯先生說，三顧茅廬的邏輯結論「實在叫人難以接受」。

劉嘯先生的說法並非沒有道理，但《出師表》的說法也無法否定。《出師表》（即通常所謂《前出師表》）為諸葛亮所作，是沒有問題的。在這裏，諸葛亮說得很明白：「臣本布衣，躬耕於南陽，苟全性命於亂世，不求聞達於諸侯。先帝不以臣卑鄙，猥自枉屈，三顧臣於草廬之中，諮臣以當世之事。由是感激，遂許先帝以驅馳。」這就再清楚也不過。第一，劉備確實親自到隆中找過諸葛亮，而且去了多次。第二，劉備到隆中找過諸葛亮，談論的是「當世之事」。第三，諸葛亮決定出山輔佐劉備，直接原因是劉備三顧茅廬。「由是」和「遂許」，意思明明白白。古人的自述當然不可全信，但要說諸葛亮憑空捏造一個「三顧茅廬」的故事，無論從諸葛亮的為人看，還是從當時的實際情況看，恐怕都不可能。從他出山到上表，不過二十一年，許多當事人都還健在，諸葛亮就會當面撒謊？

所以，陳壽在為諸葛亮做傳的時候，不取「登門自薦」說，而取「三顧茅廬」說。另外，陳壽在他的《上〈諸葛亮集〉表》中，也做了很清楚的描述。陳壽說：「左將軍劉備以亮有殊量，乃三顧亮於草廬之中。亮深謂備雄姿傑出，遂解帶寫誠，厚相接納。」這就把前因後果說得再清楚不過了。

但問題是，這種說法實在風險太大，讓人覺得這個事情簡直就是「傳奇」，只怕真是「千年等一回」。我們要問，諸葛亮難道就算準了劉備會「三顧茅廬」麼？萬一沒有，或者只顧了一顧呢？諸葛亮就從此終老隆中了麼？再說了，一個「每自比管仲、樂毅」的人，留在隆中幹什麼呢？建設「社會主義新農村」麼？

看來，《魏略》和《九州春秋》的說法，也是輕易否定不了的。而如果既要接受《魏略》和《九州春秋》，同時又不否定《出師表》和《三國志》，就只有一種可能，即兩種說法都是事實，而且「登門自薦」在前，「三顧茅廬」在後。也就是說，諸葛亮先去找劉備，劉備也接受了他的建議，但仍然沒有給予足夠的重視，於是諸葛亮就又回去了。等到劉備意識到諸葛亮的價值時，只好親自出馬，三顧茅廬，重新把諸葛亮請了出來。正因為有前面的那個曲折，這才需要親自出馬，也才需要「三顧」而不是「一顧」。這可是歷史上不曾有過的說法，但這個猜想是不是太大膽了一點呢？

其實這裏面還有一個問題，那就是從建安六年（公元二〇一年）到建安十二年（公元二〇七年），劉備在荊州呆了六七年，他和諸葛亮為什麼從來就沒見過面？要說他們不認識，倒是事實。要說他們不知名，就不對了。至少，劉備「天下梟雄」的名聲，諸葛亮應該是知道的。如果劉嘯先生的觀點成立，那他為什麼不早一點去找劉備，非得等到火燒眉毛才出山呢？反過來也一樣。就算諸葛亮沉得住氣，劉備也不該六年之後才發現諸葛亮這個一等一的人才呀？也有人說，劉備倒是早就知道諸葛亮了，先前也曾去了兩次，都沒見着，到建安十二年第三次去才見面。但這也不通。一年之間去了三次還說得過去。六年之間才去三次，可能嗎？以劉備的進取心和緊迫感，會這樣悠哉遊哉地一拖幾年，一而再再而三地徒勞往返嗎？至於說諸葛亮住得隱秘，不好找，就更加不通。劉備是何等人？他手下那麼多爪牙，如果鐵了心要找一個人，哪有找不到的？再說諸葛亮又不是隱姓埋名躲避仇家的什麼神秘人物，他和荊州官場，和荊州的士人集團、上流社會是有來往的，怎麼會找不到？

對此，尹韻公先生的解釋是：三顧茅廬之前，劉備雖然聽說過諸葛亮，但人們的評價不一致。雖然司馬徽、龐德公等人稱他為「臥龍」，諸葛亮也「每自比管仲、樂毅」，但只有他那個小圈子裏的人「謂為信然」，大多數人則不以為然（時人莫之許也），劉備有些吃不準。徐庶推薦諸葛亮時，劉備就說「君與俱來」，可見並未視若神明。這也不奇怪。劉表作為諸葛亮的「姨父」，都不把他當回事，何況劉備？

諸葛亮心理上也有阻礙，那就是劉關張的關係太密切。據《三國志・關羽傳》，他們三人「寢則同床，恩若兄弟」，關係鐵得不能再鐵，根本容不得他人插足。也就是說，劉備那個集團，那個小圈子，排他性太強，任何後來者都難以居其上；而諸葛亮的理想，卻是要做「首席執行官」的。他是千里馬，不能先去拉磨盤。沒有十足的把握，他寧肯不出山。所以，劉備和諸葛亮都需要有一個觀察、瞭解和試探的過程。

這是有道理的。但我認為還應該注意一個問題，就是年齡。要知道，劉備比諸葛亮整整大了二十歲，而諸葛亮出山時才二十六歲。讓一個四十六歲的人，對一個二十六歲的人表示心悅誠服，已屬不易，你又怎麼能要求他在四十一二歲或者四十三四歲的時候，去拜訪一個二十一二歲或者二十三四歲的人？可見這六年功夫是非等不可的。如果不是六年下來，劉備已熬得快要心灰意冷，曹操又正好準備南下，他們再等幾年，說不定也有可能。

總之，等到諸葛亮已經二十六歲，劉備也已經四十六歲，雙方都深感時不我待時，由於某種機緣，他們終於見面。司馬徽和徐庶的推薦也無疑至關重要。劉備曾向司馬徽請教時事，司馬徽說，要成就大業，不能用書呆子。書呆子懂得什麼時事？「識時務者在乎俊傑」，我們這裏的俊傑就是臥龍和鳳雛。劉備問他們是誰，司馬徽說就是諸葛亮和龐統。

徐庶的推薦則無疑更直接。徐庶對劉備說，諸葛孔明可是一條臥龍，將軍難道不想見他一見？徐庶是劉備器重信任的人（先主器之），他的話自然靠得住。劉備便說，那就請他和足下一起來吧！徐庶說，這個人是不可以隨便召喚的，將軍還是屈尊去拜訪他吧！

這裏有一點需要說明，就是我認為司馬徽和徐庶的推薦，不能簡單地看作他們的個人行為。我們知道，荊州是一個人才濟濟的地方。除了本土的人才，還有中原地區避難而來的士人。這些人關心國家大事，也關注荊州的安危。當他們發現劉表不足依靠時，勢必寄希望於號稱「天下梟雄」的劉備。於是，一部分願意效力的（比如徐庶），就開始團結在劉備周圍，形成《三國志·先主傳》所謂「荊州豪傑歸先主者日益多」的局面；而那些無意出山的（比如司馬徽），則會幫助劉備發現人才。所以，這應該看作荊州士人集團的集體推薦。

也是劉備福至心靈了。不管他出於什麼原因，求賢若渴也好，信任徐庶也好，急病亂投醫也好，總之，劉備做出了一個正確的決定。他決定放下皇族和長輩的架子，親自去拜訪那個比自己小了二十歲，又沒有什麼職務頭銜的年輕人。拜訪之前，諸葛亮是否找過劉備，我們已無法確知。在我的「假說」成立之前，我們只能說，三顧茅廬可以肯定，登門自薦暫且存疑。現在的問題是，劉備三顧茅廬，是見到三次，還是只見到一次？

有學者（比如尹韻公先生）認為是見了三次，談了三次。這是有可能的。諸葛亮的《出師表》和陳壽的《上〈諸葛亮集〉表》，一則說「三顧臣於草廬之中」，一則說「乃三顧亮於草廬之中」，都是這個意思。至於《諸葛亮傳》說「凡三往，乃見」，也不是去了三次才見到。這個「乃」，和「乃三顧亮於草廬之中」的「乃」一樣，是「於是」、「就」的意思。因此，「凡三往，乃見」應該翻譯為：一共去了三次，就見面了。

如果這樣說還不明確，那麼唐人的理解或許可以參考。杜甫說「三顧頻煩天下計」，周汝昌先生解釋「頻煩」就是「屢屢、幾次」，還特別說「不是頻頻煩請」。當然不是。因為三顧的「顧」，並非「聘請」，而應理解為「諮詢」、「顧問」。甚至「三顧」也不一定就是實指，即只去了三次，也可以理解為多次，即「再三」、「頻繁」的意思。也就是說，劉備多次光顧隆中，向諸葛亮請教「當世之事」，兩人越談攏，越談越投機，於是諸葛亮決定出山輔佐劉備。是啊，這兩個人的合作是何等重要，哪裏能只談一次就拍板的呢？

所以，《三國演義》之「劉玄德三顧草廬」就是地地道道的演義了。其實，即便所謂「凡三往，乃見」是去了三次才見到，羅貫中編的故事也是演義。不過這個演義實在精彩，也很有意思。劉備第一次去，羅貫中為他安排的節目，是先聽歌，再看山，再碰釘子，再觀景，再見崔州平。山是「清景異常」，景是「觀之不已」，人是「容貌軒昂」，而且不同尋常：童子不懂事，農民會唱歌，朋友滿腹經綸。這一番看得劉備是目瞪口呆大開眼界讚歎不已，只覺得這隆中這地方真是神秘莫測，那臥龍崗上藏着的必是高人。

第二次去，就沒有必要再看景了，只看人。先見其友，次見其弟，再見其岳父。如果說上一次只是讓劉備開了眼界，那麼，這一次就讓劉備更加按納不住。你想，諸葛亮的朋友、弟弟、岳父都如此地超凡脫俗，諸葛亮本人還了得嗎？

所以第三次劉備就要擇吉齋戒，沐浴更衣了。而且，離草廬半里，就要下馬步行；到草堂之外，就要拱立階下；諸葛亮高臥不起，他就要一等再等了。那心情，已不像一個禮賢下士的招聘者，倒像是上門求婚的癡情人。

實際上劉備初入隆中，剛剛聽了歌，看了山，便已肅然起敬。因此當他「親叩柴門」與童子對話時，便有了些《西廂記》裏面張生見紅娘的味道。張生見紅娘時是怎麼說的？「小生姓張，名珙，字君瑞，本貫西洛人也，年二十三歲，正月十七日子時建生，並不曾娶妻。」結果被紅娘搶白：「卻是誰問他來？」劉備怎麼說？「漢左將軍宜城亭侯領豫州牧皇叔劉備特來拜見先生。」結果也碰釘子：「我記不得許多名字。」兩個場景，豈非神似？

當然相似的。如果說戲劇中的崔鶯鶯是「待字閨中」，那麼，小說中的諸葛亮就是「待價隆中」。他們都是心氣極高的人，決不肯隨隨便便就「以身相許」。所以，他們都必須擺足了架子，做足了文章，吊足了胃口，以保證對方的誠意經得住考驗。

另一方的情況則略有不同。張君瑞對崔鶯鶯，自然是一見鍾情；劉玄德對諸葛亮呢，按照羅貫中的說法，也是相見恨晚。劉備怎麼就那麼想見諸葛亮呢？因為「水鏡先生」已經讓他意識到，自己遲遲不能成功的原因，是缺少一個可以運籌帷幄總攬全局的智囊型人物，一個當代的姜尚和張良。好不容易有了一個徐庶，又走了。其實，徐庶離開劉備，是在諸葛亮已經出山之後。《三國志》的記載很清楚，諸葛亮出山以後，曹操南征，劉琮投降，劉備「率其眾南行，亮與徐庶並從，為曹公所追破，獲庶母」，《三國演義》改成了「元直走馬薦諸葛」。這一改，就改出問題來了——請問，徐庶既然知道諸葛亮是經天緯地的政治天才，為什麼早不推薦，非得要等自己走了才說？這豈非等於說徐庶害怕諸葛亮搶了自己的地位和風頭嗎？羅貫中顯然也想到了這一點，便安排徐庶在推薦了諸葛亮之後，又特地去做說服動員工作，結果被諸葛亮臭罵一通。也就是說，徐庶之所以早不推薦，是因為他知道諸葛亮不肯出山。但這樣一來諸葛亮的道德品質就成問題了。一個「每自比管仲、樂毅」的人，偏說徐庶的推薦是把自己當替罪羊、犧牲品，還要勃然變色，這也未免太矯情了吧！羅貫中想幫諸葛亮抬價，結果卻是給他的臉上抹黑。這和「狀諸葛多智而近妖」一樣，都是弄巧成拙適得其反。

前面講的那個故事也如此。儘管羅貫中說得天衣無縫，實際上處處露出馬腳，讓人一眼就看出劉備在隆中的那些奇遇和巧遇，其實都是諸葛亮的刻意安排。什麼會唱歌的農民，不懂事的童子，滿腹經綸的朋友，道貌岸然的丈人，都是諸葛亮的「託兒」。其目的，就是要把買方市場變成賣方市場，讓劉備出大價錢把自己買斷。

所以，《三國演義》裏面這個「三顧茅廬」的故事，完全可以看作三國版的營銷學教材。在這個故事裏，劉備好比投資方。他要買斷諸葛亮，又不知道貨色如何。這倒也是商家的正常心理，但於劉備為尤，因為《三國演義》裏面劉備這家公司的資本，是他打着「皇叔」的招牌忽悠來的；而他這個「皇叔」身份雖非假冒偽劣，卻也含金量不高，有點「注水豬肉」的意思。因此劉備就會想，我這個「皇叔」是注水豬肉，諸葛亮那個「管仲」、「樂毅」就貨真價實？我劉備可以忽悠天下，諸葛亮就不會忽悠我？這就要探個虛實。所以，他聽了徐庶的推薦後，並沒有像老祖宗劉邦那樣衝動。劉邦聽了蕭何的推薦，立即就拜韓信為大將軍，劉備卻得先看看再說（當然他手上的官帽也不多）。所以他的三顧茅廬，表面上看是禮賢下士，實際上是實地考察。劉備這點小心眼，以諸葛亮之聰明，哪裏會看不清？便給他來了個欲擒故縱曲徑通幽。這就是我對「羅貫中版」之「三顧茅廬」的理解。

這當然未免有點「以小人之心度君子之腹」。它只是我的一點「個人意見」，連「時代意見」都算不上，更非「歷史意見」，也不會是羅貫中的意見。那麼，羅貫中為什麼要這樣寫呢？我想原因之一是為了好看。看過《三國演義》的人，不管相信不相信，都承認這故事實在精彩。另一個原因，則可能是寄託了羅貫中自己的人生理想。羅貫中是元末明初人，據說曾經當過義軍領袖張士誠的幕僚。明代王圻的《稗史彙編》說他「有志圖王」，只不過壯志未酬而已。因此，他在寫作《三國演義》時，難免會借古人之杯酒，澆心中之塊壘，把自己的理想抱負投射到人物身上。其實，像他這樣的古代讀書人，是差不多都有「諸葛亮情結」的。他們敬佩諸葛亮的才智，仰慕他的人品，感動他「鞠躬盡瘁，死而後已」，歎息他「出師未捷身先死」。他們和諸葛亮之間，幾乎處處都有共鳴。

問題是，歷史上和諸葛亮一樣具有這些優秀品質的人並不在少數，成為讀書人精神偶像的也還有一些，為什麼諸葛亮最受崇拜呢？原因之一，我認為就在「三顧茅廬」。中國古代的讀書人有一種矛盾心理。一方面，他們希望出將入相，建功立業，至少也得謀個一官半職，以便光宗耀祖。另方面，他們又很清高，很脆弱，碰不得釘子，受不了冷遇。沒錯，「男兒本自重橫行」，但那也得「天子非常賜顏色」呀！最好是那機會，那職務，那烏紗帽不用自己去求，去考，是人主恭恭敬敬給你送來，八抬轎子請你出山。諸葛亮享受的就是這種待遇。他就是劉備「請」出山的，還請了三回，實實在在給足了面子。

這就太讓人羨慕了，也太讓人嚮往了，因此必須大書特書。讀書人是沒有什麼權力的，能夠有的也就是「話語權」。那還不把文章做足？「羅貫中版」之「三顧茅廬」就這樣誕生。但可惜，這是羅貫中的諸葛亮，未必是真實的諸葛亮。

其實，劉備和諸葛亮的君臣際遇，是劉備「三顧茅廬」，還是諸葛亮「登門自薦」，以及劉備是否去了三次，見了三次，談了三次，都不重要，重要的是他們談了什麼。無疑，如果他們真的談了多次，我們現在是不可能完全和準確地知道其內容了。我們所能知道的，是結論性的意見，這就是著名的《隆中對》。諸葛亮的政治天才，在這裏表現得淋漓盡致。兩個人之間的對話，也充滿張力，其戲劇性決不亞於羅貫中的「劉玄德三顧草廬」。

更有意思的是，早在建安五年（公元二〇〇年），也就是劉備和諸葛亮相見的七年前，就有人為孫權做了類似的戰略規劃，堪稱「孫權版」或者「東吳版」的《隆中對》。這個人和諸葛亮一樣，也預見到了「天下三分」的結果，或者說，也制定了「三分天下」的戰略目標。那麼，這個人是誰？

【第十七回】
隆中對策

劉玄德三顧茅廬，和諸葛亮深入討論了天下的形勢和今後的去向。在這個歷史性的會見中，諸葛亮為劉備制定了一個長遠的戰略規劃，這就是著名的《隆中對》。其實，在此之前，早就已經有人為孫權做了類似的規劃，即「東吳版」的《隆中對》。那麼，這兩個戰略規劃的意義何在，它們的異同又在哪裏呢？

我們先講諸葛亮的《隆中對》。

這是一次兩個人之間的秘密會談，由劉備和諸葛亮的一問一答構成。關於這次談話的情況，《三國志・諸葛亮傳》說得很清楚——「屏人曰」，也就是沒有別人在場。因此，密談的內容為什麼會傳出來，這是一個謎，姑不考。

劉備先發問：「漢室傾頹，奸臣竊命，主上蒙塵。孤不度德量力，欲信大義於天下，而智術淺短，遂用猖獗，至於今日。然志猶未已，君謂計將安出？」這段話字數不多，內容和層次卻很豐富。就說開頭一節，便不簡單。這十二個字，表面上看是套話，其實不然。這話劉備必須說，也有意義。因為劉備是所謂「帝室之胄」，不能不先表明心憂天下的態度和心繫王室的立場。有此「政治正確」的前提，自己要幹一番大事業的話，說起來就理直氣壯順理成章；自己遇到困難需要幫助的話，也才能夠得到同情。何況劉備對諸葛亮是寄予厚望的。他到隆中來，要找的不是處理具體問題的技術性人才，而是能夠為他制定政治路線和總體戰略的人，他當然要從天下大勢說起。

接下來的話也有作用，那就是說明情況，宣示決心，表達誠意，提出問題。劉備實言相告：我現在情況不好（遂用猖獗），也沒有辦法（智術淺短），但我人還在，心不死（志猶未已），那麼請問該怎麼辦（君謂計將安出）？

這些諸葛亮當然清楚。他理解劉備的心情，知道他的誠意，同時也清楚所謂「君謂計將安出」，不是要問我們皇上蒙塵了「計將安出」，而是他劉備至今一籌莫展「計將安出」。於是，諸葛亮便為劉備分析形勢。什麼形勢呢？就是「自董卓已來，豪傑並起，跨州連郡者不可勝數」。這話的意思再清楚不過，就是說，現在最大的問題，還不是什麼「漢室傾頹，奸臣竊命，主上蒙塵」，而是大家都在搶地盤。我們大漢已經進入一個不問皇帝死活、紛紛搶佔地盤的時代了。這個時候，說那些「漢賊不兩立」的廢話沒有意義，當務之急是給自己也弄他一塊。地盤是最實在的，不管你是不是要「信大義於天下」，也不管你那個「光復漢室」是真是假，沒有根據地，都是扯淡！

那麼，身無分文，要啥沒啥的劉備，也能弄到地盤嗎？能。諸葛亮說：「曹操比於袁紹，則名微而眾寡。然操遂能克紹，以弱為強者，非惟天時，抑亦人謀也。」這意思同樣也很清楚，就是強弱有無是會轉化的。強者可能變弱，弱者可以變強。當年，曹操和袁紹相比，就像將軍您現在和曹操，可謂「名微而眾寡」。既然曹操能夠戰勝袁紹，那麼，將軍您怎麼就不能戰勝曹操呢？關鍵在於一要把握時機（天時），二要善於謀劃（人謀）啊！

於是諸葛亮就幫劉備謀劃。曹操「擁百萬之眾，挾天子而令諸侯」，我們不能打他的主意（此誠不可與爭鋒）。孫權「據有江東，已歷三世，國險而民附，賢能為之用」，這個也只能聯合，不能圖謀（此可以為援而不可圖也）。可以下手的有兩個地方，一個荊州，一個益州。荊州，包括南陽、南郡、江夏、零陵、桂陽、長沙、武陵（章陵廢置無定）。它的北面是漢水、沔水（北據漢沔），南面是廣東、廣西（利盡南海），東邊連着江蘇、浙江（東連吳會），西邊通到重慶、四川（西通巴蜀），這可真是「用武之國」。這樣一個地方，如果把它拿下，一盤棋也就活了。那麼，能不能拿下呢？能。因為它的主人守不住。這簡直就是上天賜給將軍的（此殆天所以資將軍），就看將軍想不想要了（將軍豈有意乎）。

這是明知故問，也是實話實說。這個時候的劉備，上無片瓦，下無立錐之地，隨便給他一塊地方都是好的，何況是荊州，哪有不要的道理？但諸葛亮必須這麼問。因為荊州是劉表的地盤，而劉表和劉備同為劉氏宗親，哪有自家人搶自家人的道理？所以必須說清楚，這是「天所以資將軍」，因為「其主不能守」；也必須問一句「將軍豈有意乎」，因為你不要還會有別人要。但答案，卻是不言而喻，所以並不需要明確回答。

益州的情況也差不多。益州，包括漢中、廣漢、巴郡、蜀郡等。這個地方，對外是天險，對內是樂土。漢中平原和成都平原，更可謂「沃野千里，天府之土」，高皇帝（劉邦）就是在那裏（具體說是在漢中）成就帝業的。可是，在成都的劉璋也好，在漢中的張魯也好，都是「民殷國富而不知存恤」，因此「智能之士思得明君」。也就是說，這個地方差不多也是「天所以資將軍」，只不過恐怕得自己動手去拿而已。

拿下了荊州和益州又怎麼樣呢？諸葛亮說，以將軍您的身份（帝室之胄）、名望（信義著於四海），再加上「總攬英雄，思賢如渴」的號召力，一旦擁有了荊州和益州，那就可以建立一個根據地了。有了這個根據地，只要實行「西和諸戎，南撫夷越，外結好孫權，內修政理」的政策，事業就能發展，力量就能壯大。將來，一旦形勢發生變化（天下有變），就可以派一員大將從荊州出發，取道宛城挺進洛陽；將軍您則親自從益州北上，取道秦川直抵西安。那時候，人民群眾還不捧着酒飯來夾道歡迎嗎（百姓孰敢不簞食壺漿以迎將軍者乎）？於是諸葛亮最後說：「誠如是，則霸業可成，漢室可興矣。」

這一番話說得劉備是醍醐灌頂，如夢方醒，豁然開朗。原來所謂「霸業」或者「帝業」就是這樣實現的。不過，這個最終目標的實現有一個前提，就是「天下有變」。那麼，天下無變呢？諸葛亮沒說，劉備也沒問，因為用不着。諸葛亮是臥龍，劉備則是潛龍，兩個都是明白人，話就不必說得那麼直白。天下無變怎麼辦？就在荊州和益州呆着唄！有這麼大一塊地盤，夠吃個七頓八頓的了。也就是說，按照諸葛亮的策劃，劉備進可一統中華，退可三分天下，「帝業」不成還有「霸業」，「霸業」不成也有「事業」。難怪劉備要說「孤之有孔明，猶魚之有水也」了。劉備這條鯉魚要跳龍門，得靠諸葛亮告訴他水在哪裏！

諸葛亮能幫劉備弄來「水」，是因為他務實。他並沒有因為劉備表現出一副憂國憂民的樣子，就跟着大唱道德高調，而是實實在在地為他策劃了一整套可行的方案。事實證明，後來形勢的發展，也完全在諸葛亮的預料之中。因此史家評論說，諸葛亮是「未出隆中，已知三分」，甚至有人認為是「未出隆中，已定三分」。當然，「漢室可興」這個目標最後並沒有實現，否則劉備就會到洛陽或西安去當皇帝，中國歷史上就會冒出一個「後後漢」來。

劉備三顧茅廬請出了諸葛亮，從此他有了一個能夠讓他從一無所有到三分天下的總設計師。但是，諸葛亮剛剛走出隆中時，還只是劉備的私人顧問，並沒有具體職務，只不過和劉備「情好日密」而已。這並不奇怪。第一，劉備自己此時還是一個「光杆司令」，就算給諸葛亮封個「上校團副」之類的頭銜，又有什麼意義？第二，此刻的諸葛亮還只是「紙上談兵」，並沒有表現出自己處理政治事務的實際操作能力，劉備又如何給他任命職務？第三，諸葛亮的「三分天下」，現在也還只是紙上的藍圖，並無實施方案。比方說，取劉表而代之，如何取，如何代，並沒有具體辦法。也不是諸葛亮想不出辦法，而是需要機會。劉表畢竟是劉備的同宗，劉備也畢竟是劉表的客人。劉備就是再想鳩佔鵲巢，也不能明火執仗地去搶吧！再說他也沒有這個能力。

同樣，諸葛亮這邊也有阻礙。劉表畢竟是諸葛亮太太的姨父，諸葛亮也畢竟是劉表老婆的外甥女婿。他再怎麼為劉備出謀劃策，也不能教唆劉備去謀殺劉表。也就是說，劉備只能巧取，不能豪奪。諸葛亮也只能幫劉備火中取栗，而且這把火還不是他們自己能放的。諸葛亮在隆中說得很清楚：「此用武之國，而其主不能守，此殆天所以資將軍，將軍豈有意乎？」這話再明白不過：我不是要你去搶別人的地盤，是他自己守不住，老天爺又要送給你，不要白不要，只看你有意無意了。但是，這地方也不是我們想要就能要的，必須等到「其主不能守」，自己送上門來的時候。那麼，送不上門呢？諸葛亮沒有說，大約也只能等。這樣一來，豈不讓人急死？這一點，就連羅貫中都想到了。因此他讓司馬徽對劉備說，我算過命，民謠也有暗示，劉表將不久於人世，天命所歸就在將軍身上了。

這當然是鬼話，但劉表終將失去荊州倒是事實。這一點，諸葛亮看到了，其他人也看到了。事實上，早在建安五年（公元二〇〇年），也就是劉備和諸葛亮相見的七年前，就有人為孫權做了類似的戰略規劃，其觀點和諸葛亮的《隆中對》極為相似。那麼，這個人是誰？

是魯肅。

提起魯肅，我們受《三國演義》的影響，總覺得那是一個忠厚老實到迂腐無用的人。其實不然。歷史上的魯肅豪爽俠義，深得人心。《三國志・魯肅傳》裴松之註引《吳書》說他「體貌魁奇，少有壯節，好為奇計」，本傳則說他「性好施與」。他們家大約是比較富有的，魯肅卻不趁機發國難財（不治家事），而是「大散財貨」，接濟窮人，資助英雄。周瑜當居巢（今安徽省巢縣）縣長的時候，曾經向魯肅借軍糧。當時魯肅家有兩囷（圓形穀倉）米，各三千石，魯肅就隨便指一囷送給周瑜。這就是著名的「指囷相贈」的故事。從此周瑜和魯肅成為好朋友。在周瑜的建議和推薦下，魯肅投奔孫權，和張昭、周瑜一起，成為孫權最信任的人，而且實際上起的作用可能比張昭還大。

魯肅也是一個有政治頭腦的人。魯肅投奔孫權後，孫權馬上就接見了他，而且和他有過一次同桌喝酒（合榻對飲）的密談。這次密談，堪稱「魯肅版」或「東吳版」的《隆中對》。當時孫權問魯肅，如今「漢室傾危，四方雲擾」，孫某既然繼承了父兄的餘功，便也想建立齊桓公、晉文公那樣的霸業（思有桓文之功）。先生既然看得起孫某，不知有什麼辦法可以教我（君既惠顧，何以佐之）？

這話問得和劉備一樣，然而魯肅卻當場就潑了一瓢冷水，說將軍怕是當不成齊桓公、晉文公了。想當年，高皇帝（劉邦）也想尊奉義帝成就霸業的，但是不行，因為有項羽為害。今天的曹操，就是當年的項羽。

有曹操在，將軍怎麼成得了齊桓、晉文？

但這決不等於沒事可做。做不成齊桓、晉文，做什麼呢？做皇帝呀！於是，接下來魯肅說了兩句極其重要的話：「漢室不可復興，曹操不可卒除。」漢王朝是沒有希望的了。曹操呢，只怕也一時半會也除他不掉。所以，為將軍計，只有「鼎足江東，以觀天下之釁」。釁，就是破綻。那麼，天下會不會有破綻呢？會有，因為「北方誠多務也」。多務就是多事，多事就破綻百出。等到北方處於多事之秋時，我們就向西進軍，滅黃祖，伐劉表，將整個長江流域都據為己有（因其多務，剿除黃祖，進伐劉表，竟長江之極，據而有之）。那時，將軍就可以「建號帝王以圖天下」了。這可是高皇帝的功業啊！

這當然是一個宏偉藍圖。但在建安五年（公元二〇〇年）這個時候，在魯肅，恐怕只能是說說而已；在孫權，同樣也只能是聽聽而已。當時孫權才十九歲，按照男子二十始行冠禮（成年禮）的規矩，還要算未成年人。他剛剛接了哥哥孫策的班，屁股還沒坐穩。《三國志．吳主傳》的說法，是「深險之地猶未盡從，而天下英豪布在州郡，賓旅寄寓之士以安危去就為意，未有君臣之固」。孫權的兩個堂兄，都在下面做小動作。孫輔暗通曹操，孫暠（皓）圖謀奪權，孫權自己內部都差一點擺不平，哪裏還能打荊州的主意做皇帝的夢？就算他有這個「賊心」，也沒有「賊膽」和「賊力」。因此，孫權只是淡淡地說了一句：「今盡力一方，冀以輔漢耳，此言非所及也。」這當然是打官腔，卻也只能如此。別看這時孫權年紀輕輕，政治上卻已經是十分成熟的了。

但是，到建安十三年（公元二〇八年），情況就不同了。這個時候，孫權不但有了「賊心」，也有了「賊膽」和「賊力」。魯肅曾經做過的那個規劃，又被人舊話重提，而且主張立即實施。這個人就是甘寧。

甘寧，字興霸，巴郡臨江人。《三國志・甘寧傳》說他「少有氣力，好遊俠」，經常召集一幫「輕薄少年」，自己當領袖，呼朋引類，招搖過市。碰到什麼人，對方態度好就交朋友，態度不好就搶東西。《吳書》說他「輕俠殺人，藏舍亡命，聞於郡中」，還說他出門的時候「步則陳車騎，水則連輕舟，侍從披文繡，所如光道路」。住下來的時候，就用絲綢錦緞代替繩索繫船，走的時候就割斷丟棄（住止常以繒錦維舟，去或割棄），看來是個橫行霸道又大手大腳的，或者說是一個喜歡漂亮喜歡玩酷的黑社會老大。

後來甘寧忽然改邪歸正。他不再打家劫舍，反倒讀起書來，而且「頗讀諸子」。這時甘寧覺得不能再像年輕時那樣胡作非為，該幹點正經事了，便去投靠劉表。但是劉表並不把他當回事（不見進用），便又去投靠黃祖。黃祖也不把他當回事（凡人畜之），便又投靠孫權。甘寧投奔孫權是在什麼時候，司馬光的《資治通鑒考異》說「今無年月可據」，我們當然就更加搞不清楚。但我們知道，他見到孫權，是周瑜和呂蒙的共同推薦；而孫權對他，則是禮遇有加，而且「同於舊臣」。

於是甘寧便在建安十三年（公元二〇八年）春獻策於孫權。據《三國志・甘寧傳》，甘寧對孫權說，現在，大漢王朝的國運是一天一天的衰落了（漢祚日微），曹操也一天比一天猖狂了（曹操彌驕），他是終究要成為國賊的（終為簒盜）。荊州這個地方，「山陵形便，江川流通」，這是我們東吳西面的屏障啊（誠是國之西勢也）！我是在劉表手下幹過的。據我觀察，劉表這個人，自己既沒有什麼深謀遠慮（慮既不遠），接班人也很差（兒子又劣），根本就守不住那地方（非能承基傳業者也）。將軍一定要先下手為強，不能落在曹操後面（至尊當早規之，不可後操）。具體步驟，是先消滅黃祖。黃祖一滅，就打開了一個口子，也就能趁勝西進。那時，我們的天地就廣闊了，就連佔領巴郡、蜀郡，囊括益州，也不是什麼困難的事（一破祖軍，鼓行而西，西據楚關，大勢彌廣，即可漸規巴蜀）。甘寧這番話，思路和魯肅相同，但更具備可操作性，不妨看作「魯肅版」《隆中對》的實施方案。

現在，我們已經有了四個版本的《隆中對》。第一個是「袁紹版」的，即沮授所謂「挾天子而令諸侯，畜士馬以討不庭」。第二個是「曹操版」的，即毛玠所謂「奉天子以令不臣，修耕植以畜軍資」。說這兩個是《隆中對》，只不過因為它們都是實現「霸王之業」的戰略規劃。從這個意義上，我們不妨廣義地也稱之為「隆中對」，其實和諸葛亮的《隆中對》有很大區別。真正可以並稱為《隆中對》的，還是魯肅的規劃。

魯肅的這個規劃，和諸葛亮替劉備所做的規劃，真可謂英雄所見略同，有異曲同工之妙。這兩個方案，都認為曹操是最強大的敵人（此誠不可與爭鋒），也最不好對付（不可卒除）。同時，魯肅和諸葛亮也都很清楚己方的力量還很弱小，統一大業不可能一蹴而就，因此都主張先三分後一統。這是兩個方案最重要的共同之處，事實上孫權集團和劉備集團也基本上是按照他們兩人的規劃來實施的。後來，在這兩個集團中，魯肅和諸葛亮的關係最好，很重要的一個原因，就是他們觀點相同，主張一致，惺惺相惜。

這兩個方案也有很多不同之處。第一，魯肅的三分，是孫權、劉表、曹操；諸葛亮的三分，是劉備、孫權、曹操。這並不奇怪。諸葛亮是替劉備做規劃，而且要為他謀取荊州，當然不會算上劉表；而魯肅替孫權規劃時，劉備還在寄人籬下，自然也不會想到和他來三分天下。但到劉表死後，魯肅就立即調整了戰略，變成聯合劉備對抗曹操了。

第二，諸葛亮設定的目標，是「漢室可興」，而魯肅則直言「漢室不可復興」。這也是立場不同所致。其實他們心裏都很清楚，劉秀或者劉協的那個「漢」，是再也扶不起來了。但是，魯肅作為孫權的人，可以公開把話挑明，而且攛掇孫權「建號帝王以圖天下」。諸葛亮就不行，只能高舉「復興漢室」的旗幟，等將來有條件的時候再說。不過，這和荀彧給曹操戴的高帽子一樣，也成為諸葛亮一個沉重的政治包袱，我們以後還要講到。

第三，魯肅的實施方案，是先奪取荊州，佔有益州，由三分而兩立，也就是把「三國」變成「南北朝」；諸葛亮的實施方案，是聯合孫權，佔領荊、益，等到曹操和孫權兩敗俱傷時再東進北上，也就是把「三國」變成「東西漢」。魯肅的「三分」是現在時，諸葛亮的「三分」是將來時。但都要打荊州的主意，則是一樣的。

甘寧的建議，就是要邁出的第一步。

然而孫權的首席謀臣張昭卻表示反對。張昭說，我們的情況並不樂觀（吳下業業），只能小心謹慎，兢兢業業。大軍一旦出發，災難恐怕就會來了（若軍果行，恐必致亂）。甘寧也馬上就頂了回去，說國家把閣下當作蕭何，怎麼能這樣畏首畏尾？那麼，張昭和甘寧為什麼會這樣說話？孫權是怎麼表態的？事情的結果又如何呢？

【第十八回】

江東基業

諸葛亮的《隆中對》，稱孫吳集團「可以為援而不可圖也」。魯肅版的《隆中對》，則更認為他們可以「建號帝王以圖天下」。事實上，以孫權為首的江東集團也是三國鼎立中不可或缺的一足。那麼，這是一個什麼樣的政權呢？

諸葛亮在他的《隆中對》裏有一個準確的描述和判斷：「孫權據有江東，已歷三世，國險而民附，賢能為之用，此可以為援而不可圖也。」江東，大約就是江蘇、浙江、安徽三省長江以南一帶地區。因為長江在蕪湖、南京之間偏北斜流，古人便把這一段兩岸分別稱為江東、江西，而把現在的湖南稱為江南。所謂「江東集團」，則是一個歷經兩代三世建立起來的地方割據政權。它的創始人是孫堅，奠基者是孫策，真正的領袖是孫權。

孫堅，字文台，吳郡富春（今浙江省富陽）人。《三國志》說他是孫武之後，恐怕靠不住；但《吳書》說他們家族世代仕吳，則大約是真。孫堅從小就膽識過人。十七歲時，他和父親乘船去錢塘，路上遇見海盜搶劫，在岸上分贓，舟船都不敢前進。孫堅說，這等毛賊可以打他一下，就操刀上岸，指指畫畫，好像在指揮人馬。強盜以為官兵來了，一鬨而散。孫堅窮追不捨，抓住其中一個，斬其首而還，於是孫堅名聲大振，被官府任命為代理縣尉（副縣級公安局長），後來又升到縣丞（副縣長）。

不過，孫堅真正讓天下人刮目相看，還是在討伐董卓的戰爭中。前面說過，其時關東義士雖然建立了以袁紹為首的聯軍，卻「日置酒高會，不圖進取」，真正憂國憂民而且出兵作戰的，只有代理奮武將軍的曹操和身為長沙太守的孫堅。曹操是被董卓打敗了的，孫堅卻是威風凜凜，鬥志昂揚。誰要想擋住他的步伐，拖他的後腿，他就滅了誰。他在荊州殺了荊州刺史王睿，罪名是「無所知」（以堅武官，言頗輕之）；在南陽又殺了南陽太守張咨，罪名是「不作為」（道路不治，軍資不具，稽停義兵，使賊不時討）。於是「郡中震栗，無求不獲」，孫堅也就狂飆突進，一路凱歌，終於在魯陽（今河南省魯山縣）一帶大破卓軍，殺了董卓的都督華雄（不是關羽殺的）。

這時發生了兩個小插曲。一是袁術聽信讒言，不給孫堅運送軍糧。孫堅便夜馳百里去見袁術，對袁術說，我孫堅和董卓前世無冤，後世無仇，之所以要不顧一切來討伐他，就是為了上替國家滅賊，下替將軍報仇（袁術一家被董卓殺害），將軍為什麼還要猜忌孫堅？袁術不好意思，馬上就調集了軍糧。第二件事就是董卓見孫堅驍勇，派人求和許親。孫堅說，董卓罪大惡極，死有餘辜。孫某若不能將其夷滅三族，拎着他的腦袋四海示眾，死不瞑目，還說什麼和親！於是孫堅一鼓作氣，進軍距離洛陽只有九十里的大谷，嚇得董卓挾持皇帝、百官和百姓，燒了洛陽就往西安跑。據野史記載，孫堅進入洛陽後，在宮中井內獲得了漢代的傳國玉璽。這枚玉璽後來被袁術奪走，成為他稱帝的依據之一。孫堅，當之無愧地稱得上是那個時代的「亂世英雄」。

可惜英雄也有英雄病，那就是驕傲。因為輕敵，孫堅在與劉表部將黃祖的戰鬥中，單槍匹馬陷於敵陣被射殺，終年三十七歲。繼承其事業的，是他的長子、十八歲的孫策。

孫策字伯符，英武一如其父，而且一表人才，不折不扣地是一個少年英雄，當地人都叫他「孫帥哥」（呼為孫郎）。吳郡太守許貢上疏朝廷的時候，也說他很像當年的西楚霸王項羽（孫策驍雄，與項籍相似），所以人稱「小霸王」，也就是「小項羽」的意思。

其實在我看來，孫策比項羽更可愛。《三國志．孫策傳》說他人長得漂亮，也愛漂亮（美姿顏），好說笑（好笑語），性格開朗（性闊達），能接受不同意見（聽受），還「善於用人」，因此「士民見者，莫不盡心，樂為致死」。這些都是項羽沒有的優點。我們知道，項羽是不會用人的。劉邦在總結自己成功之道時就講過一句話：「項羽有一范增而不能用，此其所以為我擒也。」孫策這邊卻是人才濟濟。雖然程普、黃蓋是孫堅的老人，周瑜、張昭卻是孫策的隊伍。張昭字子布，彭城（今江蘇省徐州市）人，聰明好學，博覽群書，還寫得一筆好字。《三國志．張昭傳》說，孫策創業之初，便任命他為長史（秘書長）、撫軍中郎將（秩比二千石，位次將軍）。政務軍事，全都交給張昭處理。張昭總理全局，名氣又比較大，所以北方士大夫來信，總是把功勞都歸於張昭。張昭就不安了，不知道該怎麼辦。告訴孫策吧，好像炫耀自己；不說吧，又好像有二心。孫策知道以後，卻非常高興。他講了一個故事，就是當年齊桓公對管仲事之如父，稱為「仲父」（即叔父）。國家大事，也都交給管仲。臣下有事來請示，桓公就說你去告訴仲父。再問，又說你去告訴仲父。旁邊就有人說，一則告仲父，二則告仲父，當國君也太容易了吧！桓公說，當國君的有勞有逸。勞在求賢，逸在得人。沒有仲父的時候，我很難；有了仲父，我這個國君當得就容易了。因此孫策笑着說，正因為桓公「一則仲父，二則仲父」，他才成就了霸業。現在，子布就是治國的大賢人呀！我能用他，這難道不就是我的功勞和名聲嗎？

這就真是英雄！不但大氣，而且聰明。要知道，做臣下的，最怕的就是功高蓋主。或者說，最怕的就是被認為功高蓋主。事實上，歷史上懷疑部下、嫉賢妒能的領導人不在少數，比如袁紹就是。這樣的人，如果碰上比他更差勁的對手，也許還能得逞於一時。如果碰上曹操和孫策這樣的，那就只有失敗了。孫策能夠在短短幾年內打下一大片江山，不能不歸結於他的這種大氣和聰明。

孫策的大氣和聰明使他英氣逼人，充滿人格魅力，也使他和其他英雄惺惺相惜，比如劉繇的部將太史慈。有一次孫策和太史慈狹路相逢，兩個人短兵相接，搏鬥中孫策搶到了太史慈背上的短戟，太史慈也搶到了孫策的頭盔，最後不分勝負。後來，在另一次戰鬥中，太史慈被俘。孫策親自為他鬆綁，拉着他的手說，我要是被你俘虜了，會怎麼樣？太史慈說，那可說不清！孫策大笑，說以後還是我們共濟大事吧！便拜太史慈為折衝中郎將，還讓他回去安撫招募劉繇舊部。當時旁邊的人都說，太史慈這回肯定一去不復返了，孫策卻充滿信心地說，子義（太史慈字）不跟我，還能跟誰（子義捨我，當復與誰）。果然，六十天後，太史慈如期歸來，從此成為孫策手下一員驍勇的戰將，就連曹操也想得到他。曹操曾經給太史慈寄去一個包裹，裏面只裝了一味中藥——當歸。但太史慈終其一生，都在孫氏兄弟部下，這不能不歸結於孫策的人格魅力。

太史慈和孫策的這個故事，記載在《三國志・太史慈傳》中，《三國演義》第十五回「太史慈酣鬥小霸王」也有描寫，但孫策的話「子義捨我，當復與誰」被改成了「子義乃信義之士，必不背我」，意思就差多了。實際上，《三國志》那句話，表現的是孫策的自信；而自信，則恰恰是英雄人物的魅力所在。自信的人是有魅力的，有魅力的人是有吸引力的，何況孫策還能以誠相待！

孫策對人比項羽好，他的軍紀也比項羽好，不像項羽，所到之處，不是燒宮殿、坑降卒，就是屠城池、殺無辜。《三國志．孫策傳》裴松之註引《江表傳》說，開始的時候，人們對他還不瞭解，一聽說「小霸王」來了，都魂飛魄散。及至孫軍一到，「軍士奉令，不敢虜掠，雞犬菜茹，一無所犯」，大家便都擁護，紛紛前來勞軍。這在那個亂世，實屬難得。

不過更難得的，是孫策講政治。有兩件事情可以證明這一點。第一，袁術稱帝時，拉攏過孫策，被孫策斷然拒絕。我們知道，孫堅這股力量，原本是屬於袁術系統的。孫堅攻擊劉表，就是受袁術派遣（術使堅征荊州，擊劉表）。孫堅陣亡後，孫策投奔和依靠的也是袁術。所以，論關係，孫策是袁術的部下；論輩份，袁術是孫策的父執。何況袁術也很欣賞孫策，曾經說過「使術有子如孫郎，死復何恨」的話，比曹操誇孫權「生子當如孫仲謀」早了十五年。然而，當袁術公然「大逆不道」時，孫策便「大義滅親」，立即宣佈與「袁伯伯」斷絕關係。當然，孫策對袁術也有怨氣（袁術多次對他封官許願，又多次出爾反爾）。他反對袁術稱帝，也未必就是忠於漢室，但他並不稀裏糊塗跟着袁術跑，就說明他有政治頭腦。

第二件事情，就是當曹操「奉天子以令不臣」時，孫策打了同樣的主意。曹操和袁紹在官渡作戰，孫策便調兵遣將「陰欲襲許，迎漢帝」，只是因為自己被刺客謀殺而未遂。據說當時郭嘉曾料到了這一點。郭嘉說，孫策這個人，驕傲輕敵，沒有戒備，因此「雖有百萬之眾，無異於獨行中原也」。只要派出刺客，一個人就能搞掂，因此他「必死於匹夫之手」。果然，孫策未及過江，就被刺受傷身亡。這事並非野史所傳，而是見於《三國志．郭嘉傳》正文。但孫策不早不晚，恰好死在官渡之戰那節骨眼上，就未免太巧了。所以裴松之在作註的時候，就說郭嘉「誠為明於見事」，但他再神機妙算，也「無以知其死在何年也」，所以曹操躲過這一劫，實屬運氣（此蓋事之偶合），並非當真是郭嘉料事如神。

當然，這事學術界有不同說法。比如呂思勉先生就認為《三國志》關於孫策要偷襲許都的記載是「癡話」，因為江東離許都比河北遠得多，孫策能不能到達都是問題，哪裏還能劫持皇帝？因此他認為《江表傳》的說法更可靠——孫策北上是去打陳登的。這事我們就不討論了。要說的是，如果孫策當真是去劫持皇帝而且得手，那麼，「挾天子以令諸侯」的，還真不知道會是誰，歷史也可能要改寫。至少，孫策就不再是「小霸王」，而是「大霸王」了，因為他在政治上確實比項羽強。

不過孫策也有和項羽同樣的毛病，那就是意氣用事，喜歡殺人，而且說殺就殺。比如嚴輿，是嚴白虎的弟弟，而且是代表嚴白虎來講和的，孫策也答應了。但是，會談的時候卻把他殺了。據《三國志．孫策傳》裴松之註引《吳錄》，當時孫策突然拔出刀來砍斷坐席。嚴輿身子動了一下，孫策說，聽說足下有輕功，能坐着跳起來，所以開個玩笑。嚴輿說，我看見刀子就這樣（見刃乃然），孫策就拿起手戟扔過去，把嚴輿殺了。

如果說，孫策殺嚴輿還多少有些道理，比方說是為了威懾敵人（嚴輿死後，其黨羽喪膽敗亡）；那麼，他殺高岱，就完全是為了面子。據《吳錄》說，當時高岱隱居在余姚，孫策請他出來討論《左傳》，自己也做了充分的準備。這時有人就在中間倒閒話了。這個人對孫策說，高岱瞧不起將軍，認為將軍只有武功，沒有文化。將軍和他討論學術問題，他肯定懶得答理，說自己不知道。又對高岱說，孫策最忌恨別人超過自己。他要問你什麼，你最好說不知道。如果和他爭論，那就危險了。高岱信以為真，就照着做，結果孫策果然認為高岱輕視自己，就把高岱關了起來。這時很多人出來為高岱求情。孫策登樓一看，黑壓壓一片（數里中填滿），更加忌恨高岱（惡其收眾心），便把他殺了。另外，孫策殺于吉，也是因為其追隨者太多，使諸將「不復相顧君臣之禮」，傷了自己的自尊心。所以，我們實在要慶幸孫策沒能夠「挾天子以令諸侯」。否則，他殺的人恐怕比曹操還多。

事實上，喜歡殺人和死要面子，是孫策的致命傷，他就是死在這兩個毛病上的。孫策的死，《三國志·孫策傳》的記載是「為故吳郡太守許貢客所殺」，而《江表傳》和《吳曆》的說法則更有戲劇性。前面說過，當時吳郡太守許貢上疏朝廷，曾說過「孫策驍雄，與項籍相似」的話。其實後面許貢還有說法，就是建議朝廷把孫策召到京都嚴加約束，免得他在外面作亂。孫策看到許貢的表文，就把許貢殺了。許貢的僕人和門客為了替許貢報仇，便去刺殺孫策。本來，這次刺客只是傷了孫策的面部，完全可以治好（醫言可治），但必須靜養百日（當好自將護，百日勿動）。然而孫策卻去照鏡子。照完，便對着旁邊的人說，我的臉變成這副樣子了，還能再建功立業嗎（面如此，尚可復建功立事乎）？便推開案几，大吼一聲，結果創口破裂，流血不止，當夜身亡，時年二十六歲。這可真是「死要面子」的典型了。

這樣看來，孫策還真是個「小項羽」，但比項羽優點多。陳邇冬先生在他的《閒話三分》一書中說，孫策對其母，不失為孝子；對其妻，不失為佳偶；對其弟，不失為好兄長。這是有道理的。《三國志．吳夫人傳》裴松之註引《會稽典略》說，有一次，也是因為面子問題，孫策要殺一個名叫魏騰的人，大家都沒有辦法營救。孫策的母親就站在水井旁邊說，你要再這麼亂殺提意見的人，我就跳進井裏去，免得看見你自取滅亡。孫策大驚，就放了魏騰。這可以算是孝子。據《三國志．周瑜傳》及裴松之註引《江表傳》，孫策為自己和周瑜分別迎娶了江東美女大橋和小橋。當時孫策和周瑜都只有二十四歲，又都是成功人士，所以孫策對周瑜說，橋公這兩個女兒雖然顛沛流離，但能夠有我們兩個人做老公，也還是很開心的事。這可以算是佳偶。最後一點，孫堅陣亡時，孫策十八歲，孫權十一歲，另外兩個弟弟年紀更小。孫策把老母幼弟託付給朋友，把孫權帶在身邊，讓他耳濡目染學習軍事政治，臨終前又把權力交給他，更為他留下一片基業，許多良臣。這可以算是好兄長。但陳先生也說，讓老母親白髮人送黑髮人，不能算是好兒子；讓橋大姑娘年紀輕輕就守寡，不能算是好丈夫。這位短命的孫帥哥，恐怕只能算是好兄長。

陳先生的話十分幽默，但我以為還可以補充一點：對江東集團，孫策不失為好領導。理由也有兩條：第一，他的基礎打得好；第二，他的接班人選得對。我們知道，孫堅南征北戰，主要是打出了威望；孫策南征北戰，卻打出了地盤。江東六郡基本上是孫策平定的，所以陳壽說「割據江東，策之基兆也」。可以說，孫策自十八歲領兵，至二十六歲身亡，短短七八年間就做了人家半輩子甚至一輩子的事，實在好生了得！這份基業，他自然不會輕易與人。《三國志．孫翊傳》裴松之註引《典略》說，當時，張昭等人都以為孫策會把權力交給老三孫儼，也就是孫翊，因為孫翊「驍悍果烈，有兄策風」，但是孫策卻選擇了孫權。事實證明，孫策的選擇是對的。在三國時代的三巨頭中，孫權的壽命是最長的，七十一歲（次則曹操，六十六歲；再次劉備，五十八歲）；在三國時代的三政權中，孫吳的國祚也是最長的，五十一年（次則曹魏，四十六年；再次劉蜀，四十二年）。東吳的相對穩定，與孫策選對了接班人大有關係。

那麼，孫策為什麼要選擇孫權呢？

答案就在孫策的遺言那裏。《三國志・孫策傳》說，臨終前，孫策先找來張昭等人，對他們說：「中國方亂。夫以吳越之眾，三江之固，足以觀成敗，公等善相吾弟！」然後再把孫權叫過來，把印綬給他戴上，說：「舉江東之眾，決機於兩陣之間，與天下爭衡，卿不如我；舉賢任能，各盡其心，以保江東，我不如卿。」這就十分明白。也就是說，孫策心裏很清楚，靠武力打江山，是自己的歷史使命，而且這個使命已經基本上完成。以江東集團的政治資源和軍事力量，其「天下」暫時就只能這麼大。下一步，只能是「保江東」而「觀成敗」。這樣一來，作為自己的接班人，需要的就不是軍事才能，而是政治才能，不是英勇善戰，而是老成謀國了。因此，他沒有選擇性格作風和自己相似的孫翊，而是選擇了和自己不同的孫權。我們知道，帝制時代的接班人，常常是以所謂「深肖朕躬」為條件的。孫策偏偏選擇「不肖」（不像），這正是他了不起的地方。這也再次證明，孫策是有政治眼光和政治頭腦的。

但這也就給江東集團今後的政治路線定了一個調子，那就是要以所謂「守成」為「基本國策」，在守成的前提下圖謀進取。這個決策無疑是正確的。當時官渡之役方戰猶酣，曹操袁紹雌雄未決，各路諸侯心懷鬼胎虎視眈眈。荊州有劉表，益州有劉璋，漢中有張魯，關中有馬騰，確實是中原方亂天下未定。這個時候，已有一定規模的江東集團作為後起之秀，既然一時半會還沒有那麼大一隻「胃」把他們都「消化」了，那就只能「保江東」而「觀成敗」，即先鞏固成果，同時等待時機，窺測方向，以求一逞。

不過，守，也有各種守法。抱殘守缺是一種，以攻為守也是一種。事實上，在孫權時代，江東集團內部一直存在着兩種不同的意見，代表着兩條不同的路線。以張昭為代表，是主張保守的，這可以算是「鴿派」；以周瑜、魯肅為代表，是主張進攻的，這可以算是「鷹派」。是孫權在兩派之間搞平衡，但骨子裏是「鷹派」。因此，當甘寧提出要討伐黃祖時，孫權當場就表了態。孫權舉起酒杯說，興霸，這件事就像這杯酒，就託付給你了！

事實上，孫氏兄弟一直都在討伐黃祖。建安五年（公元二〇〇年）和建安八年（公元二〇三年），孫策和孫權都出過兵，這一回是第三次出擊。這固然因為他們和黃祖有殺父之仇，但更重要的恐怕還是集團的利益所使然。劉備和劉表無冤無仇，不也在打這塊地方的主意嗎？其實，垂涎荊州的又豈止孫權集團和劉備集團，曹操同樣也是虎視眈眈。當初，郭嘉為曹操所做的設計，也是要儘快拿下荊州。荊州，成了一群虎狼眼中的羊。

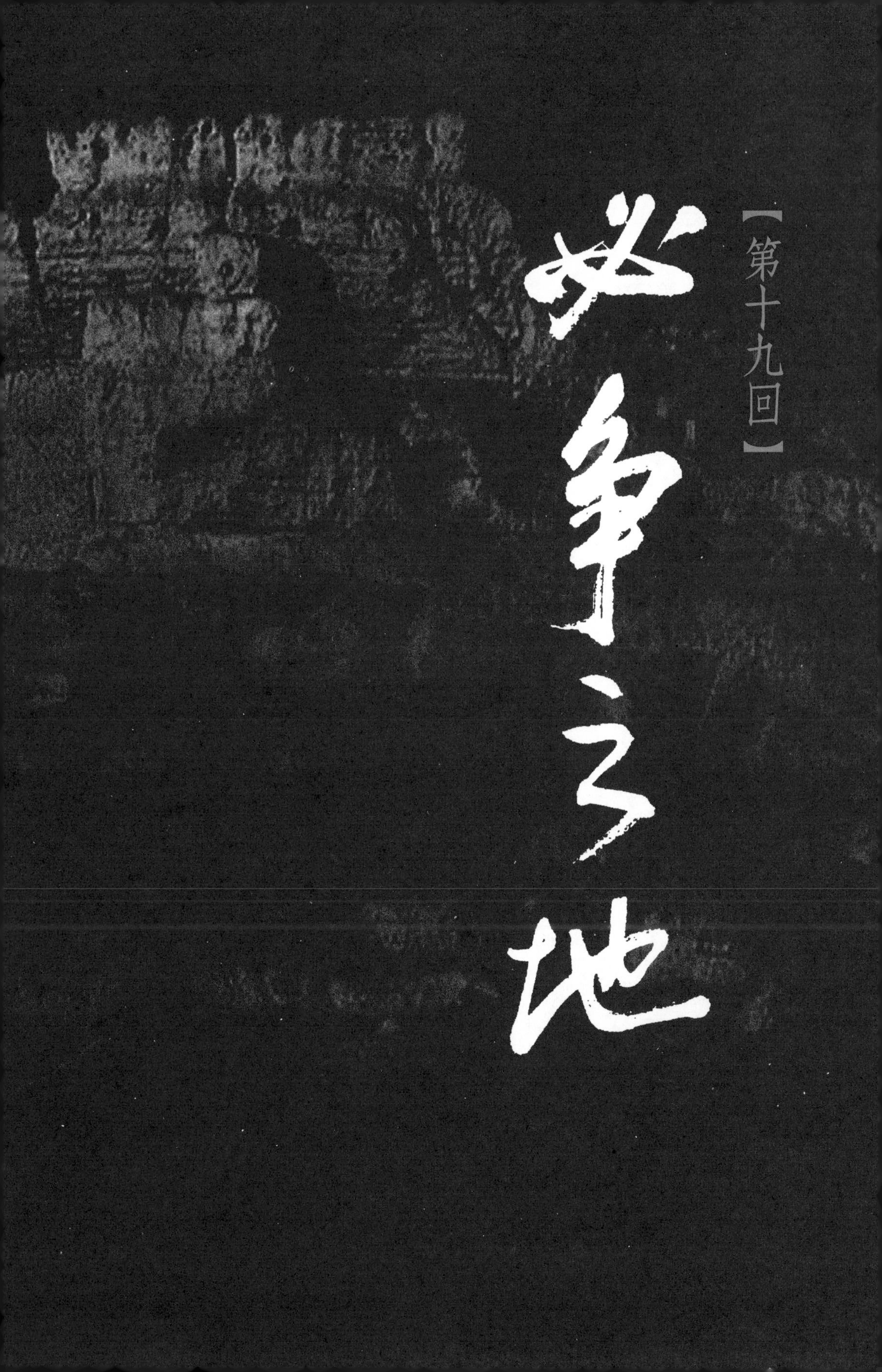

【第十九回】

必爭之地

在郭嘉、魯肅和諸葛亮為各自君主所做的戰略規劃中，荊州都成為他們決意奪取的必爭之地；而諸葛亮和甘寧，也都斷定劉表守不住荊州。事實上，荊州的爭奪改變了當時中國的狀態，爭奪的結果成為三國鼎立的前兆。荊州，究竟是一個什麼樣的地方；荊州的州牧劉表，又是一個什麼樣的人？

如果說曹操是「可愛的奸雄」，那麼，劉表給人的印象，就可以說是「漂亮的草包」。劉表字景升，和劉備一樣，也是「帝室之胄」，而且是當時的名士。《後漢書》說他是魯恭王之後，「身長八尺餘，姿貌溫偉」，與張儉等人一起號為「八顧」（八個最有德行的人）。《三國志》則說他「少知名，號八俊，長八尺餘，姿貌甚偉」。看來，劉表這個「帝室之胄」，大約是真的，不像劉備那個「皇族身份」可能是注水豬肉。他這個名士，也是真的，還上了排行榜。他還是個帥哥，個子比諸葛亮還略高一點，而且長得漂亮。另外，他的名聲也很好，是東漢末年的「黨錮中人」（受迫害的正派士人），曾被宦官集團追捕，只因為逃得快才倖免於難（詔書捕案黨人，表亡走得免）。這在當時，都是成就一番事業的資本。

劉表也有本事。對於這一點，《三國志》和《後漢書》都有記載和描述。依兩書所載（以下凡未註明者均引自兩書），漢獻帝初平元年（公元一九〇年），孫權的父親、長沙太守孫堅殺了荊州刺史王睿，朝廷就任命劉表擔任這個職務。當時荊州地區並不太平，「宗賊大盛」，「袁術阻兵」，劉表甚至不能到任（表不能得至），只好「單馬入宜城」（今湖北省宜城）。這時，劉表做出了一個正確的決策，那就是依靠當地豪族來平定荊州。劉表找到了兩個人，一個是南郡人蒯越，一個是襄陽人蔡瑁。蔡瑁財大氣粗，婢妾數百人，別業四五十。此人後來成為劉表的連襟、諸葛亮妻子的姨父。蒯越足智多謀，是曹操最為欣賞的荊州士人。《後漢書·劉表傳》李賢註引《傅子》說，建安十三年劉琮投降，曹操兵不血刃就得了荊州，卻寫信給荀彧說：「不喜得荊州，喜得異度耳」（異度即蒯越之字）。這固然表現了曹操的求賢若渴，也說明蒯越非同一般。劉表找到這兩個人，事情就成功了一半。

蒯越為劉表出的主意是軟硬兼施。蒯越告訴劉表，為害荊州的，一是袁術，二是宗賊。所謂「宗賊」，大約就是以豪門大族為中心、按照宗族關係組織起來的地方性非政府武裝力量。劉表受命而不能到任，就因為他們作梗。那麼，應該怎麼辦呢？蒯越說：「理平者先仁義，理亂者先權謀。兵不在多，貴乎得人。」也就是說，治理荊州，必須有兩手，那就是道德的感召和武力的威懾。使君的敵人不就是袁術和宗賊嗎？袁術的特點是什麼？是「驕而無謀」。宗賊的特點是什麼？是「率多貪暴」，因此應該先滅宗賊，後阻袁術。具體的做法，是「誅其無道，施其才用」。使君「威德既行」，所有的人便都會歸順（繈負而至矣）。然後使君「南據江陵，北守襄陽」，荊州八郡就可以「傳檄而定」。那時候，就算袁術打過來，又有什麼關係呢（公路雖至，無能為也）？

劉表採納了蒯越的計策，讓蒯越召來宗賊頭目十五人，「皆斬之而襲取其眾」。如此這般做下來，結果「江南悉平」（此處之「江南」指今長江以南的兩湖地區），劉表也得以坐鎮襄陽（理兵襄陽）。後來袁術和孫堅合縱，袁術派孫堅襲擊劉表，劉表部將黃祖前來救援，孫堅中流矢而死，從此袁術勢力無法到達荊州。於是朝廷任命劉表為鎮南將軍、荊州牧，封成武侯，假節（有上方寶劍的意思），劉表成功了。

這裏要稍微講一下漢代的地方行政制度。西漢初年，漢王朝實行的是「郡國制」，即郡縣和封國並存的「一朝兩制」（一個王朝，兩種制度）。漢景帝採納晁錯的建議削藩以後，至漢武帝時期，封國已徒有虛名，實際上實行的是郡縣制，即中央、郡、縣三級管理。縣屬郡，郡屬中央，全國一百多個郡，一千多個縣。縣的長官叫縣令或縣長，郡的長官叫郡守，後來叫太守。前面提到的長沙太守孫堅，江夏太守黃祖，便是郡的長官。

不過，東漢的太守和西漢的太守是不一樣的。西漢的太守之上，沒有地方行政長官，東漢卻有，那就是刺史或州牧。這事還得從西漢說起。西漢元封五年（公元前一〇六年），漢武帝將天下分為十三個州部，即十二個州，一個部（司隸部），每個州派遣一名刺史。所謂「刺史」，就是中央派到地方上監察不法（刺）的特派員（使）。刺史的級別是六百石，職責是巡視監察，沒有固定治所，也不常駐地方，而且不能干預地方行政。到了東漢，情況就變了。天下還是十三個州：司隸、豫州、冀州、兗州、徐州、青州、荊州、揚州、益州、涼州、并州、幽州、交州，但這十三個州卻變成了一級地方行政區域，郡管縣的兩級管理制變成了州管郡、郡管縣的三級管理。州的長官，有時候叫刺史，有時候叫州牧，有時候既有刺史又有州牧。相比較而言，刺史威輕，州牧權重。漢靈帝時，州牧已是任重、位高、權大；漢獻帝時的州牧，更多為天下梟雄、一方諸侯，比如冀州牧袁紹、兗州牧曹操。劉表由刺史變成州牧，是他成功的表現。

劉表擔任荊州牧以後，氣度不凡。建安元年（公元一九六年），也就是曹操奉迎天子的那年，張繡的叔叔驃騎將軍張濟因為轄地無糧，入侵荊州南陽郡的穰城（今河南省鄧縣），中箭身亡。荊州的官員都來對劉表表示祝賀，劉表卻說，張濟是因為走投無路才來荊州的。我們做主人的無禮，導致戰爭，這不是我的初衷，因此本州牧接受弔唁，不接受祝賀（濟以窮來，主人無禮，至於交鋒，此非牧意，牧受弔不受賀也）。於是張繡駐兵宛城（今河南省南陽市），和劉表聯盟。

劉表此舉無疑大得人心，《三國志》說張濟的部眾「遂服從」，《後漢書》說「皆服從」。到建安三年（公元一九八年），劉表不但實際擁有了荊州七郡（南陽、南郡、江夏、零陵、桂陽、長沙、武陵），而且廣開疆土，「南接五嶺，北據漢川，地方數千里，帶甲十餘萬」，境內「萬里肅清，大小咸悅而服之」，儼然獨立王國。中原士人見此，紛紛避難荊州，投奔劉表的學士竟多達千人，劉表也都「安慰賑贍，皆得資全」。同時，他還建學校，興儒術，把荊州建設稱為一個亂世之中的「王道樂土」。劉表，應該說是一個好州牧。

劉表既然這樣有本事，為什麼還要說他是「草包」呢？也有幾個原因。

第一，劉表胸無大志。他不是一個雄才大略的人，也沒有什麼緊迫感和進取心。郭嘉就曾極為不屑地說：「表，坐談客耳！」（《三國志．郭嘉傳》）曹操也說：「我攻呂布，表不為寇；官渡之役，不救袁紹，此自守之賊也。」（《魏書》）這都是看透了劉表。事實上劉表的願望，就是守住自己這一畝三分地，老婆孩子熱炕頭。所以，不管誰和誰發生了矛盾和戰爭，他都按兵不動，作壁上觀，滿門心思「欲保江漢間，觀天下變」。官渡之戰時，袁紹派人向劉表求助，劉表答應袁紹，卻又不出兵，也不幫曹操。後來曹操征烏丸，劉備勸他襲擊許都，他也不動，結果坐失良機。曹操和郭嘉瞧不起他，並非沒有道理。

第二，劉表也沒有度量。官渡之戰時，劉表坐山觀虎鬥，他的部下韓嵩和劉先就對他說：「豪傑並爭，兩雄相持，天下之重，在於將軍。」將軍如果想有所作為，就應該趁機下手幹他一把（若欲有為，起乘其敝可也）。如果不然，則應該選擇其中一方（如其不然，固將擇所宜從）。現在，將軍「擁十萬之眾，安坐而觀望」，見到該支持的不能支持（見賢而不能助），勸他們講和吧又勸不了（請和而不得），最後的結果，必定是雙方的怨恨都集中在將軍您的身上。到時候，將軍就是想守中立，怕也不能（將軍不得中立矣）！劉表的大將蒯越也這麼勸他。於是劉表便派韓嵩到曹操那裏探個虛實。韓嵩回來後，「深陳太祖威德」，劉表又懷疑韓嵩背叛自己，要殺他。只不過查來查去查不出什麼問題，這才作罷。

劉表這事做得實在沒道理。據《後漢書》，韓嵩臨行之前，是有言在先的。韓嵩對劉表說，依韓嵩愚見，以曹公之英明，必將得志於天下。將軍如果打算投靠曹操，派韓嵩出使中原，是可以的。如果心存猶豫，那就不合適。為什麼呢？因為韓嵩一到京師，皇上說不定就會給韓嵩一官半職。韓嵩能夠推辭，當然沒有關係；如果推辭不掉，從此韓嵩就成了天子的新臣，將軍的故吏了。「在君為君，不復為將軍死也」，請將軍三思。

韓嵩這話說得實在，然而劉表不聽，堅持要韓嵩北上。果然，漢獻帝拜韓嵩為侍中、零陵太守，韓嵩也果然站在朝廷和曹操的立場上說話。劉表大怒，要殺韓嵩，韓嵩神色自若不為動容，把臨行前的話說了一遍，劉表的老婆也來勸說，劉表還是怒不可遏。最後查不出韓嵩的問題，還是將他囚禁起來，直到曹操拿下荊州後才被放出。對此，陳壽評論說：「表外貌儒雅，而心多猜忌，皆此類也。」

既無大志，又無度量，就造成了劉表的第三個問題——不會用人。劉備天下梟雄，諸葛亮人中之龍，兩個都在他的身邊、眼前，他居然視而不見；中原士人南下荊州有千人之多，也只見他安頓，不見他重用。劉備初到荊州時，劉表是禮遇甚厚的。《三國志．先主傳》說，他親自到郊外迎接，「以上賓禮待之」，還撥了軍隊給劉備。但是，隨着「荊州豪傑歸先主者日益多」，劉表便開始「疑其心」而「陰禦之」了。裴松之註所引《世語》甚至說劉表還擺了「鴻門宴」，蒯越和蔡瑁還準備在席間下手，被劉備看出，藉口上廁所而遁逃。逃到檀溪，的盧馬一躍三丈，這才逃得性命。《世語》的說法是：「備屯樊城，劉表禮焉，憚其為人，不甚信用。曾請備宴會，蒯越、蔡瑁欲因會取備，備覺之，偽如廁，潛遁出。所乘馬名的盧，騎的盧走，墮襄陽城西檀溪水中，溺不得出。備急曰：『的盧，今日厄矣，可努力！』的盧乃一踴三丈，遂得過。」後來，羅貫中便據此寫成「劉皇叔躍馬過檀溪」，故事當然複雜得多，也好看得多。

但這是靠不住的，孫盛便認為不可能（此不然之言）。因為當時劉備依附劉表，雙方力量懸殊。如果劉表有謀殺劉備的意思，劉備在荊州豈能安然無恙呆六年？所以孫盛說「此皆世俗妄說，非事實也」。裴松之在為《三國志》作註時，引用了《世語》的說法，也引用了孫盛的批評，看來他是贊成孫盛的。

不過，「劉皇叔躍馬過檀溪」的故事雖然是「世俗妄說」，但「備屯樊城，劉表禮焉，憚其為人，不甚信用」這十六個字還是準確的。何況劉表提防劉備，也並非沒有道理。劉備這個人，確實很讓諸侯們頭疼棘手。一方面，他投靠誰，誰就倒霉，走到哪裏，哪裏就鬧地震；另方面，除袁術外，大家又都承認他是個人物，是個英雄，因此都得對他禮遇有加，包括袁紹，包括曹操。可以說，這是一個「貓頭鷹」式的人物，體面的說法是「天下梟雄」。這樣一個人物來到劉表這裏，劉表其實是沒有辦法的。郭嘉就曾一針見血地指出：「表，坐談客耳！自知才不足以禦備，重任之則恐不能制，輕任之則備不為用」，他能做的，大約也就是客客氣氣把劉備束之高閣，而且時時刻刻小心提防吧！

劉表的第四個問題是後繼無人。所謂「後繼無人」，不是說劉表沒有接班人，而是說他的接班人既不中用，又安排失當。劉表有兩個兒子，長子叫劉琦，次子叫劉琮。劉琦和劉琮都是劉表前妻所生，但劉表後妻蔡夫人已將娘家姪女許配給劉琮，就希望劉琮做接班人。蔡瑁這些人也都幫劉琮說話，實際上是蔡氏家族已經控制了劉表。這個情況，劉琦當然不會看不出，便多次希望求教於諸葛亮。諸葛亮論身份，是劉表的部下；論輩份，是劉表的晚輩；論關係，是蔡夫人的外甥女婿；論親疏，和劉琦、劉琮都一樣。這個主意，他自然不好拿，於是就有了一個頗具戲劇性的故事。《三國志·諸葛亮傳》說，劉琦多次向諸葛亮討教「自安之術」，而「亮輒拒塞，未與處畫」。劉琦沒有辦法，只好在遊園的時候請諸葛亮上樓，讓人撤去樓梯，說：「今日上不至天，下不至地，言出子口，入於吾耳，可以言未？」諸葛亮這才說：「君不見申生在內而危，重耳在外而安乎？」申生和重耳都是春秋時期晉獻公的兒子。晉獻公寵信後妻驪姬，要立驪姬之子奚齊為接班人。結果，留在國內的太子申生被殺，逃出國的公子重耳後來回國當了國君，這就是晉文公。諸葛亮這麼一說，劉琦恍然大悟，便設法謀得江夏太守的職務，離開了是非之地。諸葛亮可能自己也沒想到，以他經天緯地之才，初出茅廬第一計，竟然是管了別人的家務事；而他管的這件閒事，卻又為劉備立了一大功。為什麼呢？因為劉琦帶走的一萬人，是後來赤壁之戰中劉備一半的本錢。

劉表的這個安排，實際上為後來荊州的分裂埋下了伏筆。事實上，劉琦出走後，荊州集團就已經分裂為兩派。一派以劉琮為名義上的代表，背後是蔡瑁、蒯越等人。這些人是傾向於曹操的，蔡瑁可能還和曹操有舊。《襄陽耆舊傳》說他「少為魏武所親」，而且劉琮投降後，曹操還到了他的內室，見了他的妻子。後來鼓動劉琮投降曹操的，也是這些人。這一派，可以叫做「降曹派」。另一派，以劉琦為名義上的代表，背後是劉備、諸葛亮等人。劉備是鐵了心要對抗曹操的，諸葛亮則是主張聯吳抗曹的，因此這一派是「抗曹派」。至於劉表自己的心思，恐怕是既不願意降曹，也不願意聯吳，最好是守中立而觀時變。但他只管得了自己的生前，管不了自己的身後。他的兩個兒子，也沒有一個是可以成就一番事業的。何況爭奪荊州的赤壁之戰還沒開始，他自己家裏就快打起來了。如此不能安排後事，豈非「草包」？

由是之故，劉表在歷史上得到的評價不高，陳壽甚至認為他和袁紹是一路貨色。陳壽認為，劉表和袁紹，都是有儀表（威容）、有風度（器觀）、有名氣（知名當世）、有成就（表跨蹈漢南，紹鷹揚河朔），但都「外寬內忌，好謀無決，有才而不能用，聞善而不能納，廢嫡立庶，捨禮崇愛」，正可謂「漂亮的草包」，因此其失敗也是理所當然（非不幸也）。

這個評價應該說有道理，劉表和袁紹也確實不乏相似之處，所以《後漢書》便將袁紹和劉表合為一傳，將劉焉、袁術、呂布合為一傳（《三國志》則將董卓、袁紹、袁術、劉表合為一傳）。但我覺得還是要為劉表說句公道話。第一，袁紹和劉表雖然都失敗了，但袁紹是自取滅亡，劉表是在劫難逃，他自己並沒有招誰惹誰。第二，以劉表的實力和能耐，除了當一個「自守之賊」外，也別無選擇。他的錯誤，只在於不明白一個道理，就是單靠保守，是守不住的，有時候還得「以攻為守」。第三，正是由於劉表實行「愛民養士，從容自保」的政策和策略，荊州地區保持了十多年的安定和平，許多北方南下的難民也得到了資助和周全，這不能不說是劉表做的好事。

所以，「漂亮的草包」這個評價用在袁紹身上，大體準確。當然，袁紹這個人還是有本事的，不能完全說是「草包」。只不過他遇到了一個比他更強的對手，就顯得像「草包」了。但不管怎麼說，袁紹確有自以為是、自鳴得意、自我膨脹和刻意做秀之嫌。他看重「漂亮」，也甚於看重「能力」。因此，說他是「漂亮的草包」，不算很冤。

劉表就有些冤枉了。他並沒有自命不凡，反倒有些自知之明，這才實行「愛民養士，從容自保」的政策和策略，希望能夠「苟全荊州於亂世」。因此，比較準確的評價，還是如歷史學家何茲全先生所言。何先生在他的《三國史》中說，如果說曹操是「治世之能臣，亂世之奸雄」，那麼，劉表就是「治世之賢臣，亂世之庸人」。看來，劉表最大的不幸，是生錯了時代。他不該生在這個弱肉強食的亂世。這不是他的錯誤，只能算運氣不好。

當然，劉表也不是一點運氣都沒有。他被派到荊州，就是他的運氣。荊州，是東漢時期最大的兩個州之一。這兩個州，就是荊州和益州，都是領縣上百個。次為幽州，領縣八十餘。不過荊州和益州雖然大，分量卻不是最重。當時中國的政治中心是在北方，爭奪政權的戰場也主要在北方，荊州和益州一時半會還不至於落入虎口，最適合劉表這樣的弱者生存、劉備這樣的小集團發家。可見劉表的運氣不能說是很壞，也可見諸葛亮在隆中為劉備所做的策劃，是何等地深謀遠慮。

可惜，樹欲靜而風不止，上帝和他人都不讓劉表平安無事。諸葛亮為劉備定下了取而代之的策略，北邊的曹操和東邊的孫權也都虎視眈眈。其實，像劉表這樣的人，在天下未定之時，是可以苟且偷生偏安一隅的。一旦天下將定，他的好日子就到頭了。而所有這一切，都因為他是荊州牧，正所謂成也荊州，敗也荊州，生也荊州，死也荊州。

從這個意義上講，劉表是「不幸的幸運兒」。

事實上，到了建安十三年（公元二〇八年），孫權和曹操都開始下手，劉表和他的荊州面臨重大變故。連同暫時依附他的劉備，也幾乎面臨滅頂之災。

【第二十回】

兵臨城下

建安十二年，曹操平定了北方，孫權坐穩了江山，劉備得到了諸葛亮，原本希望理兵襄陽以觀時變的劉表好日子到頭。建安十三年，孫權和曹操都開始對荊州下手，劉表和他的荊州，包括依附他的劉備，都面臨危機。那麼，他們的命運究竟如何呢？

胸無大志也沒有雄才大略的劉表，原本是想在這個群雄逐鹿弱肉強食的時代苟全偏安的，然而樹欲靜而風不止，荊州注定要成為各方爭奪的對象。孫權終於先下手。建安十三年（公元二〇八年）春，孫權實施魯肅和甘寧的戰略規劃，在曹操從烏丸返回鄴城的時候，出兵西征，一舉剿滅了劉表的大將、江夏太守黃祖。其實孫權征黃祖，這是第三次。第一次是在建安八年（公元二〇三年），結果是「破其舟軍」；第二次是在建安十二年（公元二〇七年），結果是「虜其人民」。這一回最厲害，是「屠其城」而「梟其首」。黃祖徹底滅亡了（屠城，即「毀其城，殺其民，若屠者然也」，是歷史上一種極其野蠻的行徑）。

孫權滅黃祖是有原因的。表面上的原因，是要報殺父之仇（孫堅是在和黃祖作戰時中流矢而死）；實際上的原因，則是圖謀荊州。荊州地處吳之上游。孫權即便為了自身安全，也要打荊州的主意；而黃祖身為江夏太守，距離江東最近，當然要拿他開刀。事實上，孫權破江夏、滅黃祖後，勢力已向西部擴展，可以覬覦江陵、貪圖襄陽、鯨吞荊州了。

孫權的勝利讓曹操感到時不我待。曹操很清楚，荊州一旦為孫權所有，整個中國的形勢就會發生巨大變化。前面說過，曹操也是早就想拿下荊州的，而且做了準備。建安十三年正月，曹操在鄴城造玄武池，訓練水軍，這是軍事上的準備。六月，曹操罷三公官，重新設置丞相和御史大夫職務，並自任丞相，大權獨攬，這是政治上的準備。此外，曹操還派張遼屯兵長社（今河南省長葛），于禁屯兵潁陰（今河南省許昌），樂進屯兵陽翟（今河南省禹縣），保衛許都，以防不測，又安撫馬騰，推薦他做衛尉，同時將其家屬扣在鄴城，成為實際上的人質，以解除後顧之憂。做完這些事情以後，曹操於七月份出兵南征劉表。

幾乎在同時，劉表也一病不起，並於八月身亡。據《三國志．先主傳》裴松之註引《魏書》，劉表臨終前曾託國於劉備，被劉備婉言謝絕。劉表說：「我兒不才，而諸將並零落。我死之後，卿便攝荊州。」（《英雄記》的說法是代理荊州刺史）劉備回答說：「諸子自賢，君其憂病。」有人勸劉備接受，劉備說：「此人待我厚，今從其言，人必以我為薄，所不忍也。」

這事裴松之認為不實（此亦不然之言），我也認為靠不住。前面講過，劉表對劉備的態度，如《三國志．先主傳》所說，是「疑其心，陰禦之」，怎麼會把荊州拱手相讓？何況劉表和他老婆早就選定了接班人，這個人就是劉琮。裴松之說：「表夫妻素愛琮，捨嫡立庶，情計久定，無緣臨終舉荊州以授備。」這是在理的。《後漢書．劉表傳》說，劉表病重時，長子劉琦從夏口到襄陽來探視，竟被擋駕，不得相見。劉琦都見不到的人，劉備怎麼見得到？劉備和諸葛亮暗中支持劉琦，蔡瑁一夥不會完全不知道，他們又怎麼會讓劉備去見劉表，讓劉表託國於劉備？何況，就算他們不知道劉備和劉琦的關係，劉備是一個不肯甘居人下的梟雄，他們總是知道的，豈能在這關鍵時刻讓劉備去見劉表？從《後漢書》所說的情況看，病重時的劉表實際上已經被這一夥人控制了；而屯兵樊城的劉備，消息也並不靈通（比如後來劉琮投降曹操，劉備就完全蒙在鼓裏）。劉備和劉表，應該說沒有可能相見。

沒有可能的事，為什麼會有人信以為真呢？原來這事是劉備自己所說。據《三國志．先主傳》裴松之註引孔衍《漢魏春秋》，劉備曾對人說過「劉荊州臨亡託我以遺孤」的話。這話司馬光認為屬實，而且寫進了他的《資治通鑒》。當然，「託孤」和「託國」略有區別。但把劉琦和劉琮託給劉備，也等於交出了荊州。何況「託孤」也好「託國」也好，二劉總要見面。劉備和劉表既然不可能相見，又怎麼可能有「託孤」之事呢？

也有兩種可能。

一種是劉備說了假話。這也沒什麼。當時，曹操長驅直入兵臨城下，荊州大難臨頭人心浮動。一些人不願意荊州落入曹操之手，也很清楚無論劉琦還是劉琮，都抵擋不了曹操的淩厲攻勢，便寄希望於劉備。劉備自己也不想失去荊州，至少不想失去荊州的人心。荊州對於他，進，是成就霸業的根據地，退，是保全性命的棲息地。也就是說，劉備需要荊州，荊州也需要劉備。劉備的話，無妨看作一種穩定人心的策略。

第二種可能，是劉表確曾「託國」於劉備，但並非真心，而是試探。我們知道，劉備到荊州以後，籠絡人心網羅人才，曾經引起劉表的警惕，《三國志・先主傳》說得很清楚：「荊州豪傑歸先主者日益多，表疑其心，陰禦之」。劉表既然在平時都疑心頗重，臨終前又怎能放心？這就要試探，甚至威脅。我甚至懷疑劉表說「我死之後，卿便攝荊州」時，屋後已埋伏着蔡瑁他們安排的刀斧手。劉備「天下梟雄」，政治經驗豐富，還能不明白其中利害？便說了一句漂亮話：「諸子自賢，君其憂病」。其實劉表那兩個寶貝兒子賢不賢，兩個人心裏都有數，這番話不過演戲做秀而已。這也同樣不奇怪。在那個爾虞我詐、弱肉強食的亂世，什麼事情都可能發生。

所以，把劉表的「託國」和劉備的「謙讓」看作「高風亮節」，不過腐儒之見。在這個問題上，我們需要一點「歷史意見」。也就是說，在那個時代，優勝劣汰強者為王，乃是天經地義；而由劉備接管荊州，則是保全荊州的最好方案，有什麼好讓的？諸葛亮不是早就說了嗎——「此殆天所以資將軍，將軍豈有意乎」？可見並無道德問題。實際上劉備此時沒有欣然從命取而代之，並非「不忍」，而是「不能」。所謂「吾不忍也」云云，也是做秀。同樣，諸葛亮建議劉琦出任江夏太守，既是幫了劉琦一把，也是為劉備留了後路。

劉琦出走沒多久，劉表便一命嗚呼，接班人自然是劉琮。這時曹操的軍隊已經在路上了，很快就會兵臨城下。《三國志·劉表傳》說，當時蒯越、韓嵩、傅巽等人都勸劉琮投降。劉琮說，我就不能和諸位一起守住先君留下的基業，以觀天下之變嗎？傅巽說，不能。「逆順有大體，強弱有定勢」。以人臣對抗人主，是以逆抗順；以地方對抗中央，是以弱戰強；以劉備對抗曹操，是以卵擊石。我們三個方面都不行，還要對抗王師，那是找死。不過，最有說服力的還是傅巽下面的這段話。傅巽問劉琮，將軍自己想想，你比得上劉備嗎？劉琮說，比不上。傅巽說，那好！「誠以劉備不足禦曹公乎，則雖保楚之地，不足以自存也；誠以劉備足禦曹公乎，則備不為將軍下也。」也就是說，如果劉備打不過曹操，將軍就無法自保；如果劉備打得過曹操，他還會再做將軍的部下嗎？劉琮一聽就明白了。對抗曹操，無論輸贏，自己都沒有好下場，那還不如投降呢！

劉琮投降，不敢告訴劉備，劉備也不知道。等到曹操大兵已至南陽郡的宛城，劉琮才派宋忠去和劉備講。《三國演義》說宋忠是劉琮派到宛城給曹操送降書的人，回來的路上被關羽攔截捉拿，並非事實。據《三國志·先主傳》裴松之註引《漢魏春秋》，事實是劉琮派宋忠向劉備「宣旨」，劉備「乃大驚駭」，說你們這些人怎麼這樣做事，大禍臨頭才來和我說，不覺得太過分了嗎？於是拔出刀來對宋忠說，我今天就是宰了你也不解恨，只不過不想弄髒了我的刀，也不想丟我的人！

不過此時此刻說什麼都沒有用了，劉備唯一的選擇是走為上計，便帶着諸葛亮和徐庶等人往南走。《三國演義》說劉備出走之前，諸葛亮在新野放了一把火，於史無據。此前的「火燒博望」是有的，但那把火應該是劉備所放（先主設伏兵，一旦自燒屯偽遁，惇等追之，為伏兵所破），沒諸葛亮什麼事。

有事是在南撤途中，不過這有事也等於沒事。《三國志·先主傳》說，當時劉備駐兵樊城，在漢水之北，劉琮的襄陽則在江南，諸葛亮便勸劉備攻擊劉琮。按照諸葛亮的意見，劉琮根本就不堪一擊，而只要拿下襄陽，荊州就是自己的了。然而劉備說「吾不忍也」，謝絕了諸葛亮的建議。這事呂思勉先生認為未必確實。呂先生說：「當時的襄陽，人心自然不定，攻破他自然是容易的，（但是）轉瞬曹操的大兵來了，卻如何能守呢？諸葛一生惟謹慎，怕不會出這種主意罷？」當然這也說不清。反正劉備沒有攻打襄陽，只在路過襄陽的時候對劉琮喊了一番話，然後繼續南逃。

劉備跑得快，曹操追得也快。據《三國志·荀彧傳》，出征前，曹操曾問計於荀彧。荀彧認為，現在「華夏已平，南土知困」，是奪取荊州的大好時機，但必須速戰速決，因此他建議曹操「顯出宛、葉而間行輕進，以掩其不意」，即在大張旗鼓由宛城（今河南省南陽市）和葉縣（今河南省葉縣南）進軍的同時，率輕騎兵抄小路向襄陽和江陵挺進。曹操馬上就明白了其中的道理：襄陽是劉表老窩，而江陵則屯集了大量的軍需物資，包括水戰必需的艦船，這是絕不能讓劉備得手的，於是採納荀彧的建議，浩浩蕩蕩由宛城、葉縣向荊州挺進（直趨宛、葉如彧計），走到半路，留下輜重，自己率輕騎兵直撲襄陽，《三國志・先主傳》的說法是「曹公以江陵有軍實，恐先主據之，乃釋輜重，輕車到襄陽」。曹操抵達襄陽後，得知劉備已向江陵逃竄，又親點五千精銳騎兵，以一天一夜三百里的速度追了過去，試圖將他那個眼中釘、肉中刺一舉殲滅。

曹操的速度快，劉備卻是跑得快，走得慢。說他「跑得快」，是說他逃跑的決心下得快，實際上卻走得很慢。走得慢的原因，是他路過襄陽時，當地許多士人、百姓，包括劉琮的部下都跟着他南撤，隨行人員多達十幾萬，輜重數千輛。這樣一支隊伍，呼朋引類，扶老攜幼，一天只能走十幾里。《三國志・先主傳》說，當時有人勸劉備不要再管這些人了，趕快率輕軍保江陵，然而劉備不肯。他派關羽率領水軍，走水路到江陵會合，自己則堅持和眾人同行。對此，劉備的解釋是：「夫濟大事必以人為本。今人歸吾，吾何忍棄去！」

據歷史學家朱維錚先生說，這可能就是「以人為本」一詞最早的出處。但必須指出，劉備的「以人為本」，和我們現在所講的「以人為本」是不同的。我們今天講「以人為本」，是要以人為「根本」；劉備講「以人為本」，恐怕更多的是以人為「資本」。我們知道，在東漢末年的政治博弈中，劉備的資本或者說本錢是不太多的。但他所到之處，都備受尊敬和歡迎，其原因就在程昱所說，他劉備「有雄才而甚得眾心」。人望、人緣、人心，是劉備的本錢和資本，也是他的根本和基本。一旦丟失，就一無所有。何況，得人心者得天下，失人心者失天下。劉備既然有得天下之意，就必須先得天下之心，這就是「濟大事必以人為本」的含義。因此，儘管追兵在後危險在前，他也不能丟了這個「本」。正如呂思勉先生所說：「要做事業，手下一定要有人」，和道德不道德、仁慈不仁慈沒有關係。

同樣，襄陽地方有那麼多人跟着劉備走，也未必因為在他們眼裏，劉備是好人曹操是壞人，更未必是要跟着劉備打江山，不讓曹操得手。呂思勉先生說得好：「老百姓只要飽食暖衣、安居樂業，誰來管你們爭天奪地的事情？」有人說襄陽士民追隨劉備，是害怕曹操屠城，這也是不確的。沒錯，曹操是幹過屠城的事。興平元年（公元一九四年），曹操征徐州，「所過多所殘戮」。這事影響極其惡劣，荀彧就批評了曹操，曹操後來也接受了教訓，我們以後還要再說。反正，自徐州事件後，曹操已經明白屠城這種野蠻行徑並不利於自己一統天下的事業，何況劉琮已經不戰而降，有什麼必要濫殺無辜呢？曹操還沒有蠢到這個地步。

總之，不知道由於什麼原因，很有一些人跟着劉備走了。此時古風尚存，士人和官員遷移必是拖家帶口舉族而行的，因此人數極多。於是雙方的形勢便不可同日而語。曹操日行三百里，劉備日行十幾里，曹操很快就追上了劉備。兩軍在當陽的長阪（今湖北省當陽縣東北）相遇，勝敗幾乎不言而喻。《三國志・先主傳》的記載只有短短一行字，但劉備當時的狼狽已躍然紙上：「先主棄妻子，與諸葛亮、張飛、趙雲等數十騎走，曹公大獲其人眾輜重。」可憐的劉豫州，這時不但再也講不得「以人為本」，就連老婆孩子也顧不上了。

這一仗雖然是劉備慘敗，但維護劉備的文學家、藝術家也做足了文章。「趙子龍單騎救主」、「張翼德大鬧長阪」，都是大家熟悉的故事。這些事也都有根據。《三國志・趙雲傳》說：「先主為曹公所迫於當陽長阪，棄妻子南走，雲身抱弱子，即後主也，保護甘夫人，即後主母也，皆得免難。」《張飛傳》說：「先主聞曹公卒至，棄妻子走，使飛將二十騎拒後。飛據水斷橋，瞋目橫矛曰：『身是張益德也，可來共決死！』敵皆無敢近者，故遂得免。」可見趙雲救阿斗是實，但劉備並沒有摔孩子；張飛「長阪坡一聲吼」也是實，但並沒有「吼斷了橋樑水倒流」，那橋是張飛拆掉的。

劉備雖然靠張飛保全了性命，靠趙雲找回了妻子，但他並沒有出路。前往江陵的道路已被曹操截斷，他只有東行，和關羽、劉琦會合。但是，劉琦手上，只有一萬人馬；關羽手上，也只有一萬水軍。這兩萬人合起來，能抵擋曹操的泰山壓頂嗎？

就在劉備一籌莫展的時候，魯肅來了。

魯肅是日夜兼程一路趕過來的。原來，劉表病故後，政治上極為敏感的魯肅，立即意識到這件事對於江東的重要性。據《三國志·魯肅傳》，魯肅對孫權說，荊州這個地方，極具戰略意義，不可掉以輕心。魯肅說，荊州「與國鄰接，水流順北，外帶江漢，內阻山陵，有金城之固，沃野千里，士民殷富」，如果能「據而有之」，那就是「帝王之資」。現在劉表死了，兩個兒子早有矛盾，軍中將領也各有彼此，再加上劉備這個「天下梟雄」夾在當中，未來局勢很不明朗。劉備在劉表這裏是很不得志的（表惡其能而不能用也），和曹操又有矛盾（與操有隙）。如果現在他和劉琦、劉琮齊心協力、同心同德，我們就應該與之聯盟；如果他們同床異夢、互不合作，我們就應該另打主意，以濟大事。所以，請將軍派我以弔唁的名義出使荊州，到那裏去探探虛實，做做工作。

魯肅的想法其實很明確，那就是要利用劉表去世這樣一個機會，實施他那個「東吳版」或者「孫權版」的《隆中對》。其戰略目標，是將荊州「據而有之」，以為孫權的「帝王之資」；其戰術方案，則是聯合劉備來對抗曹操（說備使撫表眾，同心一意，共治曹操）。而且，魯肅斷定劉備「必喜而從命」。那樣一來，就「天下可定」了。因此他請孫權早做決斷。如果不早去，就怕曹操搶了先（恐為操所先）。

做出這個決斷不太容易，因為孫權和劉表，或者說江東集團和荊州集團是世仇。孫權的父親是被黃祖殺死的，黃祖也剛剛被孫權所殺，但孫權是一個政治家，政治家就不會感情用事意氣用事。他馬上就批准了魯肅的計劃，魯肅也立即啟程。然而曹操的動作更迅速。魯肅從柴桑（今江西省九江市）走到夏口（今武漢市漢口），曹軍已向荊州；走到江陵，劉琮已經投降。措手不及的劉備從樊城出走，準備南下渡過長江。魯肅得到消息，立即北上，與劉備相會於當陽長阪。

對於兵敗如山倒、已經狼狽不堪的劉備來說，魯肅真是天上掉下來的活神仙。據《三國志·先主傳》裴松之註引《江表傳》，魯肅和劉備有這樣一番對話。魯肅問劉備，豫州現在準備到哪裏去？劉備說，準備投靠蒼梧太守吳巨。魯肅說，吳巨是個凡人，遠在天邊，自身難保，還能保護將軍嗎？依魯肅愚見，不如和孫將軍聯合，共圖大業。孫將軍聰明仁慧，禮賢下士，兵多將勇，眾望所歸，而且擁有會稽、丹陽、吳郡、豫章、廬陵、廬江六郡之地。如果貴我雙方聯盟，足以成就大事呀！而且，據《三國志·魯肅傳》，為了促成此事，魯肅還和諸葛亮套近乎，說我是令兄諸葛瑾先生的好朋友啊！

其實這話也可說可不說，因為這個方案很對劉備心思，也符合諸葛亮在隆中定下的規劃和方略。結果如《三國志・魯肅傳》所說，是「即共定交」。於是劉備、諸葛亮和魯肅同行，與前來接應的關羽、劉琦一起，率軍東向，從當陽來到夏口（後來又到樊口）。這時曹操也沒有再追殺劉備，而是率軍直撲江陵。劉備似乎可以喘口氣了。

然而曹操卻並不讓劉備消停。他在得到了江陵的軍需物資以後，就決定順江東下。曹操的矛頭自然是指向劉備的，至少劉備是首當其衝；而孫權的態度和立場卻不明確，也不明朗，《三國志・諸葛亮傳》的說法是「時權擁兵在柴桑，觀望成敗」。這實在是太危險了。因此諸葛亮就向劉備提出立即出使東吳，說服孫權聯盟抗曹的建議。諸葛亮的說法是：「事急矣，請奉命求救於孫將軍。」

這話說得鏗鏘有力擲地有聲，然而在《三國演義》裏面卻還有一場忸怩作態：「肅堅請孔明同去，玄德佯不許。」這其實是小說家言，事實應該是諸葛亮挺身而出，劉備當機立斷，根本就沒有那麼多裝腔作勢。生死攸關，豈能兒戲？後來，諸葛亮在他的《出師表》裏回憶說：「後值傾覆，受任於敗軍之際，奉命於危難之間」，說的就是這件事。我們從他的話裏，不難想見當時的氣氛。

顯然，這是關係到劉備集團生死存亡的事情。但這件事的成功與否，卻並不取決於劉備方面的一相情願，也不完全取決於諸葛亮的外交才能。其根本，還在於江東集團的政治利益。

【第二十一回】

臨危受命

曹操南征荊州，勢如破竹；劉備敗走當陽，求救江東。這就使原本計劃要奪取荊州與曹操劃江而治的江東集團，處於一個尷尬境地和兩難選擇。不幫劉備，唇亡齒寒；幫助劉備，養虎遺患。

魯肅和諸葛亮都在應對突如其來的變故，也都在開始實施自己的計劃，而他們的成功與否，就全看孫權如何決策了。

孫權的決策並不容易，因為這意味着他要在曹操和劉備之間做一個選擇。論親疏，孫權和曹操是姻親——曹操的姪女嫁給了孫權的弟弟（孫匡），曹操的兒子（曹彰）娶了孫權的姪女。輩分關係雖然有點混亂，總歸結了親。不像劉備，非親非故，八竿子打不着。論強弱，按照《三國志・劉曄傳》的說法，曹操南征荊州時已是「九州百郡，十併其八，威震天下，勢懾四海」，可謂實力雄厚；劉備則本無力量，又遭打擊，落落如喪家之犬。論情感，孫權對曹操是又恨又怕又作恭敬狀，對劉備這個「天下梟雄」則談不上喜歡不喜歡，至少犯不着去管他的死活。但是，曹操的手伸到自己的隔壁，而且是自己覬覦的地方，孫權是不高興的。何況這次被消滅的是劉備，下一步可能就會輪到自己。至少，佔據荊州的計劃就會落空。這種唇亡齒寒的感覺，孫權不會沒有；由此造成的嚴重後果，孫權也不能不考慮。

但是決策卻很難，因為有一筆賬很清楚，那就是天底下沒有免費的午餐，也沒有火中取栗不燒手的事。一旦介入曹劉之爭，那就再也脫不了干係。何況劉備「天下梟雄」，也不是什麼「善類」，幫他等於幫強盜，弄不好還會引狼入室。問題是袖手旁觀就安全嗎？也未必。想當年，劉表在官渡之戰時採取中立態度，結果是曹操滅了袁紹又來滅他。總之，幫助劉備，無異於引火燒身；不幫劉備，則等於助紂為虐。反過來說也一樣：不幫劉備，唇亡齒寒；幫助劉備，養虎遺患。聯劉不是，降曹不是，守中立也不是。這就尷尬，也就兩難。何去何從，對年輕的孫權（二十七歲）來講，不能不說是一個嚴重的考驗。

因此，在事態還不嚴重、情況還不明了的階段，孫權的態度是猶豫的。《三國志・諸葛亮傳》說，當時孫權「擁軍在柴桑，觀望成敗」，應該說是準確的描述。然而孫權最後卻決定聯劉抗曹。正是由於孫權的這一決策，曹操的勢力再也無法到達南方，歷史也開始由諸侯混戰變成三國鼎立。因此，這可以說是一個劃時代的決策。但問題是，原本打算「觀望成敗」的孫權，最後為什麼會毅然介入曹劉之爭？究竟是誰使他做出了這樣的決定？

在一般人看來，扭轉了乾坤的當然是諸葛亮。這顯然是受了《資治通鑒》和《三國演義》的影響。尤其是《三國演義》，還特別安排了「舌戰群儒」和「智激周瑜」，似乎不但「主和派」的投降論調要靠諸葛亮來痛斥，就連周瑜也都需要他來「激勵」，魯肅則只能傻乎乎地乾着急。《三國演義》是小說，且不去管它。《資治通鑒》是正史，就不能不討論了。

那我們就先來看《資治通鑒》怎麼說。

《資治通鑒》說，魯肅到當陽見到劉備和諸葛亮後，雙方一拍即合（即共定交）。於是劉備採納魯肅的計策（備用肅計），進住鄂縣樊口（今湖北省鄂州市），諸葛亮則和魯肅一起到柴桑（近江西省九江市）去見孫權。這裏有一個問題，就是《三國志》的《先主傳》、《關羽傳》、《吳主傳》、《周瑜傳》和《魯肅傳》，都說是到夏口，不是樊口。到樊口是《江表傳》的說法，而且應該是諸葛亮使吳以後，但這是小問題，且看他後面怎麼說。

按照司馬光的描述，諸葛亮應該很快就見到了孫權。諸葛亮一出場，就表現出非凡的政治智慧和外交才能。作為荊州方面的代表，諸葛亮和孫權初次見面，自然要有一段開場白，以便分析形勢，介紹情況，說明來意。這話如果是由平庸之輩來說，八成不是客套話，就是打官腔。但到了諸葛亮那裏，卻變成了折衝樽俎的經典，可以看作外交學的絕妙教材。

諸葛亮的第一句話是這樣說的：「海內大亂，將軍起兵江東，劉豫州收眾漢南，與曹操並爭天下。」這話精彩！表面上看，諸葛亮只不過平平淡淡地描述了局勢，回顧了歷史，但這三言兩語之中，卻埋下了伏筆，充滿玄機。我們知道，天下大亂群雄並起逐鹿中原，並非只有曹操、劉備、孫權三家。已經被消滅了的，比如袁紹、袁術、呂布等等，或許可以不算，劉璋、張魯、馬超他們也不算？但是諸葛亮隻字不提。不提的原因，可以解釋為他們不值一提，也可以解釋為現在要談的事情與他們無關。但既然只說當前之事，那就應該說「並爭荊州」，不該說「並爭天下」。說「並爭天下」，等於說三分天下的就是我們，或者能爭天下的就是三家。這就把《隆中對》的觀念和思想，在不知不覺中傳遞給孫權了。

與此同時，諸葛亮又不動聲色地傳達了第二個信息，那就是在這三家中，我們兩家是統一戰線，因為是我們兩家「與曹操並爭天下」，曹操是我們共同的敵人。我們知道，弄清楚誰是我們的朋友，誰是我們的敵人，是政治鬥爭的首要問題。這個問題不能不說，但又不能刻意地說。刻意去說，不是引起猜疑，就是引起反感。尤其是作為劉備的代表，就更不能那麼說，因為就實力而言，劉備和曹操、孫權實在不能同日而語。曹操擁有半個中國，數十萬大軍，孫權也好歹有江東六郡十萬精兵。劉備呢？對不起，只有一郡之地兩萬人馬，這還是算上了劉琦的那一份。如果諸葛亮公開亮出「統戰」旗號，恐怕孫權肚子裏就會冷笑：就你那個要啥沒啥的劉豫州，也和我同日而語？但現在諸葛亮只是講歷史，講情況，孫權就沒有什麼話好說。孫權不說，也就等於默認。

於是，輕飄飄一句「將軍起兵江東，豫州收眾漢南」，就使劉備獲得了和孫權平起平坐的地位，也使自己獲得了和東吳方面對等談判的地位，還不動聲色地把孫權拉下水，把他置於和曹操敵對的地位。這可真是一箭數雕。好了，既然我們兩家是統一戰線，曹操是我們共同的敵人，那你還不趕快出兵幫我們打？要知道，這才是諸葛亮出使東吳的真正目的。這根骨頭，就這麼不顯山不露水地埋在了開場白裏面，諸葛亮的外交能力不能不讓人佩服。

實際上「將軍起兵江東，豫州收眾漢南」這句話的意義還不止於此。孫權集團確實發家於江東，所以「將軍起兵江東」的說法沒有問題。但是，劉備卻並非在漢南起兵，他起兵是在涿郡的涿縣，也就是現在河北省的涿州市，為什麼要說「收眾漢南」？我認為諸葛亮的用心很深。我們知道，劉備從漢靈帝末年起兵到依附劉表，一直是寄人籬下，沒有自己獨立的地位。一個沒有獨立地位的集團，是沒有資格和孫權這樣實際上的獨立王國國王對話的。但是現在劉表死了，諸葛亮來了，劉備也獨立了。「收眾漢南」就是獨立的標誌。所以，諸葛亮回顧歷史也好，描述現狀也好，都不能說「起兵涿郡」，只能說「收眾漢南」。這就等於告訴孫權，我們劉豫州和你孫討虜一樣，也是一個獨立王國的君主，而且我們將來還要三分天下。現在，還是趕緊把「與曹操並爭天下」的局面定下來吧！

這些就是諸葛亮「海內大亂，將軍起兵江東，劉豫州收眾漢南，與曹操並爭天下」這句話的話外音。短短二十四個字裏面竟然暗藏着那麼多的潛台詞，孔明不愧談判高手！

不過東吳方面也未必就那麼好糊弄。好吧，就算你們劉豫州和我們孫討虜一樣，也是一方霸主，甚至可以和曹丞相叫板抗衡，那怎麼不繼續呆在荊州呢？又怎麼跑到我們這裏來搬救兵呢？這就必須有個交代。但這個問題不能深究，只能敷衍了事，於是諸葛亮輕描淡寫一筆帶過：現在，曹操已經平定了中原，攻破了荊州，威震四海。我們劉豫州「英雄無用武之地」（《三國志》的說法是「英雄無所用武」），所以到了這裏（故豫州遁逃至此），請將軍根據自己的力量做一個決斷，看看應該怎麼辦（願將軍量力而處之）。

這可真是太極高手！一句「英雄無所用武」，一句「量力而處之」，輕飄飄四兩撥千斤，球就踢到孫權那裏去了。按照諸葛亮的這個說法，似乎劉備既未戰敗，也不狼狽，有麻煩的倒是孫權，還要他自己「量力而行」，也不想想這麻煩是誰給孫權惹來的。

但你不能說諸葛亮不對，因為他話裏有話，而且是給孫權交底。沒錯，我們劉豫州確實沒有用武之地，卻也因此沒了麻煩，因為反正是死路一條，了不起拚他個魚死網破。反倒是您孫將軍，雖有用武之地，卻也有不少麻煩。為什麼呢？因為你觀望狐疑，猶豫不決，「事急而不斷」呀！所以諸葛亮對孫權說，如果江東能夠和中原抗衡，不如及早和曹操一刀兩斷。如不能，就應該偃旗息鼓，俯首稱臣。像將軍這樣，表面上惟命是從，實際上心懷二志（外託服從之名，而內懷猶豫之計），火燒眉毛卻當斷不斷，恐怕馬上就會大禍臨頭（禍至無日矣）。這意思就再清楚不過：我們劉豫州是英雄無用武之地了，您孫將軍還是有用武之地的。但是如果用得不好，就是麻煩，閣下就看着辦吧（量力而處之）！

明明是自己走投無路，只好「求救於孫將軍」，卻偏說是孫權有麻煩，還要做出一副設身處地替他謀劃的樣子，這可真是反客為主，得了便宜又賣乖！孫權當然不吃這一套，馬上就反唇相譏說，既然如此，你們劉豫州怎麼就不投降呢？

這話說得夠刻薄，挖苦諷刺之意溢於言表，也不好回答。諸葛亮卻大義凜然地回答說，想當年，齊國壯士田橫不過是個匹夫，尚且不肯投降（守義不辱），何況劉豫州！我們劉豫州可是王室之胄，英才蓋世，眾望所歸（眾士慕仰，若水之歸海）呀！我們是鐵定要抵抗的。如果抵抗失敗，那是天意（此乃天也）。投降，卻是萬萬不能！

這就只能看作外交辭令了。沒錯，劉備當然是英雄，但並非從來就不投靠他人，或投降他人。在此之前，他可是在不斷地在改換門庭，包括投靠曹操，也包括投降別人。當呂布來襲擊他，俘虜了他的老婆孩子時，他不也「求和於呂布」嗎？那個時候，劉備難道就不是「王室之胄，英才蓋世，眾士慕仰，若水之歸海」？當他一會兒投靠陶謙，一會兒投靠呂布，一會兒投靠曹操，一會兒投靠袁紹時，他的「骨氣」在哪裏？畢竟，人在屋簷下，不能不低頭。何況我們這位「劉皇叔」，可歷來就是能屈能伸的。看來學得烏龜法，該縮頭時且縮頭，才是他的一貫作風。《三國演義》有詩詠劉備云：「勉從虎穴暫趨身，說破英雄驚煞人。巧借聞雷來掩飾，隨機應變信如神。」這倒是說準了劉備的性格。可見「守義不辱」是大話，「隨機應變」才是實話。我們當然沒有必要因此譴責或者小看劉備，但也別真以為他是寧折不彎的什麼「錚錚鐵漢」。其實，這回那位劉豫州不肯投降哪裏是骨頭硬？是吃準了曹操根本就不會放過他，投降也沒用，只能死硬到底。

當然，這些話諸葛亮不能說穿，何況諸葛亮的說法也並不錯。要知道，當時劉備集團的處境十分危險，除了抵抗到底別無出路，而孫權方面卻還很猶豫。在這種情況下，作為劉備方面的使節，無疑只能以高尚的道德激勵對方，決不能長他人志氣，滅自己威風。至少，諸葛亮這樣說，就把劉備方面準備抵抗到底的信息，傳達給了孫權。這對於雙方的合作是十分重要的。另外，諸葛亮這麼說，也可能是認為二十七歲的孫權少年氣盛血氣方剛，要激他一下。果然，孫權吃不消了，勃然變色說，我孫某又豈能以六郡之地十萬精兵受制於人？於是當場表態：「吾計決矣，非劉豫州莫可當曹操者！」

諸葛亮達到目的了，但孫權還是有點不放心，也不買「英雄無所用武」的賬，直截了當就問：「豫州新敗之後，安能抗此難乎？」諸葛亮便又向孫權陳述了戰勝曹操的可能性，以及曹操失敗的必然性。諸葛亮說，曹操率領輕騎兵千里奔襲，殺到這裏已成強弩之末，哪裏會有戰鬥力？北方之人，不習水戰，哪裏會有戰鬥力？劉琮的部隊投降曹操，原本是迫於壓力，並非心悅誠服，又哪裏會有戰鬥力？事實證明，諸葛亮的這些判斷完全正確。更重要的是，諸葛亮還帶來一個重要的信息，那就是劉備雖然敗於長阪，但剩餘部隊加上關羽的水軍，也還有一萬人馬，劉琦那裏也有一萬。荊州水軍，並沒有全都落到曹操手上。實際上，江東集團對於是和是戰之所以一直爭論不休，其中一個重要原因，就是以為劉備已全軍覆沒，荊州已全部淪陷。既然劉備方面還有這麼多的力量，那就太讓人欣慰了！

於是「權大悅，與其群下謀之」。但長史（秘書長）張昭等人卻都主張投降曹操，只有魯肅私下裏表示了不同意見，並勸孫權召回在外地的周瑜。周瑜自然也是主戰的。有了他們兩個的支持，孫權最後下定了決心，支援劉備對曹作戰，並且作了部署。這就是《資治通鑒》所說孫權決策的整個過程。按照這個順序，諸葛亮說服孫權在前，魯肅旁敲側擊、周瑜推波助瀾在後。孫劉聯盟，是諸葛亮外交活動的輝煌成果。

不可否認，《資治通鑒》這一段講述是有依據的，基本上是照抄《三國志》正文及裴註，只有個別文字不同（比如將「英雄無所用武」改成「英雄無用武之地」），無傷大雅，也沒有添油加醋，應該說真實可信，但是這裏面有問題。問題的關鍵，就是《三國志》並沒有告訴我們孫權和諸葛亮的這次談話是在什麼時候。比方說，是在和「群下」商量討論之前呢，還是之後？這個問題，《三國志》是沒有說的。這裏面可是大有文章。因此我們要問，孫權是否可能不和任何人商量，僅憑諸葛亮一席話就拍板表態？

我認為不可能。

第一，曹操發動的這場戰爭，原本就不是衝着孫權來的。《三國志．武帝紀》說得很清楚：「公自江陵征劉備」，「公至赤壁與備戰」。也就是說，這場戰爭，也包括後來的赤壁之戰，原本是曹劉之戰，孫權是被拖下水的。既然曹操打的是劉備，奪的是荊州，並不關孫權什麼事，孫權又怎麼可能僅憑諸葛亮一席話就捲入這場是非，去趟這汪渾水？有人說是因為諸葛亮使用了激將法。這就實在太「小兒科」了一點，未免把歷史文學化，視政治為兒戲了。要知道，政治家進行決策是不能感情用事的，孫權也不例外。不錯，孫權當時是還年輕，卻也少年老成，哪裏會像《西遊記》裏的孫猴子一樣，你一激，他就跳將起來？

第二，孫權集團內部對於此事一直有不同看法。不少人主張倒向曹操，甚至投降曹操。這一派，我們無妨稱之為「主和派」，或「降曹派」，或「鴿派」。魯肅、周瑜等人則主張聯合劉備，對抗曹操。這一派，無妨稱之為「主戰派」，或「聯劉派」，或「鷹派」。這兩派的分歧很大，爭論也很激烈，正所謂「文要降，武要戰，紛紛不定」。當然，這話是戲文裏說的，不能看作史料；按照文臣武將來區分兩派，也未免簡單了一點。但「紛紛不定」，則是可以肯定的，有《三國志》之《吳主傳》、《周瑜傳》和《魯肅傳》的記載為證。《吳主傳》說「是時曹公新得表眾，形勢甚盛，諸議者皆望風畏懼，多勸權迎之，惟瑜、肅執拒之意」；《周瑜傳》說孫權「延見群下，問以計策」，大家都主張投降而周瑜反對；《魯肅傳》則說「權得曹公欲東之問，與諸將議，皆勸權迎之，而肅獨不言」，可見確實是「紛紛不定」。

問題在於，這種「紛紛不定」是不是像司馬光說的那樣，是在孫權和諸葛亮談話並且表態之後呢？我認為不可能。江東集團是一直關注着荊州的，他們應該早就有反應。也就是說，「鷹派」和「鴿派」早就形成了，孫權也應該是心裏有數的。以孫權之善於「舉賢任能，各盡其心」，怎麼可能在其內部還沒有充分討論統一思想的情況下，就對一個其實是潛在競爭對手的外人輕率表態？

這個問題，就連羅貫中也想到了。因此，在諸葛亮見到孫權之前，《三國演義》安排了一場「舌戰群儒」。可惜此事於史無據，也就不能算數。何況，就算是事實，那也是「荊州鷹派」和「江東鴿派」的辯論，不是孫權集團內部的討論。當然，討論也是有的，因為孫權集團的內部會議，《三國演義》是安排在孫權和諸葛亮談話之前的，但可惜沒有結論。再說，有結論也沒有用，因為這不是《資治通鑑》的時間順序。

第三，諸葛亮這次行動的成功與否，並不完全取決於他的外交才能，而在於江東集團的政治利益。事實上，孫權最後決定出兵幫助劉備，並非行俠仗義，路見不平一聲吼，而是為了保住自己的既得利益，甚至在此前提下再撈一把。其實，但凡如此重大的決策，都只能是對政治利益進行反復掂量，對成敗得失進行反復權衡之後的選擇。但是我們前面說過，這筆賬並不好算。弄好了可以火中取栗，弄不好就是引火燒身。這其實是押寶，是賭博。孫權如果算得清、算得準，諸葛亮不來做工作他也會做決策。正因為一時半會拿捏不準，這才猶豫。因此可以肯定，孫權是對諸葛亮表了這個態，但不是在一開始，也不是因為諸葛亮的激將法。他之所以答應幫助劉備，是因為在此之前，已經有人幫他算清了賬。

或許有人要問，這個人難道就不能是諸葛亮嗎？我認為不能。因為諸葛亮不可能真正幫孫權進行政治利益的掂量和成敗得失的權衡。這工作諸葛亮不是沒做，而是沒做到位。沒做到位也不是沒有水平，而是立場所決定。作為劉備集團的使節，諸葛亮只可能代表劉備的利益，不可能代表孫權的利益。為了劉備的利益，他可以幫孫權出謀劃策，甚至可以做到設身處地，但再設身處地，立場也不會變，說服力也就會打折扣。這一點，我們後面還要講到。

何況孫權要考慮的，除了江東集團的利益，還有他個人的利益。由此可見，真正能夠說服孫權並幫他拿定主意的，只可能是他那個集團內部的「自己人」，而且是深知孫權內心深處的想法，能夠真正替他着想的人。那麼，這個人是誰呢？

【第二十二回】

力挽狂瀾

諸葛亮對孫權的勸說，無疑是其外交活動中精彩的一筆，但幫孫權拿定主意的，並非諸葛亮。

諸葛亮作為劉備集團的使節，代表的是劉備的利益，堅守的是劉備的立場。他怎麼可能深入孫權的內心世界，貼心貼肺地替孫權着想？不能深入其心，又怎能把賬算清？

當然，賬還是算了的。而且，諸葛亮說服孫權的主要辦法也是算賬。他幫孫權算了三筆賬。第一，關鍵時刻，最忌猶豫。當斷不斷，反受其亂。像你這樣「外託服從之名，而內懷猶豫之計」，結果必然是兩頭不討好。第二，江東兵強馬壯，荊州尚有餘威，只要貴我雙方「協軌同力」，則「破操軍必矣」。第三，曹軍一旦失利，必定退回北方。這樣一來，我們荊州和你們東吳的力量就會強大起來，三足鼎立的形勢也就形成了（如此則荊、吳之勢強，鼎足之形成矣），所以「成敗之機，在於今日」。

這當然能打動孫權，但還不是最能打動孫權的。因為諸葛亮算的這三筆賬，並沒有也不可能觸及孫權內心深處最隱秘的東西，何況諸葛亮的算法也有問題。有什麼問題呢？有兩筆賬沒算。第一，他只是說你孫權要麼投降要麼戰鬥，不能觀望狐疑，猶豫不決，卻沒說投降了會怎麼樣。這可是關鍵問題。如果投降的結果很好，為什麼不呢？第二，他只說如果能夠戰勝曹操，就可以三分天下，至少也能三分荊州，但打敗了呢？也沒說。那好，如果敗了怎麼辦？你們劉豫州打敗了，那是咎由自取。孫將軍可是被你們拖下水的。他要是敗了，請問誰為他埋單？這個諸葛亮也沒說。這就等於說，我們去搶銀行吧！搶成了，一輩子都不缺錢花。但是被發現了會坐牢，會殺頭，卻不告訴你。警察來抓，我也不管你。請大家想想，有這麼說話的嗎？我要是孫權，就不上這個當！

其實，兵馬未動，先想敗局，這個道理諸葛亮不會不懂。同樣，替人謀劃，就要把話說透，這個道理諸葛亮也不會不懂。那他為什麼不說？因為沒有辦法。曹操的軍隊已在路上，殺氣騰騰、虎視眈眈。如果孫權不出兵，劉備大約只有死路一條。諸葛亮呢？和劉備已經「厚相結納」，決心同生死、共患難。何況自劉備三顧茅廬以來，諸葛亮一直是紙上談兵，可謂寸功未立。這回出使東吳說服孫權，正是他「初出茅廬第一功」。無論從道義上講，還是從策略上講，諸葛亮都只能千方百計去遊說孫權，別無選擇！所以，我們不能怪他沒說清楚，但要說孫權心裏不明白，怕也未必。他之所以並不追問，很爽快地就回應了諸葛亮，是因為此前已經有人說服了他。那麼，這個人是誰呢？

我認為是魯肅。

為什麼是魯肅呢？因為魯肅是東吳集團政治路線和政策策略的設計師。前面說過，魯肅是有一個「東吳版」之《隆中對》的。根據魯肅的這個規劃，也根據孫策的政治遺囑，東吳集團的政治路線，應該是「保江東」而「觀成敗」，先三分而後一統。第一步，鞏固和發展孫策創立的基業；第二步，奪取荊州和益州，和曹操劃江而治；第三步，在適當的時候北伐，統一中國，建立新王朝。

應該說這是一個不錯的規劃，因為它包含着近、中、遠三個步驟，高、中、低三個目標。最高綱領和遠期目標是一統天下，最低綱領和近期目標是保住江東，居中而有彈性的是奪取荊益。荊州和益州當然不是他孫權和魯肅說要就能要的，但逆水行舟，不進則退。有此「以攻為守」的策略，則最差也能割據一方南面稱孤，因此可以說是如意算盤。但是這個如意算盤卻有一個重要前提，那就是荊州在劉表手上。以劉表之反應遲鈍、軟弱無能、不思進取和空談誤國，當然可以打他的主意。

因此，曹操的南征和劉表的去世，便打破了孫權和魯肅的好夢。魯肅馬上意識到事情的嚴重性，向孫權請命奔赴荊州，孫權也馬上就批准了他的行動。可惜，孫權、魯肅也好，劉備、諸葛亮也好，都沒想到曹操的動作會那麼快，結果「肅未到而曹公已臨其境」。於是魯肅當機立斷，向劉備提出雙方聯合「共濟世業」的建議，實際上是想讓劉備當擋箭牌，不讓荊州落入曹操之手。所以，孫權是否同意連劉抗曹，諸葛亮固然着急，魯肅也着急。

這個時候，曹操幫了他們的忙。由於我們不能確知的原因，曹操莫名其妙地給孫權寫了一封信，說是「近者奉辭伐罪，旄麾南指，劉琮束手。今治水軍八十萬眾，方與將軍會獵於吳」。這話翻譯過來就是：最近老夫奉朝廷之命，伐有罪之人。軍旗往南一指，劉琮就舉手投降。現在，老夫又準備了八十萬水軍，準備和將軍您一起，在您呆的那個地方打打獵。這真是好大的口氣。所以，當孫權把這封信交給部下看時，部下「莫不響震失色」。

曹操這封信是本案的一個關鍵，因為這是曹操的對吳宣戰書，也是形勢急轉直下的轉折點。在此之前，這場戰爭是曹劉之戰，即曹操征劉表，降劉琮，伐劉備。這個時候，孫權是可以隔岸觀火的。但此信一出，曹劉之戰就變成了曹孫之戰，劉備的事情就變成了孫權自己的事情，孫權再也無法作壁上觀。這可大不一樣。

因此我們要問，曹操是否寫了這封信？曹操為什麼要寫這封信？曹操這封信是什麼時候送到孫權那裏的？

曹操這封信的原文，不見於《三國志》正文，而見於其《吳主傳》裴松之註所引《江表傳》。正文的說法，是「曹公新得表眾，形勢甚盛，諸議者皆望風畏懼，多勸權迎之」。《周瑜傳》也說曹操奪得荊州後，江東這邊「將士聞之皆恐」，也沒說收到一封什麼信。我們知道，《江表傳》是晉人虞溥（音普）的作品，後來由他的兒子虞勃獻給晉元帝。這是東晉時期的事，陳壽當然不可能看到。但曹操給孫權寫信，在當時也應該算是大事，陳壽會不知道？為什麼《三國志》不收錄這封信，而要採用「望風畏懼」、「聞之皆恐」這個說法呢？因此，曹操是否寫了這封信，實在可疑。

曹操這封信也寫得蹊蹺。如前所說，曹操發動這場戰爭的初始目的，是征劉表，滅劉備，佔據荊州，並不關孫權的事。據《三國志·程昱傳》，劉備逃往夏口時，除程昱外，曹操的許多謀士都認為孫權肯定會殺了劉備（論者以為孫權必殺備）。這是很能代表曹操集團的想法的。顯然，這個時候，曹操最希望的，是孫權幫他殺了劉備，至少也要守中立。他怎麼會寫這樣一封刺激孫權的信？

有學者（比如尹韻公先生）認為，曹操寫的是恐嚇信。這是有道理的。因為曹操所有的兵力加起來也沒有八十萬，又哪來的八十萬水軍？明擺着是虛張聲勢嘛！那麼，曹操為什麼要虛張聲勢呢？是為了警告孫權，或者給孫權打招呼：你小子不要管閒事！既不要幫助劉備，更不要覬覦荊州。你要是胡亂插手的話，老夫可不是好惹的！

恐嚇當然也是戰爭中常用的手段，何況是曹操這個「奸雄」！自然「兵不厭詐」。但這裏有個問題，就是這種做法會不會適得其反？按照曹操謀士程昱的預測，孫權是有可能和劉備結盟的。程昱說，曹公原本就無敵於天下，最近又拿下了荊州，已經「威震江表」。孫權雖然有勇有謀，但年紀輕，資歷淺，在位時間短，單槍匹馬顯然力不從心。劉備這個人素有英名，關羽、張飛也都是「萬人敵」，孫權肯定要利用他們對付曹公。如果他們聯手，局勢就會難解難分，殺劉備就更困難了。

程昱這個預測很有道理。孫權受到威脅，你不讓他找幫手，是不可能的。劉備打了敗仗，你不讓他往東吳那邊跑，也是不可能的。對於曹操來說，最好的結果，是孫權像袁紹、劉表一樣，把劉備養起來，既不用他也不幫他。在這種情況下，你去嚇唬孫權，豈不是逼得他們結為同盟結為死黨？這個道理，曹操是懂得的。就在一年前，被曹操打得落荒而逃的袁尚和袁熙逃往遼東，曹操就不追，也不討伐收留他倆的公孫康。曹操說：「急之則並力，緩之則自相圖」，不如等他們自己打起來。再早一些，征袁譚、袁尚時，郭嘉的建議也是如此。這顯然是明智的。那麼，這一回曹操為什麼不等他們「自相圖」，偏要「急之」？

因此不能排除另一種可能性，就是曹操在順利佔領荊州後，起了得寸進尺的心思，打算一鼓作氣再消滅東吳。畢竟，他手上並非只有那五千輕騎兵，還有十幾萬大軍跟在後面。這也有可能。《三國志．賈詡傳》說「太祖破荊州，欲順江東下」，而賈詡反對。賈詡認為，曹操「昔破袁氏，今收漢南」，已經「威名遠著」了。下一步，就應該實行懷柔政策，安撫荊州士民，讓他們安居樂業，過和平安定的好日子。那樣一來，便「可不勞眾而江東稽服矣」。從這段文字看，當時曹操「順江東下」，打的就是孫權。

因此，這事有三種可能：一，曹操寫這封信是向孫權下戰表；二，曹操寫這封信是為了嚇唬孫權；三，曹操沒有寫這封信。我個人的意見，這封信可能寫了也可能沒寫。但如果寫了，那就是向孫權下戰表。至於它是什麼時候送到江東的，以後再說。

其實，就算曹操不寫這封信，東吳方面也十分緊張。因為單是曹操在荊州的淩厲攻勢，就已經讓他們「望風畏懼」了。而且，不管怎麼說，曹操「順江東下」，矛頭所指，不是孫權也是孫權。也就是說，不管曹操寫沒寫這封信，江東諸臣的感受都是大禍臨頭，這才會有投降曹操的主張。如果曹操只是要滅劉備，他們投什麼降？

這就到「烈火見真金」的關頭了。

當時，孫權肯定召開了緊急會議。開會的原因，是孫權得到了曹操要來打他的消息。得到消息的途徑，《資治通鑒》和《三國演義》都說是收到了曹操的信，《三國志‧魯肅傳》則說是「得曹公欲東之問」。問，就是消息、信息，很可能是情報。那時各方的情報工作也都是做得很好的。總之，孫權明確得知曹操殺過來了，就和部下商量應該怎麼辦。結果上上下下一片投降論調，大小官員「皆勸權迎之」，只有魯肅一言不發（肅獨不言）。孫權無奈，起身上廁所，魯肅也跟着追到屋簷下。聰明的孫權立即意識到魯肅有話要說，而且是極其重要的話，便拉着他的手說，足下有什麼要對我說的嗎？

魯肅確實有話要說，而且他意識到這是說服孫權的最好時機，只是這些話不能當眾說出來。為什麼呢？我們知道，魯肅到當陽見劉備，勸說劉備與孫權聯合，是得到了孫權事先批准的。魯肅請命的時候說得很清楚，他此行的目的，是「說備使撫表眾，同心一意，共治曹操」。既然如此，孫權怎麼又猶豫呢？是因為有一筆賬不太好算：不幫劉備，荊州就是曹操的；幫助劉備，荊州就是劉備的。兩個都不幫，袖手旁觀，荊州仍然不可能變成自己的，弄不好戰火還會燒到家門口來。這實在是不好決策。但是現在問題變了，不再是要不要幫助劉備，而是要不要投降曹操。這個賬就好算得多。把這個賬算清，也就什麼都清楚了。

於是魯肅就對孫權說，剛才那些人的議論，都是誤導將軍。投降曹操不是不可以，但要看是誰。比如我魯肅，是可以的；將軍您，就不可以。為什麼呢？魯肅投降曹操，曹操會讓魯肅回到家鄉，接受地方上的品評，獲得一個品行和才能的鑒定。然後，魯肅就可以做一個最基層的小官，坐着牛車，帶着隨從，和士大夫們交往，一步一步升上去，當個郡守、州牧總不成問題。然而將軍如果投降曹操，又能到哪裏去呢？

這當然是只能悄悄說的話，但說到孫權心坎上了。孫權歎息說，剛才他們的議論，很是讓我失望。只有仁兄這一番話，才是深謀遠慮，正和我的想法相同，這是上天以仁兄賜我啊（今卿廓開大計，正與孤同，此天以卿賜我也）！

魯肅這樣說，是因為他看透了孫權的心思；而他能夠看穿孫權，又因為他和孫權有同樣的想法。前面我們講到，魯肅在他那個「東吳版」的《隆中對》裏面所做的規劃，最終是要「建號帝王以圖天下」的。對此，孫權當時的反應看起來很冷淡，說我現在「盡力一方」，只不過是要輔佐漢室，你講的那些話「非所及也」。以當時全國的形勢和東吳的力量，孫權大約也只能這麼說，但心裏肯定是高興的，也是贊成的。據《三國志·魯肅傳》，二十二年後，孫權稱帝，登壇之前還特地回過頭來對眾人說，當初魯子敬就想到了今天，真可謂「明於事勢」了。可見「非所及也」是言不由衷，「明於事勢」才是心裏話。孫權既然要南面稱孤，又豈能北向稱臣？這筆賬，他可是算得清。

不投降曹操，就只有聯合劉備。這叫做別無選擇。至於打不贏怎麼辦，魯肅沒說，孫權也沒問。因為戰敗的結果，和投降沒什麼兩樣，然而光榮得多。但這個話，只有自己人說才合適，孫權也才聽得進。同樣，也只有孫權和魯肅，才能有此心照不宣的默契。而且，孫權既然已經明白，投降和戰敗對於他來說是同樣的結果，也就不必再問諸葛亮這個問題了。所以，魯肅和孫權談話必在諸葛亮之前，而且差不多已經一錘定音。

在這個問題上，我們不可迷信《資治通鑒》。這本書其實是有傾向性的。我們知道，作為歷史學家，司馬光不可能編故事，但他可以選故事，還可以改故事。一些有利於曹操，或者不利於劉備的史料，就被他刪去。孫權對魯肅說的「此天以卿賜我也」這句話，也被刪除。曹操和呂布的「乘氏之戰」，則被他從兩天改成了一天。《資治通鑒》的「貓膩」如此之多，我們怎麼能不多一個心眼？

司馬光不但在史料的取捨上做文章，還在時間的順序上做手腳。我們知道，陳壽的《三國志》是紀傳體史書。它的特點，是同一時期發生的事情，其片斷往往散見於各人的傳。如果不標出精確時間，就根本看不出先後。魯肅和諸葛亮的話就是這樣。但《資治通鑒》是編年體史書，就有先後問題了。誰先誰後，也就變成了一種「春秋筆法」。

孫權的決策過程正好就有這個問題。根據《三國志．魯肅傳》的記載，劉備和魯肅「共定交」後，劉備「遂到夏口，遣亮使權，肅亦反命」，所以《資治通鑒》說諸葛亮和魯肅到柴桑「俱詣孫權」，是沒有問題的。問題是這個「俱詣孫權」，是兩個人一起去見還是分頭去見？大家都說是分頭見。那麼，誰先見誰後見？司馬光說是諸葛亮先見，而且是諸葛亮說服孫權以後，孫權才和包括魯肅在內的群臣集體見面，司馬光的說法是「權大悅，與其群下謀之」。這樣一來，諸葛亮「先入為主」，說服孫權的頭功當然是他的。

可惜「權大悅，與其群下謀之」這句話是司馬光的，《三國志．諸葛亮傳》的說法是「權大悅，即遣周瑜、程普、魯肅等水軍三萬，隨亮詣先主，並力拒曹公」。按照這個上下文關係，孫權竟沒有和魯肅、周瑜談話，或者和諸葛亮談話是在最後。這當然也不對。因此，事情的真相應該是這樣：魯肅和諸葛亮回到柴桑時，正好曹操的信也到了。這一點司馬光也承認，因此他使用了「是時」（這時）這個詞。這時，孫權當然不能馬上就見諸葛亮，而必須先在內部統一認識。於是便有了他召開的緊急會議，以及和魯肅私下裏的談話。《三國演義》的時間表就是這樣的。正是這次談話，使孫權清楚地意識到，投降曹操絕無出路。只有聯劉抗曹，才可能現在南面稱孤，將來克成帝業。魯肅可謂「一言興邦」。

這一點孫權心裏十分清楚。據《三國志．魯肅傳》，赤壁之戰曹操敗走之後，魯肅先回，孫權派了許多頭面人物前去迎接(大請諸將迎肅)。魯肅來到殿前，正要入門行禮，孫權卻站起身來，叫着他的字說，子敬呀，本將軍「持鞍下馬相迎」，夠給面子了吧？魯肅小步急行向前說，不夠。大家聽了這話，無不愕然。等到坐下以後，魯肅才慢慢舉起鞭子說，魯肅的願望，是將軍位至至尊，威加四海，一統九州，成就帝業，然後派一輛舒舒服服的小車子來接魯肅，那才是有面子！孫權聽了，撫掌大笑，因為這話說到他心眼裏了。

我們還可以再提供一個證據。據《江表傳》，孫權登基時，群臣都來祝賀，張昭也舉起笏來準備歌功頌德。孫權卻打斷他說，當年朕要是聽了張公您的話，現在恐怕在討飯了！結果張昭趴在地下汗流浹背。看來孫權對當年那場爭論一直耿耿於懷。由此推論，當時真正打動他的，一定是魯肅的那句話：「將軍迎操，欲安所歸？」

在這個問題上，司馬光之前的史學家陳壽、裴松之的態度顯然要客觀、公正得多。裴松之在《魯肅傳》和《周瑜傳》的註文中說得很清楚：「劉備與權並力，共拒中國，皆肅之本謀」；「建計拒曹公，實始魯肅」。也就是說，建議劉備聯合孫權的，是魯肅；說服孫權聯合劉備的，也是魯肅。魯肅是孫劉聯盟的始作俑者，也是孫劉聯盟的第一功人。

不過，魯肅只是幫孫權算清了政治賬，也就是解決了要不要打的問題。他並沒有幫孫權算軍事賬，也就是並沒有解決能不能打的問題。

【第二十三回】

中流砥柱

經過魯肅和諸葛亮的勸說，孫權審時度勢反復掂量，決定聯合劉備對抗曹操。但是，進行這樣一場風險很大的戰爭，不能不探討軍事上的可能性。那麼，是誰為孫權做了可行性分析，孫權最後又是怎樣決策和部署的呢？

為了幫助孫權算軍事賬，魯肅建議孫權立即召回正在去鄱陽（今江西省鄱陽市）途中的周瑜。周瑜接到命令後，也立即回到了柴桑。

這件事《三國志．魯肅傳》有明確記載，原文是「時周瑜受使至鄱陽，肅勸追召瑜還」。但《周瑜傳》沒有這麼說，而是說孫權召開緊急會議，大家都主張投降，遭到周瑜痛斥。為此，裴松之在為《周瑜傳》作註的時候，很替魯肅打抱不平。裴松之說，首先提出要抵抗曹操的，其實是魯肅（建計拒曹公，實始魯肅），周瑜的觀點不過和魯肅正好相同罷了（與肅暗同），這才能夠「共成大勳」。可是《周瑜傳》對魯肅在前的謀劃隻字不提，給人的感覺好像是周瑜「獨言抗拒之計」，只怕是故意要抹殺魯肅的功勞（殆為攘肅之善也）。

裴松之這話可能說得重了一點。陳壽那樣寫，倒未必是要「攘肅之善」，只不過惜墨如金，不想重複記載而已，否則就不會有《魯肅傳》裏那幾句話了。同樣，周瑜的觀點，也未必是「與肅暗同」，只怕是「明同」，否則魯肅就不會建議孫權召回周瑜了。如果周瑜和張昭他們一樣，也是個投降派，魯肅把他請回來，豈不是給自己找麻煩？魯肅沒有那麼蠢。

這樣看來，《三國演義》裏面那場「智激周瑜」的戲，就未免滑稽可笑而且荒誕不經了。按照《三國演義》的說法，第一，建議召回周瑜不是魯肅，而是所謂「吳國太」的主意。第二，周瑜也不是孫權召回的，而是自己回來的，是周瑜得到了曹軍東進的消息，立即往回趕，結果「使者未發，周瑜已先到」。第三，周瑜回到柴桑後，並沒有馬上去見孫權，而是先見了東吳的文臣武將，後見了諸葛亮，第二天清晨才見到孫權。第四，周瑜和這些人見面時，態度極其曖昧，見人說人話，見鬼說鬼話。等到眾人辭去，卻又「冷笑不止」。第五，周瑜和諸葛亮見面時，大唱投降論調，弄得魯肅一頭霧水，直到諸葛亮扯出什麼「攬二喬與東南兮」的所謂《銅雀台賦》，周瑜才跳將起來，原形畢露，也才有第二天會議上力主抵抗的慷慨陳詞。這就是所謂「孔明用智激周瑜，孫權決計破曹操」。

這裏面顯然有太多的虛構和戲說。比如「吳國太」，就是編出來的。所謂「吳國太」，乃是吳夫人的妹妹，和吳夫人一起嫁給了孫堅。這事於史無據，似乎也不大可能。據《三國志·吳夫人傳》，當年孫堅見吳夫人（這時應該叫吳姑娘）才貌雙全，打算向她求婚；而女方家族則「嫌堅輕狡」，準備拒絕，弄得孫堅又羞又恨。吳姑娘便說，何必為了一個小女子惹出禍端來呢？如果所嫁非人，那也是命啊！吳家這才把她嫁給了孫堅。請大家想想，就連吳夫人自己、吳家原本都是不想嫁的，怎麼可能再搭上一個吳妹妹？

那麼，為什麼會憑空冒出一個「吳國太」來呢？原來《三國演義》對孫權的決策過程另有一套說法。《三國演義》第四十三回和第四十四回說，魯肅和諸葛亮回到柴桑後，魯肅請諸葛亮在賓館休息，自己先去見孫權。正好孫權和眾人在討論曹操的來信，大家都主張投降，只有魯肅持反對意見。也就是說，魯肅和孫權談話，在孫權與諸葛亮談話之前。這個順序和《資治通鑑》不同，但顯然合理得多。

問題是，《三國演義》是要拔高諸葛亮的。為了拔高諸葛亮，就得貶低魯肅，也就必須淡化魯肅談話的意義，更不能讓魯肅立即成功。所以，孫權雖然贊成魯肅，卻仍有疑問。於是魯肅便建議孫權和諸葛亮談，因此有了諸葛亮的「舌戰群儒」，也有了諸葛亮和孫權的談話。談完以後，孫權對諸葛亮說：「先生之言，頓開茅塞，吾意已決，更無他疑。即日商議起兵，共滅曹操。」這樣一來，說服孫權的功勞，就是諸葛亮的了。

但是，這時周瑜還沒有出場啊！周瑜的作用，也不能視而不見忽略不計呀！於是《三國演義》便安排了這樣的情節：孫權表態的消息傳出，張昭等人都說中了孔明把東吳拖下水的奸計，又去遊說孫權，孫權又猶豫起來。這個時候，魯肅再來說什麼，就沒有用了。因為魯肅這時已經有了「裏通外國」的嫌疑，沒有了公信力。何況，為了拔高諸葛亮，魯肅在羅貫中的筆下已經定位為忠厚老實沒有用的人，出不了這主意。這就要另找人說，而且得有一個說法。孫策的遺言「內事不決問張昭，外事不決問周瑜」，就是最好的說法。這話據《三國演義》第二十九回說，是孫策對吳夫人說的，孫權也知道。問題是此刻孫權自己想不起來，張昭來說也不合適，吳夫人又早在建安七年或者十二年去世（歷史上有兩種說法），也就只好給她編出一個妹妹吳國太來。當然，這位吳國太還有一個作用，那就是「佛寺看新郎」（第五十四回），充當孫權嫁妹時女方的家長。

其實，不但這位吳國太，就連孫策的遺言，也都是子虛烏有。但不這樣，又如何增加諸葛亮在赤壁之戰中的功勞呢？實際上所有這些，都是為了讓諸葛亮出場，以便他表演「智激周瑜」的好戲。這場戲是在深夜時分（至晚）表演的，故事大家都熟悉，不說也罷。在我看來，這是一場滑稽戲，而且三個人的形象都不好。魯肅不用說，迂腐遲鈍到可笑的程度。周瑜和諸葛亮，則一個裝腔作勢，一個陰陽怪氣。三人剛一開談，周瑜就裝出一副投降派的樣子，大放力主投降之厥詞。結果魯肅「愕然」，諸葛亮「冷笑」。「愕然」是有道理的，因為在魯肅看來，周瑜當然應該是主戰派，何況事先周瑜已經給他吃過定心丸：「子敬休憂，瑜自有主張。」怎麼轉眼之間就變成投降派了呢？這就該過過腦子。也就是說，愕然之後應該是思考。然而魯肅不，當真跟周瑜急。這哪像是一個發表過「東吳版隆中對」的政治家？

諸葛亮的「冷笑」就更可笑。以他之聰明睿智和明察秋毫，難道看不出周瑜是在裝？居然跟着起鬨，話說得也很沒有格調和品位。他對魯肅說，子敬呀，你怎麼和我們劉豫州一樣不識時務？你看劉豫州現在是什麼下場？公瑾兄的主意多好，榮華富貴也能保住，老婆孩子也能保全，國家興亡什麼的，管他！這像是諸葛亮嗎？

周瑜也可笑。明明是「承伯符寄託，安有屈身降曹之理」；「自離鄱陽湖，便有北伐之心」；卻偏要等諸葛亮扯出什麼《銅雀台賦》，才勃然大怒說「吾與老賊勢不兩立」。請問這是逐鹿中原，還是爭風吃醋？這是赤壁之戰，還是特洛伊戰爭？

當然，《三國演義》這麼寫，道理也不是沒有。有什麼道理呢？就是周瑜後來說的：「適來所言，故相試耳！」原來周瑜是在試探諸葛亮。周瑜為什麼要試探諸葛亮呢？因為按照《三國演義》的性格定位，他這個人氣量狹窄心眼小。心眼小，就容易懷疑別人，也就要試探。問題是你不能光講性格，也要講道理。兩個素不相識的人第一次合作，代表的又是有着各自利益的集團，一般的說，也都是要試探一下的，何況江東集團和荊州集團原本關係不好。但是，第一，這種試探應該是雙向的，為什麼諸葛亮不試探孫權，不試探周瑜？第二，試探總要有內容，不能為試探而試探。那麼請問，周瑜要試探什麼呢？立場？態度？誠意？用不着吧？事情是明擺着的。劉備集團如果可以投降曹操，跑來求你幹什麼？這正是諸葛亮不試探孫權和周瑜的原因。也就是說，劉備已走投無路，只能「求救於孫將軍」。這個時候，就算孫權有投降的打算，諸葛亮也得硬着頭皮把他扭過來，拽回來，他何必要試探？他既然已經別無選擇鐵了心，你又試探什麼？

所謂「智激周瑜」就更沒有道理。我們知道，諸葛亮是「未出隆中，已知三分」的，可見他平時十分關心時局，對東吳方面的情況也相當熟悉，不會不知道周瑜的一貫態度和一貫立場。就算以前不太瞭解，在從夏口到柴桑的旅途中，他也應該向魯肅打聽清楚了。諸葛亮是何等做事認真的人，承擔的又是何等重大的任務，他怎麼可能不事先瞭解一些情況，又怎麼可能不去瞭解周瑜這樣的重要人物？這時，魯肅和諸葛亮已經成了朋友，又有共同的主張。就算諸葛亮不問，他也會主動介紹周瑜。因此，諸葛亮應該清楚地知道周瑜是一個什麼樣的人，也應該清楚地知道周瑜根本就用不着「激」。

那麼，周瑜是一個什麼樣的人呢？一句話：「鐵杆鷹派」。事實上，魯肅之所以建議孫權召回周瑜，不但因為周瑜既懂軍事，又熟悉情況，還因為周瑜是「鐵杆鷹派」。這恐怕是更重要的。建安七年（公元二〇二年），袁紹病死，曹操氣焰囂張，責令孫權送子弟做人質。當時張昭等人「猶豫不能決」，是周瑜義正詞嚴地說服孫權，拒絕了曹操的要挾。也就是在那一次，孫權的母親吳夫人明確表態，讓兒子把只比孫策小一個月的周瑜看作自己的兄長。周瑜既然是這樣的人，「智激」云云，豈非多餘？

或許有人會問，難道周瑜過去態度強硬，這回就不會軟弱？過去是「鷹派」，這回就不會變成「鴿派」？不會。因為周瑜的這種態度並非莽撞衝動的一時興起，而是日積月累和深思熟慮的結果。《三國志．周瑜傳》告訴我們，周瑜是孫策的「鐵哥們」，從小一起長大，而且「獨相友善」，已達到「升堂拜母，有無通共」的程度。後來孫策在袁術那裏不得志，帶領部下離開袁術到歷陽（今安徽省和縣），手下只有五六千人，是周瑜「將兵迎策」，輔佐孫策蕩平江東。孫策去世後，又是周瑜率先支持孫權，和張昭一起成為孫權的左膀右臂。據《三國志．魯肅傳》，周瑜還對魯肅說，現在是「烈士攀龍附鳳馳騖之秋」，而孫權是一定能夠成就帝業的，魯肅這才投奔了孫權。可見周瑜和孫權的關係，就像諸葛亮和劉備的關係，那是不會變的。他對孫權和曹操的態度中，也既有感性的成分，又有理性的成分，因此完全靠得住，既不用試探，也不用智激。

實際上這一次周瑜的態度也很明朗。在孫權召開的會議上，周瑜充分表現出他中流砥柱的英雄本色，說話擲地有聲。據《三國志》本傳，周瑜在會上說，曹操「託名漢相，其實漢賊」。以將軍之「神武雄才」兼「父兄之烈」，要做的事情，應該是「橫行天下，為漢家除殘去穢」。何況曹操自己來送死，豈有我們反倒投降之理（況操自送死，而可迎之邪）？

這話說得大義凜然，而且也是必須說的。因為戰爭是政治鬥爭的延續，只有政治上正確，自己才是「正義之師」，也才能鼓舞士氣。問題是政治上的正確並不等於軍事上的可行，「鴿派」的意見也並非全無道理。在他們看來，曹操無異於豺狼虎豹（曹公豺虎也），且又「挾天子以征四方，動以朝廷為辭」，本來就不好對付。如果再公開和他翻臉，事情就更不好辦（今日拒之，事更不順）。何況江東方面賴以為據的，就是長江。但是現在曹操已經佔據了荊州，獲得了江陵的艦船和劉表的水軍，長江天險「已與我共之矣」。再加上曹操原本人多勢眾，船馬並行，水陸俱進，雙管齊下，哪裏抵擋得住？顯然，重要的不是該不該「除殘去穢」，而是能不能「橫行天下」。至少是，所謂「操自送死」究竟有沒有根據。

周瑜當然不會想不到這一點。針對「鴿派」的擔憂，他指出了曹操這次出征的四大弊端。本土不安，後患未除，貿然南下，此其一；放棄鞍馬，使用艦船，捨長就短，此其二；寒冬十月，馬無草料，給養不足，此其三；勞師遠征，水土不服，必生疾病，此其四。周瑜說，這四條，都是兵家大忌，曹操卻一條不落地都犯了。我看活捉此賊，就在今日！請將軍給我三萬精兵，周瑜保證為將軍大破曹操！

這和諸葛亮的判斷是一致的，可謂「英雄所見略同」。諸葛亮也指出了曹操此戰的三大問題：勞師遠征，捨長就短，人心不服。尤其是曹操遠道而來，長途跋涉，本來就很疲勞，再加上他求勝心切，輕騎兵「一日一夜行三百餘里」，結果使自己變成了「勢不能穿魯縞」的「強弩之末」，這就犯了兵家的大忌。諸葛亮說，依兵法，犯如此大忌者「必蹶上將軍」。

諸葛亮這番話，是對孫權「豫州新敗之後，安能抗此難乎」問題的回答。那麼，孫權和諸葛亮的這次談話是在什麼時候？我認為應該是在和魯肅談話之後，和周瑜談話之前。具體時間，就是在魯肅建議召回周瑜，周瑜也正往回趕的那個空擋。因此可以說，諸葛亮和周瑜一起，粉碎了曹操不可戰勝的神話。

總之，魯肅幫孫權算清了政治賬，諸葛亮幫孫權算清了聯盟賬，而且和周瑜一起算清了軍事賬。魯肅解決了該不該的問題，諸葛亮和周瑜則解決了能不能的問題。現在孫權心裏有數了，於是亮出底牌：「老賊欲廢漢自立久矣，徒忌二袁、呂布、劉表與孤耳！今數雄已滅，惟孤尚存。孤與老賊，勢不兩立！君言當擊，甚與孤合，此天以君授孤也。」請注意，曹操此刻已不再是「曹公」，而是「老賊」了。這顯然只能是在決心下定之後。據《三國志·周瑜傳》裴松之註引《江表傳》，為了表示這個決心，孫權拔出刀來砍斷案角，聲色俱厲地說，再有人膽敢主張投降曹操的，他的下場就和這案子一樣！

大約也就在這天晚上，周瑜和孫權有一次單獨談話。據《江表傳》，周瑜說，我那些尊敬的同事只看到曹操的來信，說有八十萬大軍，就無謂地緊張起來。他們甚至都不去核實一下，就發表立即投降的意見，實在沒有道理。現在周瑜就為主公算一筆明細賬。老賊率領的北方軍隊，充其量不過十五六萬，而且疲勞不堪。收編的劉表舊部，也不過七八萬人，而且狐疑觀望。以疲勞不堪之師，率狐疑觀望之眾，人數雖多，又有什麼可怕？只要給周瑜五萬精兵，就足以對付這二十多萬沒有戰鬥力的隊伍。請將軍不必猶豫！

孫權聽了這話，便摸着周瑜的背（撫背）說，公瑾呀，你這話說到我心裏去了。子布（張昭）他們，只顧自己的小家庭、小算盤，很讓我失望，只有公瑾和子敬，和我想法相同。這是上天派你們二人幫助我啊（此天以卿二人贊孤也）！五萬人馬，短時間內很難結集。我已經選好了三萬人，艦船、糧草和武器也都準備完畢。請公瑾和子敬、程公（程普）先行一步，我在後方「續發人眾，多載資糧，為卿後援」。公瑾兄能夠對付曹操，那當然好。如果不利，就回來，本將軍親自和他曹孟德決一死戰。

這裏值得注意的是這樣三句話：「獨卿與子敬與孤同」；「已選三萬人，船糧戰具俱辦」；「邂逅不如意，便還就孤，孤當與孟德決之」。這就再次證明，此前孫權已有參戰打算，連人馬、艦船、糧草和武器都準備好了。這次談話，則堅定了孫權的信心。於是任命周瑜、程普為左右督（正副總指揮），魯肅為贊軍校尉（參謀長），率領吳軍向西與劉備會合。

據《三國志．先主傳》裴松之註引《江表傳》，這時劉備已經按照魯肅的安排，從夏口到了樊口。當時「諸葛亮詣吳未還」，曹軍又一天天逼近，劉備心急如焚，天天派人守在碼頭，終於盼來了周瑜的救兵。劉備派人去勞軍，周瑜說，軍務在身，不敢擅離職守。如果豫州能夠屈就，那是周瑜十分盼望的。劉備對關羽和張飛說，是我們主動和東吳方面結盟的。如果我不去，恐怕就顯得沒有誠意，於是便來了個「單舸赴會」（乃乘單舸往見瑜）。舸，就是大船，比如「弘舸」，但有時也指小船，比如「走舸」。總之是劉備自己一個人乘船去見周瑜。我們都知道《三國演義》裏面有一個關羽「單刀赴會」的故事（實際上是雙方都「單刀赴會」），不知道劉備真有「單舸赴會」。這也可見劉備確實是英雄。

劉備見了周瑜，想必自有一番慰問。但他最關心的，顯然還是軍情。劉備問：「今拒曹公，深為得計。戰卒有幾？」周瑜說，三萬。這個數字顯然不能讓劉備滿意，也無法讓他放心。順便說一句，《江表傳》甚至說劉備根本不相信周瑜能夠勝利，還存了一個小心眼，故意「差池在後」，自己帶了二千人和關羽、張飛在一起，不和周瑜聯合。這事孫盛認為不實，是「吳人欲專美之詞」。這個且不管它。劉備不放心應該是可能的，就說太少了（恨少）！然而周瑜卻意氣風發信心十足地說，三萬人足夠了！請劉豫州放寬心思看我破敵吧！

周瑜的態度自然是英雄氣概，劉備的擔心也不無道理。周瑜的三萬人馬，加上關羽的一萬和劉琦的一萬，總共也才五萬；而按照周瑜的測算，曹操那邊少說也有二十萬人。五萬對二十多萬，打得贏嗎？

答案是現成的，那就是周瑜指揮的孫劉聯軍在赤壁大破曹軍。曹操焦頭爛額，丟盔棄甲，狼狽逃竄，在周瑜和劉備的夾擊下一路狂奔，幸得張遼、許褚等人的接應方才脫險。周瑜和劉備的部隊則水陸並進雙管齊下，追擊曹操直至南郡城下。曹操留征南將軍曹仁和橫野將軍徐晃守江陵，折衝將軍樂進守襄陽，自己帶着殘兵敗將退回北方，而且再也沒有來過。

這就是赤壁之戰。它是中國歷史上一次有名的以少勝多以弱勝強的戰爭，歷來受到高度重視和評價。但是，也有學者認為，當時曹操其實只有五千人，赤壁之戰不過是一次普普通通的遭遇戰，戰爭的規模被史家擴大化了。這當然只是一家之言，但這場戰爭在歷史上訴訟紛紜，倒是事實。包括戰爭的目的、規模、時間、地點、勝敗原因，歷史學家都有不同意見。比方說，有學者認為，曹操失敗的主要原因，是遇到了「非典」或者「禽流感」，只好自己把船燒了撤退。這是有曹操的話為證的。據《三國志・周瑜傳》裴松之註引《江表傳》，赤壁之戰後，曹操曾寫信給孫權，說「赤壁之役，值有疾病，孤燒船自退，橫使周瑜虛獲此名」。那麼我們要問，是這樣嗎？還有，《三國演義》對這場戰爭進行了濃墨重彩的描述，其中許多故事都膾炙人口，比如「舌戰群儒」、「智激周瑜」、「借刀殺人」（第四十五回周瑜要諸葛亮去「斷操糧道」）、「草船借箭」、「闞澤獻書」、「龐統獻計」，以及「苦肉計」、「借東風」等等，都是我們耳熟能詳的，因此我們也要問一句：有這事嗎？

【第二十四回】

赤壁疑雲

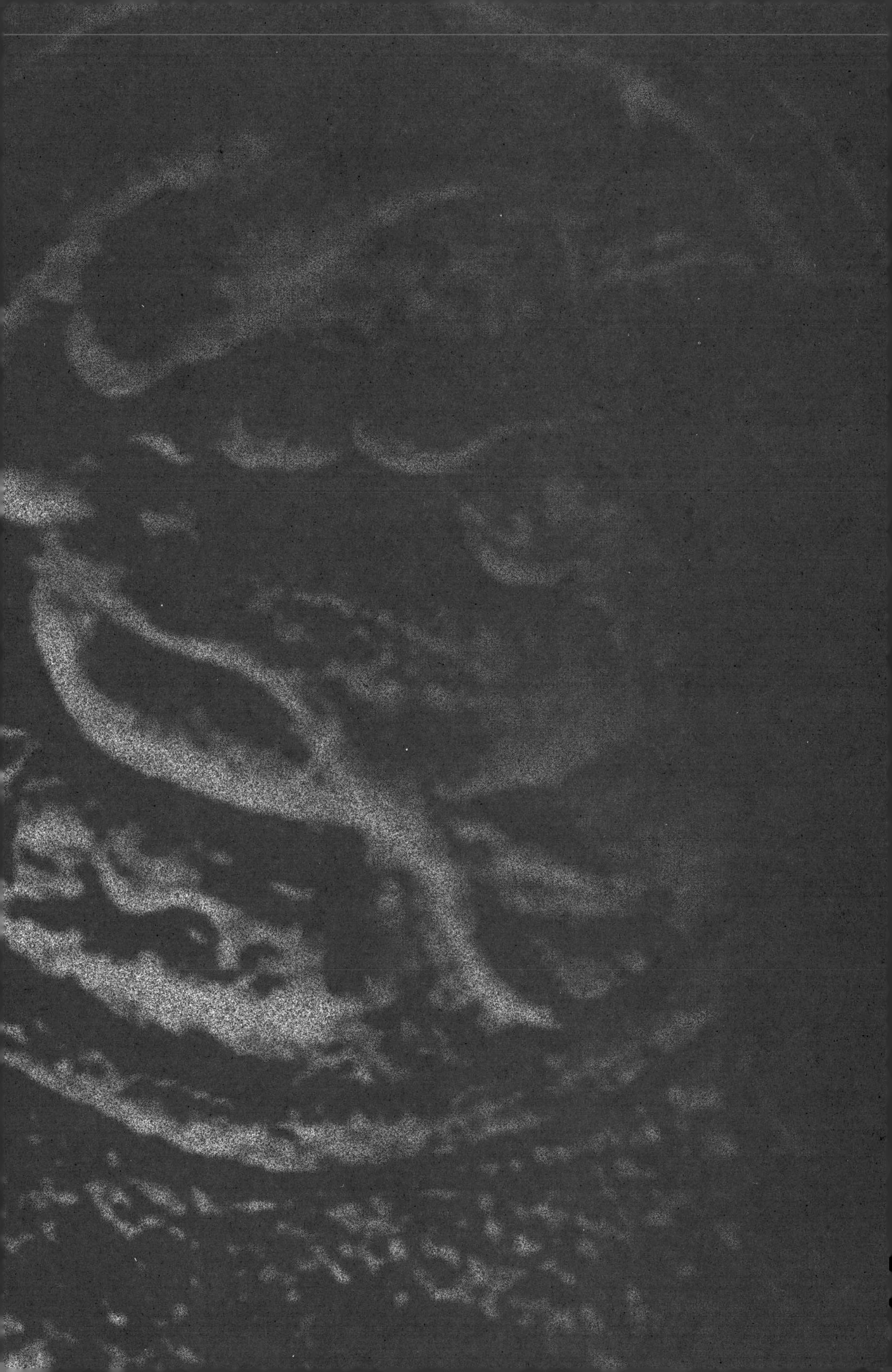

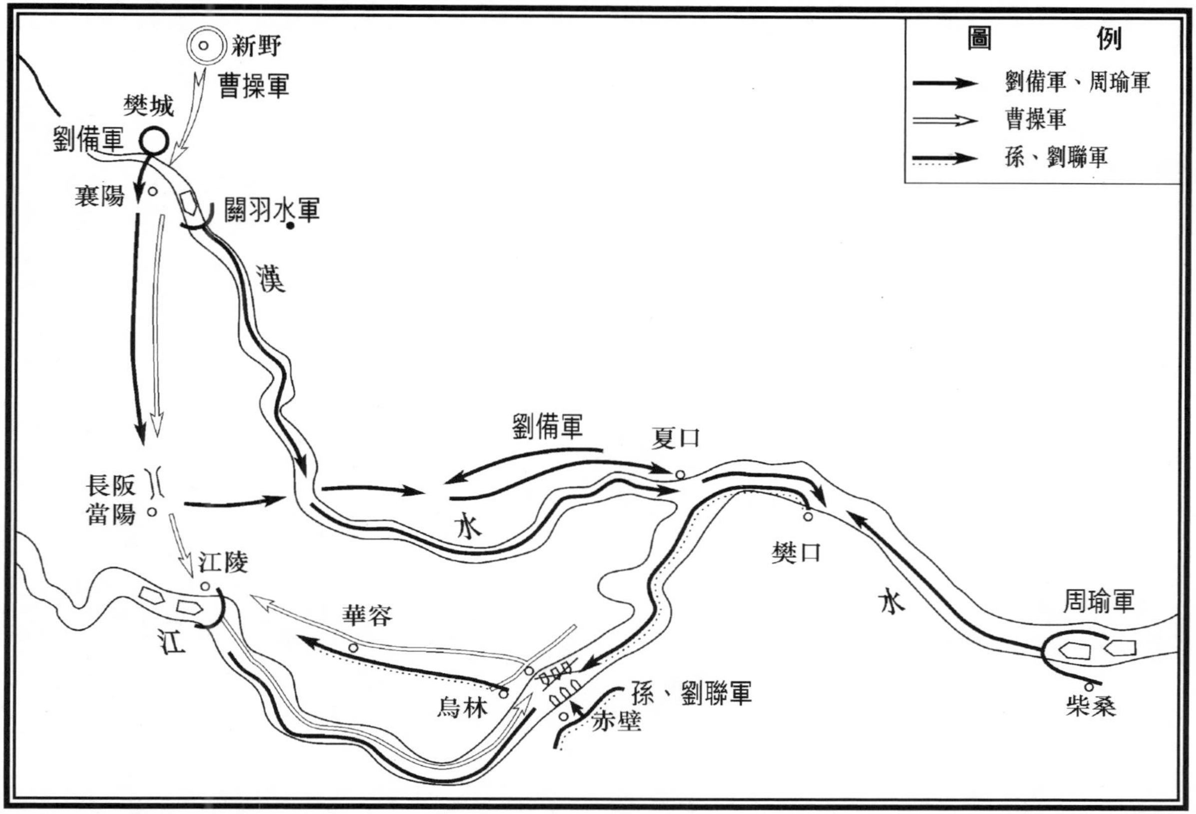
圖　例
劉備軍、周瑜軍
曹操軍
孫、劉聯軍
新野
曹操軍
樊城
劉備軍
襄陽
關羽水軍
漢
劉備軍
夏口
長阪
當陽
水
樊口
江陵
華容
水
周瑜軍
江
孫、劉聯軍
烏林
赤壁
柴桑

赤壁之戰示意圖

經過本集團魯肅、周瑜和劉備集團使者諸葛亮的勸說，孫權審時度勢反復掂量，決定聯合劉備對抗曹操，赤壁之戰由此發生。然而，歷史上對於這場戰爭的記載和描述卻是疑雲重重，歷史學家的看法也眾說紛紜，有人甚至認為那不過是一次普普通通的遭遇戰。那麼，赤壁之戰的真相究竟如何？

赤壁之戰大約是三國時代最有名的一場戰爭。說起三國，很少有人不知道赤壁之戰的，這實在要歸功於羅貫中，因為《三國演義》中虛構成分最多的就是這一部分，寫得最精彩的也是這一部分。其實，對於這場戰爭，正史上的記載並不多，留下的問題倒不少，以至於史學界多次為此爆發「新赤壁之戰」。牽涉到的問題，包括以下方面：一，誰的戰爭；二，規模如何；三，時間地點；四，勝敗原因。在這些問題上，歷史學家們各執一詞，甚至針鋒相對。比如曹方投入的兵力，就有說實際五十萬和其實五千人的（此外還有四十萬、三十萬和二十多萬三種說法），分歧之大可見一斑。在此我只能談一點「個人意見」。

事情還得從第一個問題說起，那就是這場戰爭究竟是為誰發動的。眾所周知，曹操此番南下，是為了伐劉表、奪荊州。這個目的在劉琮投降、劉備戰敗、江陵陷落以後，應該說就已經實現了，這才有賈詡勸曹操就此收手的說法。當然，劉備雖然成了「窮寇」，但「人還在，心不死」，應該追他一追。不過我以為也不排除另一種可能性，那就是曹操準備在消滅劉備以後，一鼓作氣再消滅東吳。《三國志．賈詡傳》說：「太祖破荊州，欲順江東下。」這個「順江東下」難道只是為了消滅劉備嗎？周瑜出征前，孫權跟他說什麼？孫權說：「卿能辦之者誠決。邂逅不如意，便還就孤，孤當與孟德決之。」如果這回曹操當真打的只是劉備，孫權恐怕就該說，瑜哥呀，你先打着試試看。打得贏就打，咱撈一把；打不贏就回來，咱不管那「劉皇叔」的死活了。

如果事情是這樣的話，那麼，後面的問題也就好解決了。結論應該是：這是一場規模較大的戰爭，時間是在建安十三年的十二月，地點則在今湖北省赤壁市（即原蒲圻縣）。為什麼這樣說呢？因為主張赤壁之戰是「小戰」的學者，對這場戰爭的描述大約是這樣的：建安十三年七月曹操出兵，八月劉表病亡，九月劉琮投降。曹操「以江陵有軍實，恐先主據之」，遂親率精騎五千，以一日一夜三百里的速度追趕劉備，兩軍相遇於當陽。劉備敗走夏口，曹操軍進江陵。在獲得了大量軍需物資後，曹操又立即順江而下，結果和溯流而上的孫劉聯軍不期而遇，倉促之間打了一次「遭遇戰」。因為是不期而遇，因為是倉促應戰，再加上其他一些原因，曹操打敗了。

顯然，如果贊成這個說法，就得承認戰爭發生的時間是在十月。因為到了十二月，曹操的後續部隊也該到了，兵力不會只有五千。那麼，曹操這五千精兵在十月份趕到赤壁是幹什麼的呢？當然是打劉備的，不是打孫權的。據《三國志．程昱傳》，當時「劉備奔吳」，而曹操的許多謀士都斷定孫權會殺了劉備，只有程昱不以為然。曹操是否以為然呢？沒說。因此可以想像曹操當時的判斷，是孫劉不會聯盟。但沒有想到他們居然聯盟了，而且集結了五萬兵力。五千人對五萬人，當然不是對手，也當然是「小戰」。

這個說法也不是沒有道理和證據，證據就在《三國志．諸葛亮傳》。據此傳，當時諸葛亮對孫權說：「曹操之眾，遠來疲敝，聞追豫州，輕騎一日一夜行三百餘里，此所謂『強弩之末，勢不能穿魯縞』者也。」按照這個說法，曹操的兵力就只有五千，而且就是從襄陽到江陵一路急行軍趕過來的那支輕騎兵。

但這裏有個問題，就是如果曹操果真只帶了五千人東下，那麼，當周瑜帶了三萬人馬前來救援時，劉備為什麼還要說「恨少」？可見曹操的兵力少說也有十萬。或者說，諸葛亮說這話時只有五千，後來就不止了。這就需要時間，因此戰爭應該發生在十二月。至於交戰地點，湖北省史學家已有「文武赤壁」的說法（即蒲圻赤壁因赤壁之戰而為「武赤壁」，黃州赤壁因蘇東坡的詞賦而為「文赤壁」），就不討論了。

其實，只要曹操的矛頭所向是孫權，或劉備捎帶孫權，或孫權捎帶劉備，他就不會如此輕敵。當陽一戰，劉備已是敗軍之將、驚弓之鳥，五千精兵或許能夠對付。但孫權就不一樣了。諸葛亮的說法是「孫權據有江東，已歷三世，國險而民附，賢能為之用」，這情況曹操不會不知道。所以他要打孫權，就不能只有五千人。實際上《三國志・周瑜傳》說得很清楚：「曹公入荊州，劉琮舉眾降，曹公得其水軍，船步兵數十萬」，怎麼會只有五千？只不過我們搞不清楚到底是幾十萬而已。曹操自己的說法是八十萬，這當然是吹牛。但打個對折，也有四十萬；再打個對折，也有二十萬。周瑜計算的結果，就是這個數。有學者認為，周瑜計算的，是曹操的全部兵力，不是參戰部隊的數字。那麼再打個對折，也有十萬。何況，追趕劉備的那五千人是騎兵，哪來「首尾相接」的船艦，火燒赤壁又從何說起？所以，赤壁之戰是「遭遇戰」的說法，恐怕只能算是一家之言。

戰爭的目的和規模確定以後，剩下的就是過程和結果了。

作為一場規模較大的戰爭，赤壁之戰有四個階段，即決策、準備、交戰、完成。這個過程，《三國演義》寫得非常精彩，為中國古代文學的寶庫留下了一筆寶貴的遺產。但是，我們不得不十分遺憾得指出，文學不是歷史。《三國演義》花了八回篇幅濃墨重彩加以描述的戰爭過程，尤其是那些膾炙人口的故事，竟大多是虛構的。

這裏也有兩種情況。一種是歷史上完全沒影的，比如「舌戰群儒」、「智激周瑜」、「闞澤獻書」、「龐統獻計」，以及「借東風」等等。還有一種是有點影兒，但被移花接木或者誇張放大了。比方說「蔣幹中計」，就不完全是無中生有。至少，蔣幹這個人是有的，也到過周營。但可惜，那是在赤壁之戰之後，《資治通鑑》

記載在建安十四年（公元二〇九年），當然沒有上當受騙盜什麼書。

另一件有點影的事是「草船借箭」，但事情發生得更晚，是在建安十八年（公元二一三年）。不過是發生在孫權身上，而且也不是為了借箭。事實上，「草船借箭」在技術上根本就不可能。有人已經算過這筆賬了，這裏不討論。

看來，《三國演義》裏面的許多好戲，歷史上都沒有演過。

實際上，對於這場戰爭，正史的記載十分簡略，而且陳壽自己的說法也很矛盾。比方說，赤壁的那一場大火是誰放的？就有兩種說法。《先主傳》和《周瑜傳》說燒船的是孫劉聯軍，《郭嘉傳》和《吳主傳》說燒船的是曹操自己。為了不影響讀者的閱讀情緒，我把這兩種說法都列在下面，不感興趣的讀者可以跳過這一段，直接閱讀下文。

關於燒船一事的兩種說法是：

《先主傳》說：「權遣周瑜、程普等水軍數萬，與先主並力，與曹公戰於赤壁，大破之，焚其舟船。先主與吳軍水陸並進，追到南郡。時又疾疫，北軍多死，曹公引歸。」《郭嘉傳》說：「太祖征荊州還，於巴丘遇疾疫，燒船。」《吳主傳》說：「瑜、普為左右督，各領萬人，與備並進，遇於赤壁，大破曹公軍。公燒其餘船引退，士卒飢疫，死者大半，備、瑜等復追至南郡，曹公遂北還。」《周瑜傳》裴松之註引《江表傳》甚至說，事後曹操曾經寫信給孫權，說是「赤壁之役，值有疾病，孤燒船自退，橫使周瑜虛獲此名。」按照這個說法，就連曹軍的戰艦，也是曹操自己燒的，沒周瑜什麼事，更沒諸葛亮什麼事。

曹操的這封信當然不一定靠得住，但也不是一點影兒都沒有。我認為比較靠得住的，應該是《周瑜傳》的說法：「時曹公軍已有疾病，初一交戰，公軍敗退，引次江北，瑜等在南岸。」也就是說，曹軍從江陵順江而下，孫劉聯軍從樊口逆流而上，兩軍在赤壁相遇，結果曹軍敗北，只好「引次江北」，把戰艦停靠在對岸的烏林（在今湖北省洪湖市）。

為什麼兩軍剛一交戰，曹操就敗了呢？張作耀先生的《曹操評傳》提出了四個「直接原因」。第一，曹軍中瘟疫流行，病者甚多，減弱了戰鬥力。這也是有旁證的。《三國志·武帝紀》說：「公至赤壁，與備戰，不利。於是大疫，吏士多死者，乃引軍還。」《蔣濟傳》也說：「大軍征荊州，遇疾疫。」第二，曹軍不習水戰，站立尚且不穩，哪裏還能打仗？第三，曹操料敵不周，自以為來勢洶洶勢不可擋，沒想到會遭遇迎頭痛擊。第四，兩軍狹路相逢，又在江中，曹操人多並不頂用，陸軍就更是用不上。因此張先生說，在這種特定的情況下，本來處優勢的曹操，反倒處於劣勢了。

這四個原因，差不多都被諸葛亮和周瑜預料到了。比方說生病，周瑜就料到了。不習水戰，周瑜和諸葛亮都說了。另外，諸葛亮說的兩條：軍隊疲勞和人心不服，恐怕也很重要。還有一點也不能不指出，就是曹操打的是「侵略戰」，孫劉聯軍打的是「保衛戰」。兔子急了也咬人，何況是周瑜和劉備？我們看史料，孫劉聯軍這邊，鬥志是很昂揚的。我相信，當他們來到赤壁時，將士們很可能是摩拳擦掌躍躍欲試。曹操那邊呢？似乎沒有這方面的記載。兩軍相敵勇者勝。孫劉聯軍的初戰告捷，並不奇怪。

初戰失利後，曹操不得不停止前進，把戰船靠到北岸。這時已是寒冬，北風勁吹，船艦顛簸，曹軍中又一堆病人。為了解決這些問題，曹操下令將戰艦連鎖在一起，陸軍則在岸邊安營紮寨。這個做法，是曹操自己的決策，還是某個謀士的建議，我們不得而知，但可以肯定沒龐統什麼事。《三國志・龐統傳》的記載很清楚，他沒有參與這場戰爭。

這個情況孫劉聯軍馬上就知道了。據《三國志・周瑜傳》，這時周瑜的部將黃蓋對周瑜說：「今寇眾我寡，難與持久。然觀操軍船艦首尾相接，可燒而走也。」由此可見，此戰曹方的兵力是多於孫劉聯軍的，這才有「寇眾我寡」的說法。但此時曹軍已經大面積地感染了某種嚴重的傳染病，失去戰鬥力，而且已經戰敗了一次，又犯了戰艦相連的錯誤，黃蓋這才提出放火的建議。

周瑜然其計，於是黃蓋詐降縱火，曹軍大敗。據說那天黃蓋準備了戰艦數十艘，都裝滿了柴草，又澆了油，蒙上帷幕，插上旗幟，浩浩蕩蕩駛向北岸。曹操的部隊都跑出來伸長了脖子觀看，指指點點說黃蓋投降來了，沒想到黃蓋的船駛過來以後，竟是一齊放火。當時東南風勁吹，火勢一直蔓延到岸上。曹操的戰艦和軍營全都着火，頃刻之間「煙炎張天」。曹軍有的被燒死，有的被淹死，人仰馬翻，曹操只好撤退。撤退之前，大約又把剩下的船也燒了，這就是《吳主傳》所謂「公燒其餘船引退」。這樣講，就都講通了。

曹操這次敗退十分狼狽。據《三國志・武帝紀》裴松之註引《山陽公載記》，曹操在船被燒了以後（該書說是劉備燒的），率領殘餘部隊「從華容道步歸」。當時道路泥濘，無法行走，天上又颳着大風，曹操就命令「羸兵」背草填路。羸，瘦弱的意思。所謂「羸兵」，就是部隊中戰鬥力較弱的那一部分，甚至可能是傷病員。這些弱者剛剛把路修得勉強可行，騎兵就衝了過去，全然不顧羸兵的死活。結果，羸兵被衝過去的人馬所踐踏，陷在泥濘之中，死於非命。我不知道這些羸兵是哪一部分的，是曹操自己從北方帶來的，還是投降了的劉琮部隊；也不知道他們是原本就體弱傷殘，還是在這次戰爭中感染了疾病，但不管怎麼說，他們都是應該被救助的對象。按照人道主義原則，曹操應該讓這些羸兵先走，自己率精兵斷後。但那個時代似乎並無人道主義觀念，曹操就更沒有。

司馬光的《資治通鑒》，採用的就是這個說法。由此可見，赤壁之戰曹操失利，一是因為染疾，二是因為被燒，這才決定撤軍。所以裴松之在《賈詡傳》的註文中說：「赤壁之敗，蓋有運數。實由疾疫大興，以損凌厲之鋒；凱風自南，用成焚如之勢。天實為之，豈人事哉！」也就是說，首先是因為遇到了「非典」或者「禽流感」（疾疫大興），削弱了戰鬥力（以損凌厲之鋒）；其次是因為沒想到寒冬臘月居然刮起了東南風（凱風自南），讓黃蓋火攻得手（用成焚如之勢）。曹操的失敗，實在是因為運氣不好。

其實事情沒有這麼簡單。曹操的失敗，有客觀原因，也有主觀原因。對此，張作耀先生的《曹操評傳》有很好的總結。我們知道，本來，曹操的優勢是很明顯的。第一，曹操挾天子以令諸侯，諸侯不敢與之爭鋒，有政治上的優勢；第二，曹操奪得荊州，威震四海，許多人聞風喪膽，有心理上的優勢；第三，曹操南下，勢如破竹，軍心振奮，以新勝之軍戰喪膽之師，有氣勢上的優勢；第四，曹操兵力數倍與孫劉聯軍，有軍事上的優勢。張先生的書裏面說的就是這四條。那麼，曹操為什麼還是敗了呢？

也有幾個原因。根據張先生的分析，也參考其他學者的觀點，我認為，主要是戰略有誤。也就是說，曹操似乎沒有明確他的戰略目標是什麼，是奪取荊州，還是奪取江東？是消滅劉備，還是連孫權也一起幹掉？現在看來，似乎是後者，或兼而有之，總之是不明確。其實，曹操的胃口不該這麼大。他應該把他的戰略目標鎖定在荊州和劉備。如果是這樣，他的做法就應該是在當陽大敗劉備後，乘勝追擊，趕在劉備逃往夏口之前將其一舉殲滅，說不定連魯肅也一起俘虜了。即便不能消滅劉備，也可以把他堵在路上，隔斷他和江東的聯繫，逼他南下投奔蒼梧。那樣一來，結果就會大不一樣。

然而不知為什麼，曹操竟放過劉備，掉轉頭來直撲江陵。其實江陵那些軍需物質完全可以留給後續部隊去解決。劉琮已經投降了，襄陽已在手中，江陵豈非囊中之物？放劉備可是放虎歸山。不過，也還不要緊。這時，曹操也仍然可以在稍事停留後，即馬不停蹄迅速東進，急破劉備於孫劉聯盟形成之前。要知道，這事也是有一個過程的。只要孫、劉不聯盟，單單消滅一個劉備，曹操的力量是綽綽有餘的。

但是曹操卻在江陵停了下來，而且一停就是兩個月。當然，這時他有許多事情要做，比如安頓荊州吏民，包括任命劉琮為青州刺史、文聘為江夏太守，釋放被劉表囚禁的韓嵩，封蒯越等十五人為侯。這些工作也是要做的。但既然如此，就該接收賈詡的建議，乾脆用懷柔政策使江東臣服。可是他不。在江陵停留了不長不短的兩個月後，又匆匆東進了。在這裏，事情壞就壞在「不長不短」這四個字上。如果停留的時間短，孫、劉的聯盟就還沒形成，曹操的敵人就只有劉備一個；停留的時間長，戰爭的準備就更充分，作戰的時間也更合適。比如在來年開春以後再進軍赤壁，也許就不會有後來那麼多麻煩了。

曹操甚至還有第三種選擇，就是自己留在江陵，另派大將率軍進攻夏口，把夏口拿下，或者把守在夏口。我們知道，當時劉琦在夏口，手上有一萬人；關羽在江陵，手上也有一萬人。劉備兵敗當陽後，無法再去江陵，遂「斜趨漢津」（漢津是一個渡口，在今湖北省荊門境內），和前來接應的關羽會合，渡過了沔水，又遇到江夏太守劉琦，一起到了夏口。這個時候，曹操如果以那五千輕騎兵去打劉備，是有風險的。但是，派大軍（步兵和騎兵）從襄陽出發，或者從江陵出發去打，則是可能的。至少，大軍壓境於夏口，對孫權集團就是威懾。那時候，不要說張昭他們，就連孫權自己，態度恐怕都會變。

其實一開始曹操就應該以陸軍為主力，走陸路向東挺進，扼江兩岸，尋找合適的戰場。曹操的陸軍是久經沙場英勇善戰的，水軍卻問題多多。自己訓練的沒有戰鬥經驗，荊州投降的又離心離德，這樣的隊伍，怎麼可以做先鋒隊，又怎麼可以做主力軍？

就算這些都沒做，或者都錯了，曹操也還有一次機會，那就是當他的部隊在巴丘（今湖南省岳陽市）遇到疾病的時候，立即停下來，甚至退回江陵。留在巴丘，孫劉聯軍會不會迎上來，這不好講；但退回江陵，這場戰爭肯定可以避免。可以說，曹操是一錯再錯。

那麼，身經百戰又老謀深算的曹操為什麼會犯這麼多錯誤呢？張作耀先生的《曹操評傳》認為「根本原因就在於思想上的驕傲輕敵」，並說這是史家共識。這是有道理的。也許正是由於這個原因，他對孫劉聯盟的可能性估計不足，總認為孫權會像公孫康那樣，把劉備的人頭送來。但他沒有想到，孫權不是公孫康，此時也不是彼時。王夫之的《讀通鑒論》說，曹操之所以能夠蕩平北方，就因為諸侯自相殘殺，最後只剩下孫、劉兩家。這兩家要是再不團結，就只有死路一條。所以，孫劉聯盟，那是勢在必行的。

綜上所述，我們可以說，曹操之敗，在於輕敵；孫劉之勝，在於聯盟。這是最重要的原因。至於曹操沒有看出黃蓋是詐降，沒有想到冬天也會刮東南風，都是小問題了。

此外，曹操的失敗，可能還有一個原因，那就是他老了。著名歷史學家吳晗先生在《論赤壁之戰裏的周瑜、諸葛亮、張昭》一文中列了一個年齡表。他說，赤壁之戰這一年，孫權二十七歲，諸葛亮二十七歲，周瑜三十四歲，魯肅三十七歲，曹操五十四歲。因此吳晗先生說，這一仗不但是弱的打敗了強的，被攻的打敗了進攻的，哀兵打敗了驕兵，而且是「青年打敗了老將」。其實吳晗先生少算了一個人，那就是劉備，四十七歲。但即便加上劉備，孫劉聯軍這邊，統帥的平均年齡也只有三十四歲，正好是周瑜的年齡。周瑜是孫劉聯軍的總指揮。所以，赤壁之戰也可以說是周瑜打敗了曹操，三十四歲的打敗了五十四歲的。

不過曹操到底是曹操。雖然老了，敗了，笑傲江湖的英雄本色卻依然故我。《山陽公載記》說，曹操從華容道衝出去後，喜形於色。大家問他為什麼，曹操說，劉備確實是我的對手（劉備吾儔也），可惜動作稍微晚了一點。如果在這個地方堵住放一把火，我們只怕連骨灰都沒有了。過了一會兒，劉備當真來放火，但曹操已經走了。順便說一句，這些內容，被司馬光在編撰《資治通鑒》時刪去。再順便說一句，整個過程都沒關羽什麼事。

赤壁之戰是曹操南征北戰中遇到的最大挫折，但是曹操又笑了。那麼，他能笑到最後嗎？

附錄一　心平氣和說空城

我在中央電視台《百家講壇》的《品三國》節目第一集裏講了一句話，說曹操雖然搶走了關羽的老婆，卻也被別人搶走了「空城計」的「發明權」。此言一出，立即招致批評。先是有復旦大學歷史系資深教授周振鶴先生在上海的《青年報》發表談話，說「歷史上不曾有過『空城計』，所以談不上誰發明」，並由此得出結論：「一個研究文學的人去講歷史，當然免不了破綻百出。」後是有一位網名「紅茶楊威利」的朋友發出題為《空城計與易教授》的帖子，說我講的那個故事「並不是什麼空城計」，而且「就算要勉強去認定，最多也只是一個空營計」。他認為三國時期既有「空城計」又有「空營計」。「空城計」是文聘對孫權使的，「空營計」是趙雲對曹操使的。我的說法固然是「信口開河」，周振鶴先生則「更加無知」，因此「兩位教授在歷史的研究上可真是唱了一齣『空城計』」。

這就很有些意思了。既然有這麼多人較真，那我也不妨來鑽鑽牛角尖。當然，我們還得把曹操那個故事再講一遍。

先看《資治通鑒》怎麼說。按照《資治通鑒》的說法，事情大概是這樣的：漢獻帝興平二年（公元一九五年），呂布和陳宮率一萬多人從東緡（故城址在山東省金鄉縣東北）來打曹操。當時曹操駐軍乘氏（故城址在山東省鉅野縣西南），部隊都下鄉收麥子去了（兵皆出取麥），留守的不到一千人。正好屯西有大堤，堤南有一大片樹林，深不可測。曹操便「隱兵堤裏，出半兵堤外」，呂布則「令輕兵挑戰」。兩軍相遇後，曹操的伏兵都從堤內衝出，「步騎並進」，打得呂布落荒而逃，曹操「追至其營而還」。顯然，這是一場「完完全全的伏擊戰」，不但不是什麼「空城計」，就連「空營計」也算不上。

問題是《資治通鑒》的這個說法並不完全靠得住。為什麼呢？因為司馬光做了手腳。《資治通鑒》的這段記述，源自《三國志》裴松之註所引《魏書》。但《資治通鑑》在重新表述時，卻刪掉了一些內容，已非此事的原始情況和完整情況。實際上事情的真相是這樣的：呂布打過來的時候，手中兵力不足千人的曹操情急之下，便讓隨軍女眷都到城上短牆（陴）去站崗，所有的兵力也都用上（悉兵拒之）。呂布來了以後，看見曹軍人數不多，牆上站着女人，屯西又有大堤，堤南「林木幽深」，便懷疑那裏有埋伏。呂布就和部下說，曹操這個傢伙很狡猾（曹操多譎），我們不要上當（勿入伏中），便向南後退十餘里。等到第二天呂布再來時，曹操果然在堤內埋伏了軍隊，這才有後來那場「伏擊戰」。可惜這些關鍵內容，包括「太祖乃令婦人守陴，悉兵拒之」、「布疑有伏」、「引軍屯南十餘里」、「明日復來」等等，都被司馬光刪掉了，這才造成許多人的誤讀。沒錯，司馬光是寫了《資治通鑑考異》。在胡刻本和中華書局點校本的《資治通鑑》裏，《考異》是散註在正文之下的，很容易查找。但恕我老眼昏花，在這段正文後面竟然找不到司馬光先生的任何解釋。那麼，請批評我的人明以告我，司馬光刪去上述文字究竟是何道理？在此之前，對不起，我是只能相信《三國志》裴松之註所引《魏書》的。

按照裴註所引《魏書》，這場戰爭其實有兩個階段，時間則有前後兩天。兩個階段情況並不相同，前則設疑後則設伏，怎麼能說「完全是伏擊戰」？那麼，發生在第一天的那個情況算不算「空城計」呢？這就要看你對「空城計」如何定義了。廣義地看，是可以算的。因為它具備了「空城計」最基本的要素和內核，那就是公開示弱示虛，讓對方不知深淺不知虛實，進而因生疑而不敢進攻甚至撤退。「布疑有伏」就是產生懷疑，「引軍屯南十餘里」就是不敢進攻而且撤退，而產生懷疑並立即撤退的原因，則不但因為「屯西有大堤，其南林木幽深」，而且因為城牆之上「婦人守陴」。我們知道，戰爭是男人的事。曹操軍中，平時也沒有一支「娘子軍」。這個時候「婦人守陣」，只能說明曹營差不多已是一座「空城」。

當然，這裏有一個問題，就是「令婦人守陣」是曹操出奇制勝的精心設計，還是他萬般無奈的垂死掙扎？如果是前者，就是「空城計」；如果是後者，就不是。這裏有一個細節不能忽視，就是「令婦人守陣」後面還有「悉兵拒之」四個字。也就是說，曹操這回是把所有的兵力都用上了。根據這個情節，很多人都不同意說曹操使用了「空城計」。

這種批評很有道理，但我也有我的疑問。第一，歷史上並無曹操平時訓練女兵的記載，這些臨時拉來湊數的「婦人」應該沒有什麼戰鬥力，這一點曹操難道不知道？第二，即便「悉兵拒之」，也遠非曹操的全部兵力，這一點呂布難道不知道？第三，既然呂布懷疑曹操要打「伏擊戰」，那他第二天為什麼還要來？

因此，我認為，以曹操之「多譎」，以及他對周邊地形的熟悉，此舉很可能是他的一次急中生智。他明明知道不足千人的「悉兵拒之」，即便加上「婦人守陣」也不頂用，卻還是要這麼做，就是想蒙呂布一把。因為呂布並不知道曹操的大部隊下鄉收麥子去了。他看見曹操這邊上陣的不足千人，連女人都用上了，必定起疑。起疑必定撤退。等到第二天再來時，大部隊已經調回來埋伏在大堤之南的樹林裏了。那麼，呂布第二天為什麼要再來呢？因為他想明白了，曹操其實是負隅頑抗；或者不甘心，想看看曹操這邊的「婦人守陣」和「悉兵拒之」究竟是怎麼回事。可惜他晚了一步，而曹操要的就是這個「時間差」。

無疑，這裏面有冒險，有僥倖，也不乏賭博的意思。也就是說，曹操當時的想法很可能是兩手準備：先示弱，後拚命。如果能蒙住呂布，讓他摸不着頭腦，就詐他一下，反正第二天就能把部隊調回來。實在不能蒙混過關，那就拚個魚死網破。所謂「悉兵拒之」，我以為當作如是解。

其實，但凡使用「空城計」者，誰不是兩手準備？誰又能萬無一失？魏禧《日錄》就說，諸葛亮也就是遇到了司馬懿。「若遇今日山賊，直入城門，捉將孔明去矣。」由此可見，曹操此舉，和晉人郭沖《條亮五事》（這是諸葛亮「空城計」的最早出處）、羅貫中《三國演義》中諸葛亮的「空城計」，正可謂有異曲同工之妙。諸葛計成，是對方知道他一生謹慎，因此懷疑他城中不空。曹操僥倖，則是對方認為他一生奸詐，因此懷疑他城外有伏。疑其「城中不空」，所以認為「開四城門」是引我上當。疑其「城外有伏」，所以認為「婦人守陴」是誘我深入。細節雖然不同，但事不同而理同，因此不妨都名之曰「空城計」。

可惜諸葛亮那件事並未發生，而且於理不合。第一，司馬懿不敢進攻，無非是害怕城中有埋伏。那麼，派一隊偵察兵進去看看，行不行？第二，司馬懿「果見孔明坐於城樓之上，笑容可掬」，距離應該不算太遠，那麼，派一個神箭手把諸葛亮射下城樓，來他個「擒賊先擒王」，行不行？第三，按照郭沖的說法，當時司馬懿的軍隊有二十萬人，諸葛亮只有一萬人；按照《三國演義》的說法，當時司馬懿的軍隊有十五萬人，諸葛亮只有二千五百人，總之是敵眾我寡。那麼，圍他三天，圍而不打，行不行？何至於掉頭就走呢？所以裴松之作註時，就斷定郭沖所言不實。裴松之說：「就如沖言，宣帝（司馬懿）既舉二十萬眾，已知亮兵少力弱，若疑其有伏兵，正可設防持重，何至便走乎？」

但是，在諸葛亮那裏並不可能的事，為什麼在曹操這裏就可能呢？因為情況不同。第一，當時呂布手上只有一萬多人，並不像司馬懿那樣有一二十萬，圍而不打大約不行。第二，此處地形確實是打埋伏的好地方，呂布不能不疑。

第三，呂布既然不可能打馬向前，「轅門射戟」的手段也就使不上。再說曹操也沒在城樓上，射誰呢？「令輕兵挑戰」的事呂布倒是做了，可惜是在第二天。這時，曹操已經當真設了埋伏，派兵偵察又有什麼用？當然，你可以不同意曹操這件事是「空城計」，因為曹操的「令婦人守陴」也可能並非計謀。但不管怎麼說，我的說法畢竟於理不悖，於史有據。按照科學研究的慣例，至少可以作為「假說」提出，怎麼就是「信口開河」、「破綻百出」呢？

至於「空城計」究竟是誰發明的，當然可以討論。包括曹操這一招算不算，歷史上有沒有「空城計」，都可以討論。事實上，對於這個問題，歷來就有不同看法。將曹操此例算作空城計，這話早就有人說過，不是我的「發現」。將文聘此例算作空城計，這話也早有人說過，並不「新鮮」。還有人說最早的「空城計」，發生在公元前六六六年。這都算一種說法吧！我們不能因為別人和自己觀點不同，就亂扣帽子。錢鍾書先生的《管錐篇》，就只列舉了《南齊書．高祖紀》、《舊唐書．良吏傳》和《北狄傳》的三個例子，也不提文聘和趙雲的那兩例，按照網友「紅茶楊威利」的邏輯，是不是也要算作「一知半解」呢？

其實提不提文聘那一例，各人有各人的原因。我不提，是因為它發生在曹操戰呂布一事之後。錢先生不提，則可能是先生對「空城計」的概念有嚴格界定。考《管錐篇》所舉三例，一則曰「偃兵開城門」，二則曰「開城門延賊」，三則曰「開門以待之」，都有「開門」這個環節。我不知道這是否就是錢先生的標準。如果是，那麼，我說的那一例不算，「紅茶」先生的那一例也不好算數呢！至於周振鶴先生斷言歷史上不曾有過「空城計」，他的標準可能更嚴格，具體內容我就不曉得了。但可以肯定，周先生作為復旦大學歷史系的資深教授，是絕不會「更加無知」的。

附錄二　我的歷史觀

一

有一家媒體問我：你常說，歷史也是可以釀酒的，這代表你的歷史觀嗎？我回答說，不能代表。這樣一句話，怎麼可能就代表了歷史觀呢？但這話沒錯，歷史確實可以釀酒。《三國演義》就是歷史釀的酒。不過也有釀成醋的。而且，釀成醋的還不少，能把人的牙都酸掉。酒也有好幾種。有甜酒，有苦酒，還有藥酒，也有只做藥不釀酒的。總之，歷史就是讓人說的東西。說的過程就是發酵的過程。至於釀成什麼，一看目的，二看手藝，三看運氣。

媒體喜歡的是直截了當。所以這個問題也就只能這樣回答。但他們也提醒了我，是得找機會談談歷史觀的問題。

正好，也是這家媒體，連續發表了一些批評我的文章。事實上，自從我應中央電視台的邀請，在《百家講壇》開講《漢代風雲人物》，尤其是今年開講《品三國》以後，受到了很多觀眾朋友們的支持，也遭遇了一些批評。這讓我感到很欣慰。其實我一直渴望着批評，尤其是那些有份量、能夠擊中要害、讓我深思的公開的批評。人是要有支持的，也是要有批評的。支持讓人振奮，批評使人進步，它們對於每個人都是一筆寶貴的財富。借此機會，我向所有支持和批評我的觀眾朋友表示衷心的感謝。

但是，我也要做一點說明。第一，我沒有義務，也沒有可能回應所有的批評。人的時間和精力是有限的。所有的批評都必須回應，那就太難為人了。第二，我希望批判者能夠公開亮相，使用真名實姓或者常用筆名，這樣比較公平，也顯得光明磊落。起碼，你不能明槍暗箭一起來，打一槍換一個名字，那就變成騷擾了。第三，我希望這種批評是與人為善、心平氣和、實事求是的，至少也是負責任的。當然，一個電視節目播出之後，就變成了公共產品，觀眾也就有權來批評，來討論，來品頭論足說三道四。這是他們神聖不可侵犯的權利。你不能要求所有的批評都有道理，也不能要求所有的批評都負責任。而且，當他們的這個權利受到損害時，我們還應該出來幫助他。這就是西哲所謂「我堅決反對你的意見，但我寧願犧牲生命也要捍衛你說出這意見的權利」。

不過，作為個人，作為公民，權利都是對等的。你有說（包括說和不說）的權利，我也有聽（包括聽和不聽）的權利。我不能要求你說的都對，都有道理，都負責任，你也不能要求我都聽，都同意，都接受，甚至不能要求我都回應。就說前面提到的那家媒體，發表了一篇批評我的文章，署名「老牛」。老牛先生認為，我的《品三國》不像是「平民立場，現代視角」，毋寧說是「曹操立場，古代視角」。因為我在講曹操殺呂伯奢家人一案時，對曹操進行了「曲意回護」。這個批評，我倒是作了回應的。我說，我不否認在講此案時確有為曹操辯護的意思。但我之所作，並非「無罪辯護」，而是認為《三國演義》誇大其詞，後世評價「量刑不當」。這難道違背「現代精神」嗎？我在節目裏說得很清楚：「悽愴這兩個字很重要」。悽愴這兩個字，就是曹操「還保留了一部分善心」的證據。這怎麼是「無恥小人」呢？這是「有恥小人」！這樣一種心情，和《三國演義》裏面那種理直氣壯的態度難道就沒有區別？難道當時曹操應該到官府去自首，而衙役們則會對他說「你有權保持沉默」？不過，好在老牛先生是贊成現代觀念的。那麼，面對諸如此類的批評，我總有權保持沉默。

這就是我對老牛先生批評的回答。但是，這位先生提出來另一個問題，我覺得是很有意義的，也是應該回答的，就不行使沉默權了。什麼問題呢？就是我說了曹操是「寧做真小人，不做偽君子」這句話，老牛先生不同意。他說，這個常常流行於禮崩樂壞、道德失範時代的判斷，其實未必。偽君子至少還對某些社會規範懷有畏懼之心，廉恥之心尚存，所以行事多少還有些顧忌或底線。真小人呢，那就無所顧忌地胡來了。

這話說得好，很有分量，而且不容迴避。的確，如果「真小人」確實比「偽君子」更壞，那麼，我的說法就不僅「誤人子弟」，而且近乎「禍國殃民」。這可是不能不講清楚的。

表面上看，這是一個選擇題。也就是說，當我們進行人生選擇時，是「寧做真小人，不做偽君子」呢，還是「寧做偽君子，不做真小人」？當然大家可以自由選擇，因為選擇都是自己的事情。但是，我請你不要匆忙選擇，因為這個選項是不完全的，題目也是有問題的。比方說，我們怎麼就不能選擇做「真君子」呢？所以我們還得把這個問題都說透了。

實際上這是一個排列組合的選項，邏輯性是很強的。怎麼樣的排列組合呢？就是這裏有一組概念——君子、小人，那裏也有一組概念——真的、假的。然後真的、假的這一組，和君子、小人這一組，兩個選擇我們進行搭配，我們看看能搭配出幾個結果來。大家可能馬上就會說四個，那我們看是不是四個？第一個，真正的君子，真君子。第二個，虛偽的君子，偽君子。第三種真正的小人，真小人。第四個，虛偽的小人，有嗎？沒有。

所以，這個題目不是四個選項，只有三個。四個東西或者項目搭配下來，怎麼只有三個結果呢？這不合邏輯呀！但事實就是如此——世界上只有偽君子，沒有偽小人。為什麼呢？因為惡是不需要作偽的，也沒有誰會假裝惡，假裝小人。如果一個人讓人覺得惡，被認為惡，那他一定是真惡。這裏說的「讓人覺得」和「被認為」，都不是指表面現象。比方說一個人看起來「凶神惡煞」，實際上「心地善良」，就不能說是「偽惡人」，只能說是「真好人」。當然，在某些特殊情況下，出於特殊原因，也可能有人必須假裝惡人，或假裝小人，比方說為了破案而潛入犯罪集團。但那也不能說他是「偽惡人」或者「偽小人」，只能說他是「真君子」，甚至是「真英雄」。

我們這樣搭配下來，或者這樣推論下來，得出一個什麼結論呢？就是「惡沒有偽」，對不對？比方說我們說「偽善」，有這個詞。有「偽惡」嗎？沒有。惡沒有偽，小人沒有假的。這說明什麼呢？說明惡是一種真實的東西，而善則是對惡的改造。

這也是古已有之的觀點。大家知道，我們中國古代的戰國時期，有兩位思想家，一個孟子，一個荀子，爭論過人性本善和人性本惡的問題。孟子認為人性本善。孟子說，人性之向善，就像水往低處流一樣，是自然而然的事情（人性之善也，猶水之就下也）。水，沒有不往低處流的（水無有不下）；人，也沒有不向善的（人無有不善）。在這個問題上，大家都是一樣的，就連堯舜也沒有什麼兩樣（堯舜與人同）。為什麼呢？因為人性本善。一個人，剛生下來的時候，他是乾乾淨淨的，叫做「赤子」。赤子的心靈，是很天真，很純樸的。所以，但凡天真純樸的心靈，就可以叫做「赤子之心」。為什麼要有這樣的詞啊？就因為赤子的純潔是很可貴的。所謂「君子」，就是保留了這種純樸天真心靈的人，叫做「大人者，不失其赤子之心者也」。問題是，大家既然生下來都是赤子，為什麼有的人最後變成小人了呢？那是學壞了。所以我們要加強道德的修養，不讓我們變成一個壞人，不要學壞。只要大家保住赤子之心，那就「人皆可以為堯舜」。這基本上是孟子的觀點。

荀子的觀點是什麼呢？人性本惡。人生下來都是惡的，所以你必須加強道德修養，才可能變成一個好人，叫做「無偽則性不能自美」。偽是什麼？偽就是人為。如果沒有後天的修養和改造——偽，那麼，天生的那個「性」（人性），是不可能自動變好、變善、變美的。也就是說，只有不斷改造自己，你才有可能變成一個好人。

這就牽扯到一個問題——人性本善還是人性本惡，而這樣一個問題其實是沒有答案的。為什麼呢？因為一個人剛剛生下來，還沒有接觸社會、接受教育的時候，他還不是社會學意義上的人，只是生物學意義上的人。也就是說，從生物學的角度講，他是人科動物當中的一個；而人恰恰不單是自然的存在物，更是社會的存在物。人是社會的。只有加入社會，才是真正的人，也才有人性；而一旦接觸社會，就很難講他的本性是善是惡了。

不過有一點可以肯定，就是人類社會是善惡並存的。沒有純粹只有善的社會，也沒有純粹只有惡的社會。人的社會就是這樣的矛盾體。西方人甚至說，人一半是天使，一半是魔鬼。也就是說，人的身上，既有神性，又有獸性。神性就是善，獸性就是惡，人是神與獸、善與惡的對立統一。

當然，話不一定這麼說。但可以肯定，真善美是和假惡醜相對立而存在、相鬥爭而發展的。沒有假惡醜，也就無所謂真善美。而我們追求的是什麼？追求的是善。何以證明人類是追求善的呢？只有「偽善」沒有「偽惡」就是證明。什麼是偽？就是偽裝、假冒。為什麼要偽裝、假冒呢？當然是因為人類認同善。善，是人類共同追求的價值。

但我們不要忘記，惡可能也是一種本性，一種真實的存在。其實，「追求」二字，本身就意味着「善」這個東西，或者本來沒有，或者容易喪失，否則就不必追求了。主張人性本善的，認為它容易喪失；主張人性本惡的，認為它原本沒有。所以他們都主張追求，也就是都認為人應該善。那麼，認為人應該惡的，有沒有呢？沒有。就連惡人，也不主張人就應該惡。問題是，沒有人主張惡，惡卻依然存在，這又是為什麼？有人說是學壞了。於是我們就要問：第一，跟誰學的？跟動物麼？第二，為什麼一學就會？第三，為什麼學壞那麼容易，學好就那麼難，要一再提倡？凡此種種，都說明人性中有惡的成分，而且還很頑固。

這就又回到原來那個話題了：人性究竟原本是善還是惡。可惜這個問題是說不清的，也離本題太遠，那就先擱置起來。反正，惡是一種存在，一種現實的或者潛在的存在。

在這樣的情況下，就有一個問題了，那就是如何努力向善而防止作惡？這是我們不能不想的問題。正是由於這個原因，我認為老牛先生對我的批評是很有道理的，也是很有意義的。他說，「偽君子」至少還對某些社會規範懷有畏懼之心，廉恥之心尚存，而行事多少還有些顧忌和底線。在這裏，他提出了三個問題，三個概念，三個關鍵詞。一個是顧忌，一個是底線，還有一個是社會規範。也就是說，我們要做一個好人，不做壞人，我們要行善不作惡，靠什麼呢？靠社會規範，另外每個人都要有底線和顧忌。這個意見我覺得非常正確。雖然他是批評我的，我還是認為他的意見很有道理。

但問題是，我們不能抽象地講要有顧忌、底線和社會規範。我們還要問：什麼底線？什麼顧忌？什麼社會規範？也就是說，你的底線指的是什麼？你的顧忌指的是什麼？那個社會規範又是什麼？這正是我和許多批評我的人意見分歧所在，也正是我要和老牛先生、和大家討論的問題。

二

我們先來看底線和顧忌這兩個概念。

底線是屬於什麼的呢？底線是屬於內心的。就是我不作惡，決不作惡。我做事情再怎麼樣，哪怕做一些不好的事，也要有一條底線，不能突破。比方說，我偷東西，但我不殺人。就算被人看見了，也不能殺人滅口。或者說，我偷東西，但我不姦淫。就算女主人國色天香，也不能見色起心。再比方說，我偷東西，但我只偷富人的，不偷窮人的，或者決不偷人家的活命錢、救命錢等等。這叫做「盜亦有道」。這個底線從哪裏來？從自己來，只能來自每個人自己的道德觀和道德感。所以底線是由道德來負責的，我們也稱之為道德底線。

那麼顧忌是什麼呢？顧忌是外加的。就是說，不是我不想作惡，不是我不想幹壞事，也不是我不會幹壞事，也不是我不能幹壞事，是我害怕。害怕什麼呢？恐怕是老牛先生說的「社會規範」。這當然不錯。但我還是要再問一句：什麼規範呢？老牛先生沒有說。不過看他的意思，似乎也是道德。他的原話是「偽君子至少還對某些社會規範懷有畏懼之心，廉恥之心尚存」。所謂「廉恥之心」，當然就是道德了。

於是我們就要問：道德真正能夠使人有所顧忌嗎？我的結論是不能。

我們知道，道德是和良心聯繫在一起的，而良心是每個人內心深處的東西，是屬於每個人自己的。什麼叫道德？什麼叫善？善不是說沒有惡。一個人，為什麼沒有惡？怎麼會沒有惡？天生沒有嗎？這就講不清、靠不住了。因為我們無法知道人的天性究竟是善還是惡。所以我們只能把這個問題掛起來，而且要把下面這個道理講清楚，那就是：善，不是沒有惡。善是什麼？是我本有惡，我也會作惡，我也想作惡，我還能夠作惡，但是我不作惡，我發自內心地不願意作惡，這才叫善。這是「真善」。我本來也想作惡，我也能作惡，我裝一個不作惡的樣子，我用一個不作惡的樣子去作惡，或者等到能夠作惡的時候再作，那叫「偽善」。「真善」就是明明可以卻偏偏不做，我發自內心地不願意。我一想到作惡，我的良心就受不了。或者一旦突破底線，自己就先不能通過，甚至恨不得給自己一耳光。這個底線就來自道德。它是內在的，不需要別人監督的。

道德的底線也是別人監督不了的。因為底線來自良心，良心屬於每個人自己。一個人如果不講良心，別人是拿他沒辦法的。孔子的學生宰予問孔子，三年之喪有什麼道理呢？一年也就夠了。孔子說，父母去世不到三年，你便吃那白米飯，穿那花緞衣，心裏面覺得安不安呢？宰予說，安呀！孔子也只好氣呼呼地說，你良心上過得去，你就做嘛！一個君子，之所以守孝三年，是因為在這三年中，他吃好飯不覺得香，聽音樂不覺得美，住在舒服的房子裏心裏不安。你既然心安理得，那你愛怎麼着就怎麼着吧！可見，良心不需要監督，也監督不了。從這個意義上講，良心不是顧忌。

良心為什麼不是顧忌呢？因為第一，良心不是「不敢」，也不是「不能」，而是「不肯」。第二，良心發自內心，不靠別人管。實際上所有的道德，真正的善，都是不要別人管，也是別人管不了的。由此可見，道德一旦成為顧忌，那就一定是偽善。這個道理，老牛先生其實是清楚的，因此他把因「道德顧忌」而不敢胡來或者有所忌憚的人稱之為「偽君子」。不過他認為，有所顧忌總比無所顧忌好，所以「偽君子」也比「真小人」好。

這就又需要討論了。

有所顧忌總比無所顧忌好，這話對不對？也對也不對。何以言之故？因為要看是什麼顧忌。如果是「道德顧忌」，就未必。為什麼呢？因為「顧忌」二字與道德精神相悖，道德也不可能真正讓人有所顧忌。為了說清楚這一點，我們不妨問一下：出於道德上的顧忌而不敢作惡，究竟怕什麼？無非是怕人家說，即所謂「道德譴責」。我們知道，道德不是法律，沒有刑律之類的「硬控制」或「硬懲罰」手段。它是一種「軟控制」，其常規手段也就是「口誅筆伐」。那麼請問，如果沒人說呢？或者說不了呢？或者不在乎呢？一個人，在他還覺得「人言可畏」的時候，道德的譴責是會有約束作用，讓他有所顧忌的。但是，一旦他成了某種人物，誰也說他不得時，那就恐怖了。天知道他會幹出什麼事情來！所謂「王莽謙恭未篡時」，就是這個意思。未篡位時，是謙恭的。篡到了呢？那就對不起！其實，即便成不了王莽，也總有別人看不見、說不了的時候，比方說「背地裏」或者「私下裏」。所以，一介草民，自不妨「當面是人，背後是鬼」；大惡大奸，更可以「尋常看不見，偶爾露崢嶸」。總之是平時夾起尾巴做人，一有條件就原形畢露。

請問，這種顧忌，靠得住嗎？

當然，要說道德的譴責一點作用都沒有，也不是事實。作用還是有的。比方說，說的人多了，會有輿論壓力；說的時間長了，會有心理壓力；對於其他的人，會有教育意義；對於整個社會，則能夠營造道德環境和道德氛圍。因此，我們必須堅持對不道德的行為進行譴責，但不能天真地認為，那一定能使惡人顧忌。

或許有人會說，我們說的「道德顧忌」，不是怕別人說，而是怕自己說。很好，我們要的就是這個。但對不起，這是「良心」，不是「顧忌」；是「真善」，不是「偽善」；是「真君子」，不是「偽君子」。前面已經說過了，道德原本應該發自內心，不能是外在的監督。因此，一旦成為顧忌，就有作偽嫌疑；而一旦作偽，就突破了道德底線。道德的底線一旦突破，老牛先生（還有其他女士和先生們）期望的東西，恐怕就沒有希望了。

這裏有一個問題，那就是：「說真話，不說假話；做真人，不做假人」這個原則，是道德的底線嗎？是。道德的終極目的是什麼？是人的幸福。幸福是主觀的還是客觀的？主觀的。因此，一種道德如果違背了人的本性，或者逼得人們去作偽，那就一定是「偽道德」。同樣，一個人如果違背自己的天性和本真去做人、去說話，那就一定是「偽善」。當然，有時候我們也得說點假話，或者不說真話。比方說，為了保護別人，我們可能要說假話；為了保護自己，我們可能不說真話。但必須指出，「保護別人」和「保護自己」不能混為一談，「說點假話」和「不說真話」也是兩個概念。為了保護別人，可以說點假話（比如一個歹徒追殺一個弱者，問你見他跑到哪裏去了，你就應該朝相反的方向指）。為了保護自己，你也可以不說真話，但決不能說假話。或許有人要問，既不能說假話，又不能說真話，那我說什麼話？很簡單，不說話。如果不能不說，那就說不會傷害自己的真話。根據道德原則，一個人所說必須真實，但他沒有義務也沒有必要把所有的真實都說出來。

那麼，一點假話都不能說嗎？除非為了保護別人和幫助別人，一點都不能說。而且，即便是為了保護或者幫助別人，也不是什麼假話都可以說。為什麼呢？因為說假話就是作偽，而作偽本身就是不道德。而且，今天你敢說一句假話，明天就敢說十句，後天就可能是彌天大謊。今天你可能只是有所顧忌，明天就可能是習慣性作偽，後天就可能是竊國大盜。

這樣看來，「真小人」就比「偽君子」更可愛，也更可靠，因為至少他不裝，不假，不作偽。我們知道，「真小人」和「偽君子」在本質上都是惡。「真小人」是小人，「偽君子」就不是？也是。那麼，區別在哪裏呢？也就一個字：裝。「偽君子」裝（偽裝），「真小人」不裝（真實）。從這個意義上講，「真小人」反倒更接近於善。

這個觀點，老牛先生（還有其他女士和先生們）可能會不同意。他們會說，不對。「偽君子」和「真小人」的區別，在於一個廉恥之心尚存，行事尚有顧忌，另一個則肆無忌憚無法無天，想怎麼胡來就怎麼胡來，所以後者更可怕。這話其實似是而非。首先，「廉恥之心尚存」就不是「偽君子」，至少也是「半君子」，或「半君子，半小人」。其次，「行事尚有顧忌」固然好，就怕他一旦沒了顧忌便變本加厲，因為他的「善」原本就是裝出來的。他付出了「裝」的代價，自然要設法「賺」回來。不但要「扳本」，還得有「紅利」。第三，肆無忌憚無法無天固然可怕，但在「真小人」，卻是明着來，我們至少有所警惕，可以防範。「偽君子」就相反。什麼是「偽君子」？就是「滿口仁義道德，一肚子男盜女娼」，廉恥之心早已蕩然無存，卻裝出一副還有的樣子。這就更加厚顏無恥，也更麻煩。因為你既不知道他是真是假，又不知道他是善是惡。請問，你是防他呢還是不防？再說了，誰都知道，明槍易躲，暗箭難防，如果滿世界都是偽君子，那你可是防不勝防。請問，誰更可怕？

所以，不要以為偽君子們「行事尚有顧忌」，我們就可以放心，我們這個社會就安全。也不安全吶！

或許有人會問，那我們難道就不要顧忌了嗎？要。但不是靠道德，或主要不靠道德。靠什麼？法律。為什麼是法律而不是道德呢？因為道德是「軟控制」，法律是「硬控制」。前面講過，什麼是「顧忌」？就是我想作惡，我能作惡，我會作惡，但我不敢。為什麼不敢？因為有人管着，而且一定要管，一定會管，一定管得了。顯然，這裏說的這個「人」，不能是個人、私人。個人和私人沒有這個權力，也沒有這個義務，還沒有這個能力。一個人作了惡，我們可能譴責，也可能不譴責。可能因為正義感而義憤填膺，路見不平一聲吼，也可能因為礙於情面或懾於權威而噤若寒蟬。就算管，被管的人也未必聽。所以靠不住。

靠得住的只有法律。因為第一，法律代表的不是個人的意志，而是全民的意志，社會的意志，國家的意志，不會因為個人的親疏好惡而左右搖擺寬嚴皆誤。也就是說，法律是鐵面無私的。第二，法律依靠的是國家力量，使用的是公共權力，力大無比。一個人，如果作了惡，哪怕你躲到天涯海角，也能把你捉拿歸案，正所謂「天網恢恢，疏而不漏」，這就有威懾力。第三，法律有切實可行和實實在在的懲罰手段，不像道德只能進行譴責，這就比道德更能讓人畏懼。第四，法律的本性是人人平等，不會出現「刑不上大夫，禮不下庶人」的情況。所以，只要是法治國家，是法制健全之時，那麼，哪怕你是天王老子，如果膽敢作惡，自然會有人來管你，而且管得你不敢再犯！

當然，以上分析，都是理論上的，實際情況也並不都盡如人意，但我們現在也只能做理論分析，對不對？事實上，世界上沒有十全十美的事情，也沒有十全十美的方案。法律並不萬能，法治也是會有問題的，這個我們以後有機會再說。因此，我們不能求「最好」，只能求「最不壞」；不能求「絕對可行」，只能求「相對可靠」。相對而言，如果要讓人心存畏懼心生顧忌，法律要可靠得多。

看來，老牛先生「打包」提出來的問題，是要分析的。人，確實需要社會規範，但不能只有一種；人，也確實需要底線和顧忌，但不能都交給道德。社會規範應該有兩種，一種是道德，一種是法律。它們也應該有所分工，那就是道德管底線，法律管顧忌。

三

道德管底線，法律管顧忌，兩種社會規範各有分工並行不悖，這是人類經過數千年的探索得出的結論。在此之前，不同時期和文化背景下的不同民族和國家，曾經有過不同的選擇，有的更偏重法律，有的更偏重道德。講歷史觀，不能不講這兩種選擇。

傳統社會的中國人是偏重道德的，至少儒家是這個主張，因為他們覺得道德更管用。孔子說，治理一個國家可以用道德，也可以用刑律。但是，用刑律治理國家的結果，是「民免而無恥」，就是老百姓不敢犯罪，但是沒有廉恥之心，他心裏還是想犯罪的。這就「治標不治本」。治根本要用什麼呢？用道德。以德治國的結果是什麼呢？是「有恥且格」。格，有各種解釋，其中一種是「正」。所謂「有恥且格」，就是既有廉恥心，又有正義感。因此，治理國家不能靠刑律，只能靠道德，也就是只能實行「德治」。

既然是「以德治國」，那麼，就先得把皇帝也好，官員也好，都設計成好人，主張並相信「君子治國」。因為如果連治國者都不是君子，又怎麼能夠指望被治理的人「有恥且格」？所以必須假設，皇帝一定是仁慈而聖明的，是「聖人」；宰相一定是正派而賢明的，是「賢人」；地方官則一定是廉潔而高明的，是「君子」。皇帝聖明，宰相賢明，地方官高明——「三明主義」。這就是中國傳統政治制度的思路。

這個觀念不能說沒有道理。一個國家，一個社會，人人都是君子，滿街都是聖人，每個人都講道德，難道不好嗎？當然好得很，實在太好了。所謂「堯舜之世」，也無非如此。可是，做不到怎麼辦？事實上，我們建設了幾千年，這個「理想國」和「君子國」也沒能建起來，「偽君子」反倒弄出不少，甚至弄出「非典型腐敗」來了。

什麼叫「非典型腐敗」？就是區別於「典型腐敗」。比方說我的哥們殺了人，要把他從監獄裏撈出來，我就花錢買通法官，買通警察，買通律師，把他從故意殺人定為過失殺人，再來一個保外就醫，然後我就把他弄出來。這就叫「典型腐敗」。因為我送錢、送禮、請客、吃飯是有既定目標的，這種案子一旦發現也是要嚴懲不貸的。

那麼，「非典型腐敗」是什麼呢？第一，不是說我有事了，送你一個紅包。什麼事都沒有，什麼具體的目的都沒有，照送。這可以叫做「無目的賄賂」。第二，按照一定的時間和規矩，到時候就送，比如三節兩壽。三節是什麼呢？春節、端午節、中秋節。兩壽是什麼呢？就是長官過生日，長官的太太過生日。當時還有一個笑話，說有一個長官屬鼠，生日的時候下屬就送他一隻純金打造的老鼠。長官非常高興地說，告訴你，我太太屬牛。這個可以叫做「常規性賄賂」。第三，這種賄賂是人人都送、人人都收的，不收不送就會被視為異類，檢舉揭發就更是匪夷所思。明清兩代不收不送的只有一個人，他就是海瑞。所以海瑞派到哪兒當官都不受歡迎。這個可以叫做「普遍性賄賂」。

於是我們就要問：為什麼啊？制度。明清兩代官員的俸祿極低。明代一個縣太爺的月薪相當於多少呢？據吳思先生計算，相當於一一三〇元人民幣。這點少得可憐的錢，要用來做路費、買官服、養家人、僱師爺。師爺是什麼？就是長官的私人秘書，國家不發工資的。這個錢誰出？自己掏。還有迎來送往，還有請客送禮，你說這一一三〇塊他夠嗎？所以唯一不收紅包的海瑞，一年只吃一次肉，就是他母親過生日的時候。這事當時曾在官場傳為新聞。官場的人奔走相告，說告訴大家吧，海瑞今天居然買了兩斤豬肉啊！

海瑞後來是被當作了道德楷模的。但在我看來，那是楷而不模，因為沒有人學他。怎麼能學呢？不收紅包沒有辦法過日子啊！所以這個腐敗是逼出來的腐敗，是「逼良為寇」。這種腐敗因制度而生，最後又形成了一種不成文的制度，因此是「制度性腐敗」。我有一本書叫《帝國的惆悵》，談到了這個問題，歡迎感興趣的朋友去看。

不過我們還是要問，既然如此，為什麼要把薪水定得這麼低，就不能調高一點呢？原因也很多。其中之一，就是為了標榜以德治國，君子治國。我們官員都是君子啊！君子不愛財，君子很廉潔，君子艱苦樸素，君子安貧樂道。他們出來做官，是為了報效國家效忠皇上，實現自己的政治理想和人生抱負，少拿一點沒關係啦！甚至不拿錢、倒貼錢也可以啦！結果怎麼樣那？結果是搞出偽君子，搞出「制度性腐敗」。

相反我們看美國這樣的國家。他的總統難道都是君子？也有不是的。他的總統想不想作惡？也有想作的。尼克松不是有水門事件嗎？克林頓呢，拉鏈門事件。所以小布殊沒準也會整出點事兒來。但是最後怎麼樣？他弄不成。克林頓倒是混到底了，尼克松就只好辭職下台。因為克林頓只不過「私德不修」，尼克松卻是「妨礙司法」。這個不能容忍。你可以做點缺德事（當然被曝光以後要道歉），但是你不能妨礙司法，更不能利用總統職務和行政權力來干預司法，所以他得下台。克林頓呢？他的事情揭發出來以後，支持率還增加了。美國人說，這個哥們不錯啊！他怎麼喜歡萊文斯基這樣的女人？這麼俗氣，這麼沒有品位，跟我差不多啊！支持率反而上去了。民主社會就是這樣，領導人必須跟着老百姓的口味走，不能夠自命清高。民眾也不在意領導人是君子是小人，有學問沒學問，有品位沒品位。反正有制度管着，諒他也不能如何，學問少一點，品位低一點，沒準更好。

在這裏我們也能看出中西文化的差異。上次美國大選後，記者問選民，你為什麼選小布殊，不選戈爾？有個老太太說的非常有代表性。她說戈爾這個人太聰明，太多學問了。學問多，人聰明，肚子裏彎彎繞就多，把國家交給他我不放心。小布殊呢？憨憨的，像個加油站的夥計，這個靠得住。我們就很奇怪。按照我們中國人的觀點，應該是精英治國。治國的人，應該是有能耐的、有水平的、有品位的、有修養的，怎麼選個傻乎乎的，一口土腔，沒有文化？選這麼個人，怎麼能夠放心？就因為他們更看重的是制度，不是人品。他制度上已經設計好了，你想作惡也沒那麼容易，有很多東西管着你吶！實際上，在美國人看來，所謂「白宮」，無非是高速公路上一個加油站。總統呢，也不過是加油站裏的修車夥計，充其量是個賣二手車的。這樣的人，會兩下子就行了，憨厚一點就更好。

當然，小布殊也未必就多憨厚。不過美國人的要求也不高，只要「看起來老實」就行。反正他們把所有的問題和麻煩都交給了制度和法律，總統是君子還是小人，無所謂了。我們知道，美國人在設計國家制度的時候，是不太相信什麼「廉恥之心」的，也不指望治國的都是「君子」，反倒時時刻刻提防「小人」。大家有興趣的話，可以讀我的《美國憲法的誕生和我們的反思》這本書。美國憲法的一個基本設計思想，就是把治國的人先想像成小人，然後再設計一整套的東西來防範。因為一個人作惡，其後果跟他的能力大小是有關係的。比方說一個小民他要作惡，他能惡到哪裏去呢？一個總統如果作起惡來，那就嚇死人了。尤其是美國這樣一個國家，它的總統要作惡，全世界都麻煩。怎麼防止他作惡？先把他想成壞人。當時制定這個憲法的時候，大家心目中第一個任總統就是華盛頓。雖然所有的人都沒有明說，心裏卻是這麼想的。可是富蘭克林卻說了一句有名的話。他說，我估計我們的第一任總統會是一個好人，但是後來的那些傢伙，就天知道他們是什麼了。因此，必須制定一整套的法來限制他，不讓他作惡。這就是美國人的建國思想或者思路。

然而這裏面仍有問題。什麼問題呢？就是中國古代社會雖然主張「德治」，卻也並非單純地只靠道德。我們也有法律和制度，怎麼就不管用了呢？

原因也很多，這裏只能簡單說說。首先，中國古代是否有法律，本身就是一個可以討論的問題。我個人的看法，是只有「刑律」，沒有「法律」，更沒有「法治」。或者說，沒有法治意義上的法律。什麼是「法治意義上的法律」？第一，這法律必須是全體公民通過立法機關和立法程序制定的「全民公約」。它體現的是全體公民的意志，而不是少數人、個別人的意志。但是，中國古代只有「臣民」，沒有「公民」。既然連「公民」都沒有，又哪來的「全民公約」？

也就只能有體現君王意志的「王法」。王法非法，因為它不代表最廣大人民群眾的根本利益。第二，這法律必須對所有人都具有同等效力，所有人在它面前都是平等的，而「王法」顯然不是，至少它不能約束皇帝。所謂「王子犯法，與庶民同罪」，也不過是一句空話。沒有皇帝的批准，是不可能「同罪」的，結果仍然是「人治」，不是「法治」。第三，這法律中必須有國家的根本大法——憲法。憲法高於一切，既高於一般法，也高於執法人。包括國家元首和政府首腦在內的任何人，都只能按照體現全體人民共同意志的憲法來治國。也就是說，治國的其實是法，不是人。這才叫「法治」。

這樣的觀念和這樣的法律，都是中國古代聞所未聞的。因此，中國古代所謂「法治」（比如法家主張的），就只能叫做「刑治」或「律治」，也就是按照一定的條款（律）來實施懲罰（刑），治國的仍然是人。在這一點上，孔子的說法是比較準確的。他反對的是「齊之以刑」，不是「齊之以法」。他也沒有說過「齊之以法」。可見，中國古代所謂「法律」，其實是「刑律」；所謂「法治」，其實是「刑治」。這是有着本質區別的兩組概念，不能混為一談。

在法治觀念闕如的情況下，制度的作用就會變得可疑。沒錯，中國古代也有各種各樣的制度，包括防止官員作惡的監察制度。而且，平心而論，這些制度還是蠻不錯的。比如規定監察官員可以獨立行使監察權，不受上級官員的制約。所以，一個七品（縣處級）的監察御史，也可以彈劾王公大臣，他的上級管不着。甚至，就連自己的頂頭上司，比如相當於監察部正副部長的御史大夫、御史中丞，或者都御史、都副御史，作為本部門下級的監察御史也可以彈劾。這難道還不好？

但是，第一，監察官員雖然相對獨立，卻非完全獨立。他們可以獨立於其他官員，卻不能獨立於皇帝。而且，皇帝也是不受監督和不能彈劾的。第二，這些制度設計出來，是對付君子的，不是對付小人的。所以，一旦朝中出現了小人，尤其是偽裝成君子的大奸大惡，就沒有辦法。當然，辦法也不是沒有，不過那往往是「不是辦法的辦法」。比如明代嘉靖年間，朝臣們為了除掉大奸臣嚴嵩，就使用了「小人伎倆」和「不正當手段」，辦法是誣陷嚴嵩的兒子嚴世蕃謀反，而且是勾結日本人。你說嚴嵩的兒子怎麼可能勾結日本人背叛祖國？那是不可能的。舉報人林潤的奏摺其實說得也很清楚：「道路皆言，兩人通倭，變且不測。」什麼叫「道路皆言」？就是路上的人都這麼說，實際上是捕風捉影，連匿名舉報都算不上。然而並不容嚴世蕃申辯，更沒有什麼取證、對質，硬是手忙腳亂地就把他的腦袋砍掉了。這事當時就有人認為是冤案。但沒有辦法。不這樣，嚴嵩一夥就除不掉。難怪黃仁宇先生的《萬曆十五年》要說這時中國傳統的政治制度已至山窮水盡了，因為無論道德還是刑律，都已經不再管用。要防止惡，竟然只能用惡的辦法。

四

嚴嵩的死，讓我想起了另一個人，他就是岳飛。岳飛的死，可以說是中國歷史上天字第一號的大冤案。其讓後人之痛心疾首，一如明代詩人文徵明的《滿江紅》所說：「最無辜堪恨更堪憐，風波獄！」然而岳飛曾經是極受信任和器重的，宋高宗趙構甚至對他說過「中興之事，一以委卿」的話，還對王德等人說「聽飛號令，如朕親行」。所以文徵明才說：「慨當初，依飛何重，後來何酷！」這就和嚴嵩不乏相似之處。嚴嵩最得寵的時候是很風光的。因為年紀大，嘉靖特許他乘肩輿出入紫苑，還為他修辦公室，每天賜御膳，賜法酒。最後呢？寄食墓舍以死，也就是睡在墳場裏，靠人家上墳的供品過日子。岳飛和嚴嵩在皇帝那裏所受的「兩重天」待遇，真是何其相似乃爾！

或許有人會說，你怎麼能拿嚴嵩和岳飛比？一個是公認的大奸臣，一個是公認的大忠臣。一忠一奸，涇渭分明；一功一罪，天壤之別！這當然不錯。但我們要問：奸臣就可以冤枉麼？壞人就該冤死麼？罷免（後來又抄家）嚴嵩，處死嚴世蕃，固然是實現了「實質正義」，然而這種正義如果要靠不正當的手段來實現，那就只能叫做「荒唐的正義」。我在《帝國的惆悵》一書中，使用的就是這個標題。

正義要靠非正義的手段來實現，這種荒唐的事情只可能發生在荒唐的時代。不過，即便在那個荒唐的時代，也有很多人不以為然。張居正在主修《世宗實錄》時就說，嚴世蕃是該殺的，但罪名應該定為「奸黨」而不是「反賊」。其實，就連說嚴嵩父子是「奸黨」，也是冤枉的。他們兩個惡貫滿盈不假，對皇帝卻是忠心耿耿。我們知道，嘉靖皇帝為了長生不老，是要親自煉丹的。丹煉好以後，要找人吃一下，試一試。誰試呢？嚴嵩。嚴嵩多大年紀呢？七八十歲。然後吃下去還寫實驗報告，說什麼臣夜服仙丹一丸，渾身燥熱，痛下淤血二碗云云。這正是鉛汞中毒的症狀。一個七八十歲的老人，心甘情願地充當皇帝實驗室的小白鼠，你還說他是奸臣？所以，嚴嵩只能算是「奸賊」，不能算是「奸臣」，更不是「奸黨」。

實際上嚴嵩原本也是「正人君子」。《明史》說他身材高大，眉目清朗，聲音洪亮，才華橫溢，名重一時，初入官場時也還正派，能和其他大臣一起反對嘉靖的胡作非為。但是，自從嘉靖皇帝發過一次「雷霆之怒」後，嚴嵩身上原本不多、卻好歹還有的那麼一點「正義感」，就蕩然無存了，他也從此踏上了媚上、邀寵、弄權、謀私的不歸之路。可以說，嚴嵩這個「奸臣」，其實是嘉靖「培養」出來的。

那麼，嘉靖這個混賬皇帝，又是誰「培養」出來的？何況中國古代的皇帝，又有幾個不混賬呢？只不過混賬的程度各有不同罷了。還說岳飛這個案子。岳飛的死，在民間常常是歸咎於秦檜之罪的，但史家卻另有說法。許多歷史學家都指出，大宋一朝，原本有一個比較好的傳統，就是不妄殺重臣；岳飛以前，也不曾有一位大將被殺。秦檜膽敢破此先例，謀殺岳飛，沒有高宗的默許，幾乎就不可能。至少，也是投其所好。文徵明說得好：「彼區區一檜亦何能？逢其欲。」也就是說，秦檜那賊，不過算準了皇帝的心思而已！

同樣，嚴嵩幹了那麼多壞事，沒有嘉靖的縱容，也不可能。不要以為嘉靖在西苑煉丹就兩眼一抹黑了。實際上就連一隻蒼蠅從朝堂飛過，他都知道，怎麼會不知道嚴嵩都幹了些什麼？不過睜隻眼閉隻眼，甚至有意放縱罷了。等到不想放縱時，他自有辦法對付。所以，嚴嵩混賬是因為嘉靖混賬，秦檜醜惡是因為趙構醜惡。皇帝，是所有這一切的罪魁禍首。

但你不能說皇帝就天生混賬，皇帝的混賬也是被「培養」出來的。誰的「培養」？帝國制度。前面說了，秦檜謀殺岳飛，是看準了高宗的心思。什麼心思呢？「徽欽既返，此身何屬！」也就是收復了中原，迎回了欽宗（其時徽宗已死），趙構就得讓出皇位來。為了保住皇位，他就不能把仗打得太大，也只能向敵人曲膝求和，甚至幫敵人除掉岳飛。「千載休談南渡錯，當時自怕中原復。」這，也許就是他默許甚至暗示秦檜殺掉岳飛的原因之一。

其實宋高宗也好，明嘉靖也好，如果不當皇帝，也未必就有多壞。靖康之難時，當時還是康王的趙構，也曾有過「慷慨請行」赴金人軍營談判的壯舉，而且表現還不俗。嘉靖的個人素質也不差，至少是個明白人。但是一當皇帝，就對不起了，既沒有是非，也不講道理。「盡忠報國」如岳飛，「貪贓枉法」如嚴嵩，在他們眼裏並沒有什麼兩樣，都是想用就用想殺就殺的。原因和道理也很簡單，就因為他們是皇帝。

從這個意義上講，混賬和醜惡的就不是嘉靖和趙構，而是皇帝制度。或者說，嘉靖混賬，是因為皇帝制度混賬；趙構醜惡，是因為皇帝制度醜惡。正因為這個制度是混賬和醜惡的，所以，就連皇帝本人，也未必都有好結果。黃仁宇先生就說，他《萬曆十五年》一書中所涉及到的人物，從權臣到名將，從清官到太監，從貴妃到皇子，其「最後的結果，都是無分善惡，統統不能在事業上取得有意義的發展，有的身敗，有的名裂，還有的人則身敗而兼名裂」，包括皇帝，也不例外。顯然，制度才是問題所在，皇權才是萬惡之首。

所以，我覺得對於歷史人物，確實要有「歷史之同情」，要看到他當時的那些處境和原因。最後我們得出的結論，也不應該是個人品質的優劣，而是制度的問題。簡單地把歷史人物分為好人和壞人、善人和惡人、君子和小人，是沒有意義的。人性中不會純粹是善，也不會純粹是惡。壞人也有好心，惡人也有善意，小人也曾想做君子。我們要弄清楚的，就是這些原本也有好心和善意的人，是怎麼變壞變惡的，如果有此可能的話。

曹操就恰恰是這樣一個可以讓我們做分析的人。一些朋友不理解我現在的講法。他們質問：你為什麼要用那麼多的時間和篇幅去講曹操？為什麼不多講講高風亮節鞠躬盡瘁的諸葛亮？講曹操這個「奸雄」，有什麼教育意義呢？你究竟是「品三國」還是「品曹操」？我當然是「品三國」，不是「品曹操」，但重點是曹操。講曹操，或許沒有多少「教育意義」（其實未必沒有），卻很有「教訓意義」。大家知道，我們對這個節目的想法是四句話：以故事說人物，以人物說歷史，以歷史說文化，以文化說人性。這就要有一個典型。曹操，就恰恰是一個非常難得的、可以讓我們實現自己想法的典型。

為什麼曹操是這樣一個典型呢？因為在他的身上，善與惡是並存的，而且都很突出。他的人生道路，也是一個由「不太惡」到「比較惡」的過程。曹操這個人，可以說是少年「頑劣」，青年「英雄」，中年「梟雄」，晚年「奸雄」。這就很有意思了，值得分析。比方說，他臨終前曾留下一份《遺令》，其中說到婢妾和藝伎們平時都很勤勞辛苦，我死了以後讓她們住銅雀台，不要虧待她們（見本書第一回），很有些人情味。但是，也就是在他去世前沒多久，他的一個兒媳婦——曹植的妻子，僅僅因為穿了一件漂亮衣服，便被他以「違制命」的罪名賜死。這就不但毫無人情味，而且簡直是暴戾、恐怖了。

那麼，曹操又為什麼要以如此之小的罪名處死他這個兒媳婦呢？是因為他嗜殺，以殺人為樂，或者容不得別人對他的命令稍有怠慢嗎？恐怕不是。在我看來，他殺曹植之妻，是為了敲打甚至貶抑曹植；敲打貶抑曹植，是為了讓曹丕順利接班；而讓曹丕順利接班，則是為了保證曹魏政權千秋萬代。此外，他殺崔琰、殺楊修，也都與此有關。所以，他如此濫殺無辜，只是為了權力。而且，他能夠這樣濫殺無辜，也因為他擁有權力，並且是不受監督、限制和制約的最高權力。這種權力，才是比任何惡人都更可怕的東西。它甚至能使一個人從「不太惡」到「比較惡」和「非常惡」。我以為，這樣看問題，才是「現代視角」。

我「品三國」，講到最後，將會回答這些問題。我在前期，是想把這段歷史盡可能按照原貌先交待出來，結論是放在後面的。但是我不會歸結於個人道德品質的優劣，只會歸結於制度，包括曹操的悲劇，包括諸葛亮的悲劇，都是制度所使然。

不過，制度問題也不簡單。比方說，我們前面做的比較，給人的感覺好像是「法治」優於「德治」。其實不是的。中國古代的問題，主要不在於主張「德治」，而在於實行「君主制」。美國人能夠防止他們的總統作惡，也不僅僅因為「法治」，還因為他們實行「民主制」。民主制主權在民，政權民授，總統自然可以監督。君主制主權在君，君權神授，誰能奈何得了？就連曹操這樣的「準皇帝」，還有孫皓那樣的「小皇帝」，也拿他沒有辦法。所以，討論一個歷史人物是君子還是小人，是沒有意義的。爭論法治和德治孰優孰劣，也是沒有意義的。一個健全的社會和現代的國家，都既不可以沒有法律，也不可以沒有道德。道德管底線，法律管顧忌；法律防止作惡，道德使人向善，二者是相輔相成並行不悖的。比如我們講「反腐倡廉」，就是既要有法律（反腐）又要有道德（倡廉）。這大概才是比較理想的制度。

其實就連中國古代那個問題多多的制度，也有它的道理，也有一個演變過程，而且在誕生的時候還是不錯的。否則，我們這個民族早就滅亡了，更不可能有讓全世界矚目的燦爛輝煌。這是一方面。另一方面，這個制度又是有問題的。而且，正是由於自身的弊病，終於導致山窮水盡，不可收拾，最後被革命所推翻。現在我們建立了新中國，我們有了新制度，這是值得慶幸的事情。然而，一個新制度的建立決非一朝一夕之功，它需要長時間的甚至幾代人的努力，其中就包括今天的諸位，將來都要為我們新中國的新制度做出自己的貢獻。為此我才要對我們的歷史作一個回顧，知道我們歷史上有過哪些成就，走過哪些彎路，又有哪些謬誤是我們現在需要避免的。這才是我出來講史的一個真實的意圖，這也就是我的歷史觀。

當然這裏面的內容是很多的。由於各方面的原因，今天只能說到這裏，算是開個頭。諸多問題，只好留待將來。不過我還是很感謝老牛先生，讓我有機會把這些思考整理出來。雖然我至今不知道這位先生的真實姓名，但我真的很感謝他。

事實上，學術討論的目的，不是比個高下，爭個輸贏，而是探明事理，啟迪智慧。成都武侯祠有清人趙藩之「攻心聯」云：「能攻心，則反側自消，從古知兵非好戰；不審勢，即寬嚴皆誤，後來治蜀要深思。」我略改數字，以為自勉，並與諸君共勉：

能攻心，則反側自消，從古知書非好辯；
不審勢，即褒貶皆誤，後來治學要深思。